本书系荣获

第五届国家图书奖

第二届全国教育图书一等奖

全国普通高等学校优秀教材一等奖

◇应用心理学书系◇

主编：林崇德

心理测量学

郑日昌
蔡永红　著
周益群

人民教育出版社
·北京·

图书在版编目（CIP）数据

心理测量学/郑日昌等著.—北京：人民教育出版社，1998（2019.7重印）
（应用心理学书系/林崇德主编）
ISBN 978-7-107-12913-1

Ⅰ.心…　Ⅱ.郑…　Ⅲ.心理测验　Ⅳ.B841.7

中国版本图书馆 CIP 数据核字（98）第 38247 号

应用心理学书系　心理测量学

出版发行　人民教育出版社
（北京市海淀区中关村南大街17号院1号楼　邮编：100081）
网　址　http://www.pep.com.cn
经　销　全国新华书店
印　刷　北京天宇星印刷厂
版　次　1999 年 9 月第 1 版
印　次　2019 年 7 月第 19 次印刷
开　本　890 毫米 × 1240 毫米　1/32
印　张　11.625
字　数　300 千字
印　数　154 001~159 000 册
定　价　21.70元

总　序

◇林崇德

学以致用是现代科学孜孜以求的基本目标。

目前人类处于世纪的转折点上，置身在这光怪陆离、瞬息万变而又注重实效的信息化社会，学以致用这一论题更是受到全社会的瞩目。心理学近百年历史的经验教训，使心理学界同仁深切地意识到：中国心理学发展的生长点在于应用，而应用心理学繁荣的立足点则在于面向社会，面向生活，面向大众!

历史证明，联系实际，应用于现实社会生活实践是心理学发展的直接途径。这不仅是由心理学历史任务发展阶段所规定的，也是由其学科性质、研究对象及其特征所规定的。从1879年冯特在德国莱比锡大学建立世界上第一个心理学实验室至今，世人逐渐从“玄学”神秘的怪圈中走了出来，认识和接纳了心理学这门学科，这个过程实际上也是心理学应用于实际生活、服务于社会的过程。目前，心理学正以令人难以置信的速度渗透到社会生活的各个角落，实践对此的需求和应用方兴未艾，心理学这一昔日的“丑小鸭”现在已出落得亭亭玉立，成为光彩照人的“白天鹅”了，人人欲一睹“芳容”为快! 无论在政治、经济、思想、文化、教育等各个领域，还是在学校、企业、医院、行政等各个部门，无论是物质文明建设还是精神文明建设，都有其用武之地。这从心理学分支学科迭出、名目繁多中可略见一斑。无疑，在心理学应用于社会生活实践的过程中，我们必须把握其科学性、知识性和客观性，同时亦须规范和建立相应的学科，使之植根于中国社会的土壤中，走心理学中国化的道路。正是基于上述理念，我邀请了应用心理学有关分支学科中的学术带头人，共同承担《应用心理学书系》的创作大任。我衷心地感谢这些有关分支学科的学术带头人给予我的支持，尤其是像朱祖祥、冯忠良等教授那样我的师辈专家亲自出山相助，更使我感激涕零。我们相互信任，精诚合作，经过几年时间的酝酿、讨论、撰著，这套《应用心理学书系》终于脱胎降生了。

本套书系是针对目前国内外应用心理学领域发展较快、较成熟的几个学科，特邀国内学者合力完成的。书系共分12册，分别是：《教育心理学》《咨询心理学》《临床心理学》《工程心理学》《管理心理学》《环境心理学》《人际关系心理学》《学校心理学》《司法心理学》《广告与消费心理学》《人事组织心理学》《心理测量学》。作为一套开放性书系，今后我们仍将择优编撰成书，增补我们书系的内容，以满足社会各界需要。在本书系编撰过程中，我们力图体现如下特点。

一是学术性。各部专著都是对国内相应领域的总结、回顾和展望，是一套具有权威性的专著型教材。因为各册著者都是国内该领域的学术带头人，具有深厚的理论功底和修养，大多具有丰富的授课经验，执教该课程多年，教材内容丰富、资料翔实，运用国内外最新资料，反映新成果，阐述新见解，力求准确反映当代应用心理学的现状及发展趋势，汇集国内外研究新成果，充分体现应用心理学的新概念、新理论、新思想、新经验、新方法，把握当代应用心理学领域的理论和实践前景、研究水平和发展方向。同时也有作者富有创造性的独特见解，而不是简单的介绍、陈述、研究资料罗列。此外，还力求反映国内该领域的研究状况，使专著型教材不仅观点新颖，富有新意，而且也突出中国特点。这对于应用心理学的理论建设和学科建设，对培养各行各业“通用型”和“专家型”相结合的T型人才，对我国心理学事业的发展，具有重要的作用。

二是实用性。这是本套书系的灵魂和精髓。实用性包括几层含义。本套教材选题切合实际，这些学科都是目前应用心理学的热点和焦点，这对于促进教学与实际相联，无疑起到了推进作用，同时也很好地解决了缺乏统一教材的问题，这对完善培养机制、开拓思路是大有裨益的。同时这些实用性的心理学领域也是实际工作者所需掌握的信息。这套教材可以帮助实际工作者学习新思路、新方法，探索高效率、高效益的培养途径。而且本套书系涉及的面非常广，适应多种职业的人员，影响甚广，对于普及心理学知识，科学地正确地看待心理学，运用心理学知识和理论，都具有重要意义。这无疑也会促进心理学的自身发展。同时，本套书系在编写过程中始终坚持“洋为中用”的态度，坚持心理学的中国化，针对中国的现实开展研究和应用，在各册著作中都可清晰地看到这一特点。只有走中国化的道路，应用心理学才会发展，中国的应用心理学才能建立起来，才能真正为社会各界服务。

三是综合性。本套书系试图站在当代应用心理学的前沿，对各学科进行阐释，因而各专著都是对该领域的全面介绍，力求点面结合，有重点又兼顾整体，这对把握各领域的总体发展脉络，对反映各领域的具体发展态势都有积极的影响。这 12 本专著型教材基本体现了我国应用心理学的最新成果，也是向我国心理学界的一次综合“汇报”，更是心理学工作者向社会交纳的一份“答卷”。

在书系编撰过程中，我和各书著者殚精竭虑，共同商定选题，确定提纲体例，相互交换意见，汇集了集体的智慧，可以说是集体劳动的结果。虽然我们尽了最大的努力，力求反映我国应用心理学的概貌，但是难免挂一漏万。对此，我们绝不会用“在所难免”四个字将其草草放过。这些缺点和问题既有客观的原因，如时间仓促等，更重要的是我们主观的原因，特别是我的原因。请广大学者、专家和读者宽容，并于此恳切地希望大家不吝评判和指正。同时，在书系各册成书过程中，书系的责任编辑魏运华博士付出了辛勤的劳动，他以其认真负责的态度，为各册书稿锦上添花。值此书系付梓之时，我谨于此向各书著者和出版社编审排校人员致以深深的谢意，感谢人民教育出版社领导的首肯和大力支持，感谢心理学界恩师挚友们的鼎力相助，特别感谢著者和读者的垂青扶携，才使我勉为其难，忝为主编，气喘吁吁然而幸运地走完了这段旅程。对此，我无以为报，只有向诸位道一声谢谢!

搁笔在即，“路漫漫其修远兮，吾将上下而求索”，是我现在心态的真实写照!

目　录

自　序

十多年前,我曾编写过一本《心理测量》,作为心理学专业本科生的教科书，重点阐述了心理测量的基本原理及有关的数学模型，目的在于“授人以渔”。

本书作为《应用心理学书系》中的一部,在简要介绍心理测量基本理论的基础上,着重介绍国内外广为流行的各种心理测验,目的在于“授人以鱼”,为广大教育工作者、职业咨询工作者、心理诊断工作者提供一本工具书。在保证科学性的前提下,尽可能加大信息量,增强实用性,是作者在编写中遵循的原则。倘若冠以《心理测验》作为书名,则与全书内容更为相符。

本书前四章由我执笔,后六章由我的研究生周益群(第五、六、七章)、蔡永红(第八、九、十章)先写出初稿,最后由我修改定稿。在撰写过程中引用了海内外许多前辈专家及同行的研究成果,除在参考文献中一一注明外,在此顺致诚挚的谢意。

欢迎广大读者批评指谬。

郑日昌

'95 岁末于北师大英东楼

第一章　心理测验总论

第一节　心理测验的历史

心理测验是在当代心理学的各个领域从事理论研究和实际应用的重要手段。要研究心理测验，不可不考察它的发生、发展的历史。

一、心理测验在我国的悠久历史

测验的历史根源虽然无从考究，但中国人最早使用测验，也最重视测验，这一点是举世公认的。

早在两千五百多年前，我国古代教育家孔子就曾根据自己的观察评定学生的个别差异，把人分为中人、中人以上和中人以下，这实际上相当于测量学中的命名量表和次序量表。比孔子稍晚的孟子也说过："权，然后知轻重；度，然后知短长。物皆然，心为甚。"① 这就明确指出了对心理现象进行测量的必要和可能（林传鼎，1980）。

自从隋炀帝创行开科取仕，科举制度在我国通行了 1 300 年。目前西方言语测验中常见的填字和类比，相当于我国科举考试中的帖经和对偶，早在 7 世纪的唐代就有了。欧美各国通过考试选拔官吏的方法是 18 世纪末、19 世纪初从我国学去的。

---

① 《孟子·梁惠王》

清朝末年，心理学由西方传入我国。1920 年，北京高等师范学校和南京高等师范学校建立了我国最早的两所心理学实验室。廖世承和陈鹤琴在南京高师开设测验课，并用心理测验试测投考该校的学生，这便是我国正式开始的科学心理测试。1921 年他俩正式出版《智力测验法》一书。1922 年，比奈量表由费培杰译成中文，并在江苏、浙江两省的一些小学生中进行过测试。同年美国测验专家麦柯尔 (W. A. McCall) 博士应中华教育改进社聘请来华讲学，在他的指导下，北京师范大学、北京大学、燕京大学、北京女子高等师范学校、东南大学等校的教授和学生开始编制测验。据麦氏说：当时中国心理学家所编造的各种测验至少都与美国的水平相等，有许多竟比美国的为优。1923 年，在教育改进社的主持下，进行了全国小学生教育调查，调查地区包括 22 个城市和 11 个乡镇，测验了 9.2 万个儿童。这个大规模的调查，引起了当时教育界对测验的注意。1924 年，陆志韦先生发表了《订正比奈—西蒙智力测验说明书》，1936 年又与吴天敏再次做了修订。1931 年中国测验学会成立。1932 年《测验》杂志创刊。根据不完全的资料统计，到抗日战争前夕，我国心理学工作者制订或改编出合乎标准的智力测验和人格测验约二十种，教育测验五十多种，出版心理与教育测验方面的书籍二十多种 (陈选善，1934)。

1949 年后，由于多方面原因，心理测验一直成为禁区。粉碎“四人帮”后，心理测验才在科学的春天中复苏。1980 年初，北京师大心理系首次开设心理测量课。许多单位陆续编制或修订了一些心理测验。随着心理测量教学和研究工作的开展，心理测验开始在实际部门应用，如飞行员的选拔、运动员的选材、精神病的诊断、儿童多动症以及智力超常与落后儿童的检查等。在 1984 年召开的第五届全国心理学年会上，成立了以北师大心理系张厚粲教授为首的测验工作委员会 (后改称测验专业委员会)，加强了对测验工作的指导。

二、科学心理测验的产生与发展

(一) 心理测验的产生是社会的需要

在西方一些国家，工业革命成功后，对劳动力的需要急剧增加，且分工日益精细，因而有了专门人才的训练、人员选拔与职业指导的需要，这是促使测验发展的重要因素。19 世纪，在欧洲和美洲开设了一些护理精神病人的特别医院，因而急需确定收护标准和客观化的分类方法，这是促使测验发展的另一个重要因素。

(二) 心理测验的先驱

首先倡导测验运动的是优生学创始人、英国生物学家和心理学家高尔顿爵士 (Francis Galton)。他在研究遗传问题的过程中，认识到有必要测量那些有亲缘关系和没有亲缘关系的人们的特性，以确定其相似程度。他设计了许多简单的测验，如判断线条长短与物体轻重等，企图由各种感觉辨别力的测量结果来推估个人智力的高低。高尔顿还是应用等级评定量表、问卷法以及自由联想法的先驱。

在心理测验的发展史上，美国心理学家卡特尔 (J. M. Cattell) 占据了一个特别突出的位置。卡特尔早年留学于德国，从师冯特 (W. Wundt)。1888 年，在英国剑桥大学任教期间，与高尔顿过从甚密，深受其影响。回美后，编制测验几十个，包括测量肌肉力量、运动速度、痛感受性、视听敏度、重量辨别力、反应时、记忆力以及类似的一些项目。他于 1890 年发表的《心理测验与测量》一文，首创了“心理测验”这个术语。

著名美国学者波林 (E. G. Boring) 指出：“在测验领域中，19 世纪 80 年代是高尔顿的 10 年，90 年代是卡特尔的 10 年，20 世纪头 10 年则是比奈 (A. Binet) 的 10 年。”①

---

① Boring, E.G.: *A History of Experimental Psychology*, Appleton–Century–Crofts Inc. New York, p.573, 1950.

比奈，1857 年生于法国尼斯市。1904 年，法国教育部组织一个委员会，专门研究公立学校中低能班的管理方法，比奈亦是委员之一。他极力主张用测验法去辨别有心理缺陷的儿童，经过细心研究，次年与其助手西蒙 (T. Simon) 发表一篇论文，题为《诊断异常儿童智力的新方法》，在这篇文章中介绍的就是世界上第一个智力测验——比奈—西蒙量表。

1905 年的量表有 30 个由易到难排列的项目，可用来测量判断、理解、推理，亦即比奈所谓智力的基本组成部分。虽然这些测验也包括了感知觉的内容，但其中言语部分所占的比例远较同时代的其他测验为大。1908 年对该量表做了修订，采用智力年龄的方法计算成绩，并建立了常模，这是心理测验史上的一个创新。1911 年做了第二次修订，就在这一年比奈不幸谢世。

目前世界上的智力测验为数众多，其基本原理和主要方法都是由比奈奠定的，在心理测量的发展史上，比奈的贡献是不可磨灭的。

(三) 心理测验的发展

比奈—西蒙量表问世后，迅即传至世界各地。各种语言的版本纷纷出现，其中最著名的是美国斯坦福大学推孟 (L. M. Terman) 教授 1916 年修订的斯坦福—比奈量表，其最大的改变是采用了智商的概念，从此智商一词便为全世界所熟悉。

心理测验运动自本世纪初兴起，20 年代进入狂热，40 年代达到顶峰，50 年代后转向稳步发展。在此期间测验主要有以下几方面的发展。

①编制出一批操作测验，既可弥补语言文字量表在理论上的缺陷，又可适用于文盲和有言语障碍的人。

②编制出团体智力测验，扩大了测验的应用范围。在第一次世界大战期间，为满足美国军队对官兵选拔和分派兵种的需要，编制了团体测验，对二百多万官兵进行了智力测查。

③多重能力倾向测验逐渐受到重视。30 年代，随着因素分析理论的发展，多重能力倾向测验在二次大战后编制出来，这种成套测验为分析个人心理品质的内部结构提供了适用的工具。

④正当心理学家们忙于发展智力测验的时候，传统的学校考试也在进行一场改革，卡特尔的学生桑代克（E. L. Thorndike）等人，利用心理测验原理，编制了第一批标准化的教育测验。因此后人尊称他为教育测验之鼻祖。一些专门的教育测验机构也在一些国家陆续成立，如美国教育测验中心成立于 1947 年，是目前世界上最大的测验编制和研究机构。

⑤心理测验发展的另一领域涉及情感适应、人际关系、动机、兴趣、态度、性格等人格特点的测量。

⑥60 年代后，由于认知心理学的崛起，将实验法与测验法结合，产生了信息加工测验，为了解心理能力提供了一些补充方法，使心理测验出现了新的发展趋势。

第二节　心理测验的性质

美国心理学家桑代克和教育测量学家麦柯尔在几十年前曾先后提出，“凡客观存在的事物都有其数量”，①“凡有数量的东西都可以测量”。②随着科学技术的发展，人们不但对物体的长度、重量、温度以及时间、空间、运动等物理特性做出了越来越精确的测量，而且不断地尝试对人的感知、记忆、思维、想象、注意、情绪以及能力、气质、性格等心理特性采用各种方法进行测量，加深了对人类心理现象的认识。

---

① Thorndike, E.L.: *The Seventeenth Yearbook of the National Society for the Study of Education*, Public School Publishing Co. p.16, 1918.

② McCall, W.A.: *Measurement,* New York, Macmillan, p.18, 1939.

本书中所讨论的心理测量，是以测验作为工具的测量，而不是用实验、观察以及仪器等方法对心理现象的测量。

一、测验的定义

“测验”一词虽为大家所熟悉，但要给测验下一个严格的定义却并不容易。目前，关于测验有许多定义，笔者较为赞同美国心理与教育测量学家布朗（F. G. Brown）的说法，测验是“测量一个行为样本的系统程序”。① 通俗地说，心理测验就是通过观察人的少数有代表性的行为，对于贯穿在人的全部行为活动中的心理特点作出推论和数量化分析的一种科学手段。

首先，测验测量的是人的行为，严格地讲，只是测量了做测验的行为，也就是一个人对测验项目所进行的反应。在这个意义上可以说，测验项目即引起某种行为的刺激。

其次，一个测验不可能包含所要测量的行为领域的所有可能的项目，它所包含的只是全部可能项目的一个样本。当然，也有例外的情况，例如对幼儿施测一个10以内数字的加法测验，就可以包括两个一位数字相加的各种组合。但这种情况是极少的，由于测验只是测量一个行为样本，因此测验项目的取样必须有代表性。

第三，在编制、施测、评分和解释方面依据一套系统的程序。这种按照严格的科学程序去编制和使用，具有统一尺度并对误差作了严格控制的测验称之为标准化测验。标准化测验有三点好处：一是可以减少无关因素对测验目的的影响，使测量准确、客观；二是有统一的标准，便于对不同人的测验成绩进行比较和交流；三是同一份测验可反复使用，较为经济。

我们平时进行的各种考试也可用来测量人的某种行为，以判定

---

① Brown, F.G.: *Principles of Educational and Psychological Testing*, Holt, Rinehart and Winston, p.7,1982.

个别差异。它们与测验的主要差别在于没有标准化，或标准化程度较低，通常教师只凭各自的经验出题施测和评分，对分数的解释也带有主观随意性。而测验不但要通过统计分析等科学程序编制出符合测验目的的题目，并有严格的实施程序与计分方法，而且要有关于测验的信度、效度以及如何解释分数的说明。

二、测验的特性

把心理测量同物理测量等量齐观，是导致人们对心理测验产生种种误解的原因。心理测量与物理测量有同也有异，总的看来，心理现象比物理现象更复杂，更难以测量。

（一）心理测量的间接性

科学发展到今天，我们还无法直接测量人的心理活动，只能测量人的外显行为，也就是说，我们只能通过一个人对测验项目的反应来推论出他的心理特质。

所谓特质是描述一组内部相关或有内在联系的行为时所使用的术语，是在遗传与环境影响下，个人对刺激作反应的一种内在倾向。例如，一个人喜欢阅读机械杂志，喜欢观看各种机器运转，热心为别人修理钟表、自行车，由此我们便可推论此人具有机械兴趣的特质。可见，特质乃是个体独有的（与他人不同）、稳定的（表现于多种情境）、可辨别的（可与其他特征分开）特征。但它又是一个抽象的产物，一个构想，而不是一个被直接测量到的有实体的个人特点。由于特质是从行为模式中推论出来的，所以心理测量永远是间接的。

（二）心理测量的相对性

在对人的行为做比较时，没有绝对的标准，我们有的只是一个连续的行为序列。所谓测量就是看每个人处在这个序列的什么位置上，由此测得一个人智力的高低、兴趣的大小等，都是与所在团体的大多数人的行为或某种人为确定的标准相比较而言的。

(三) 心理测量的客观性

客观性是对一切测量的基本要求。在心理测量中要控制的变量比物理测量多得多，要做到客观颇不容易。

测验的客观性实际上就是测验的标准化问题。量具必须标准化，这是对一切测量的共同要求。经过长期的努力探索，测验的标准化即客观性已经有了很大的改进。

首先，测验用的项目或作业、施测说明、施测者的言语、态度及施测时的物理环境等，均经过标准化，测验的刺激是客观的。特别是对测验项目的选择不是随意的，而是在预测基础上，通过实证分析确定的。

其次，评分计分的原则和手续经过了标准化，对反应的量化是客观的。评分方面的客观性随测验种类和项目类型而异。一般说来，投射测验的客观性差些，而选择题的客观性较好。

最后，分数的转换和解释经过了标准化，对结果的推论是客观的。测验分数转换表是通过对总体的代表性样本的测试确定的，测验的有效性也在一定程度上经过实践的检验，依据这些资料所做出的解释，自然较为可靠。

心理测验的客观性虽然尚需进一步提高，但它毕竟是测量人的心理特性的较为客观、较为科学的方法，目前，还没有更有效、更实用的方法能够取代它。

第三节 心理测验的种类

心理测验是判定个别差异的工具，个别差异包括很多方面，并可在不同的目的与不同的情境下去研究，这就使测验具有了不同的类别和功用。

一、按测验功能分类

(一) 能力测验

能力一词，其含义颇为笼统。从心理测验的观点看，可将其分为实际能力与潜在能力。实际能力是指个人当前“所能为者”，即代表个人已有的知识、经验与技能，是正式与非正式学习或训练的结果。潜在能力是指个人将来“可能为者”，是在给予一定的学习机会时，某种行为可能达到的水平。有人把测量潜在能力的测验称作能力倾向测验 (亦称性向测验)。实际上二者很难分清。能力测验又可进一步分为普通能力测验与特殊能力测验。前者即通常说的智力测验，后者多用于测量个人在音乐、美术、体育、机械、飞行等方面的特殊才能。

(二) 成就测验

主要用于测量个人 (或团体) 经过某种正式教育或训练之后对知识和技能掌握的程度。因为所测得的主要是学习成就，所以称做成就测验，最常见的是学校中的学科测验。

无论成就测验还是能力测验 (包括能力倾向测验)，所测得的都是个人在其先天条件下经由后天学习的结果。不过成就测验多是测量有计划的或比较确定的情境 (如学校) 中学习的结果，而能力测验，特别是能力倾向测验则是测量较少控制的或不大确定的情境中学得的结果，也就是在个人生活中经验累积的结果。

(三) 人格测验

人格测验主要用于测量性格、气质、兴趣、态度、品德、情绪、动机、信念、价值观等方面的个性心理特征，亦即个性中除能力以外的部分。

二、按测验对象分类

(一) 个别测验

个别测验每次仅以一位被试为对象，通常是由一位主试与一位被试在面对面的情形下进行。此类测验的优点在于主试对被试的行为反应有较多的观察与控制机会，尤其对某些人（如幼儿及文盲）不能使用文字而只能由主试记录其反应时，就非采用面对面的个别测验不可。个别测验的主要缺点是不能在短时间内经由测验收集到大量的资料，而且个别测验手续复杂，主试需要较高的训练与素养，一般人不易掌握。

(二) 团体测验

团体测验是在同一时间内由一位主试（必要时可配几名助手）对多数人施测。此类测验的优点主要在于可以在短时间内收集到大量资料，因此在教育上被广泛采用。团体测验的缺点是被试的行为不易控制，容易产生测量误差。

三、按测验方式分类

(一) 纸笔测验

测验所用的是文字或图形材料，实施方便，团体测验多采用此种方式编制。文字材料易受被试文化程度的影响，因而对不同教育背景下的人使用时，其有效性将降低，甚至无法使用。

(二) 操作测验

操作测验项目多属于对图片、实物、工具、模型的辨认和操作，无需使用文字作答，所以不受文化因素的限制。此种测验的缺点是大多不宜团体实施，要花费大量的时间。

(三) 口头测验

测验项目为言语材料。主试口头提问，被试口头作答。

(四) 电脑测验

测验项目可为文字或图形，在电脑上显示，被试按键作答。

四、按测验目的分类

(一) 描述性测验

测验的目的在于对个人或团体的能力、性格、兴趣、知识水平等进行描述。

(二) 诊断性测验

目的在于对个人或团体的某种行为问题进行诊断。

(三) 预示性测验

目的在于通过测验分数预示一个人将来的表现和所能达到的水平。

五、按测验难度分类

(一) 速度测验

此种测验题目较为容易，一般都没有超出被试的能力水平，但数量较多，且时限较短，几乎每个被试都不能做完所有题目。在纯粹的速度测验中，分数完全依赖于反应速度。

(二) 难度测验

包含各种不同难度的题目，由易到难排列，其中有一些极难的题目，几乎所有被试都解答不了。但作答时间较为充裕，使每个被试都有机会做所有的题目，并在规定时间内做完会做的题目，因此测量的是解答难题的最高能力。

六、按测验要求分类

(一) 最高作为测验

此种测验要求被试尽可能做出最好的回答，主要与认知过程有关，有正确答案。能力测验、成就测验均属最高作为测验。

(二) 典型作为测验

此种测验要求被试按通常的习惯方式做出反应，没有正确答案。一般说来，人格测验测量的均属典型作为。

七、按测验性质分类

(一) 构造性测验

在此种测验中，所呈现的刺激和被试的任务是明确的。

(二) 投射性测验

在此种测验中，刺激没有明确意义，问题模糊，对被试的反应也没有明确规定。

八、按测验解释分类

(一) 常模参照测验

此种测验是将一个人的分数与其他人比较，看其在某一团体中所处的位置。

(二) 标准参照测验

此种测验是将被试的分数与某种标准进行比较来解释。

九、按测验应用分类

(一) 教育测验

教育部门是测验应用最广的领域，许多能力和人格测验都可在学校中应用，但用得最多的是成就测验，平时说的教育测验，主要指后者。

(二) 职业测验

主要用于人员选拔和职业指导，可以是能力和成就测验，也可以是人格测验。

(三) 临床测验

主要用于医务部门。除感觉运动和神经心理测验外，许多能力和人格测验也可用来检查智力障碍或精神疾病，为临床诊断和心理治疗工作服务。

以上几种分类都是相对的，从不同的角度进行分类，同一个测验可以归为不同的类别。

第二章 心理测验的编制

工欲善其事，必先利其器。为了在理论研究和实际应用中更好地发挥测验的效能，必须编制出各种高质量的、适用的测验。

第一节 编制测验的一般程序

编制测验的方法，依测验的种类而异。不同性质、不同用途的测验，编制的具体过程是不同的。但由于测验原理大体相同，因而可以概括出一套通用的编制程序。

一、确定测验目的

(一) 测量对象

在编制测验前首先要明确测量对象，也就是该测验编成后要用于何种团体。只有对受测者的年龄、智力水平、文化背景以及阅读水平等做到心中有数，编制测验时才能有的放矢。

(二) 测量目标

所编的测验用来测量什么，是测能力、人格，还是学业成就，也是必须首先考虑的问题。不但要明确测量的目标，还要对测量目标加以分析，将此目标转换成可操作的术语，即将目标具体化。如美国著名测验学家瑟斯顿 (L. L. Thurstone) 通过因素分析，将智力分解为七种基本心理能力：

语文理解——阅读时了解文字意义的能力；

语词流畅——正确迅速拼字与敏捷联想词义的能力；

数字运算——正确而迅速使用数字解答算术问题的能力；

空间关系——运用感觉器官及知觉经验正确判断空间方位及各种关系的能力；

机械记忆——用重复感知的方法记住事物的能力；

知觉速度——迅速而正确地观察与辨别事物的能力；

一般推理——根据已知条件推出新判断的能力。

瑟斯顿根据上述七种因素于 1941 年编成了“基本心理能力测验”。

(三) 测验用途

所编出的测验是要对被试做描述，还是做诊断，抑或是选拔和预示，这一点也是在测验编制前就应明确的。目的不同，编制测验时的取材范围以及试题难度等也不尽相同。

二、拟定编制计划

编制计划，实际上就是对测验的总体设计，指出测验的内容结构和项目形式等，以及对每一个内容、目标的相对重视程度。不同的测验有不同的编制计划。例如成就测验的编制计划通常是一张双维细目表，其中一个维度是内容，就是某一学科教材中的各个课题，另一维度是在教学中要达到的行为目标。美国心理学家布鲁姆 (B. S. Bloom) 最早提出教育目标的分类问题。他把学习的心理活动分成认知、精神运动和情感三个领域，又把认知领域具体分为知识、理解、应用、分析、综合、评价六个层次。在布鲁姆等人编的《教育目标的分类》一书中，为每个认知层次提供了许多题目范例。后来人们一般就依据布鲁姆的认知性行为目标编拟学科试题，以测量学生的学习结果。

表 2–1 是一个小学高年级自然常识测验的编制计划。表中的数字代表每一类题目所占的百分比，这些比例反映着每一个内容及目

标的相对重要性。

表 2–1 小学自然常识测验编题计划

行为目标 / 教材内容	获得基本知识	理解原理原则	应用原理原则	分析因果关系	综合成系统见解	建立评价标准	合计
生物世界	3	5	6	3	2	1	20
资源利用	2	3	3	1	1	0	10
动力和机械	2	3	4	2	0	1	12
物质、物性与能量	5	6	8	3	2	1	25
气象	2	4	3	2	2	0	13
宇宙	2	5	4	1	0	0	12
地球	2	2	2	1	1	0	8
合计	18	28	30	13	8	3	100

测验计划有两个用途。

①在编制阶段，测验计划指出应该编多少和编哪些种类的项目；项目编好后，可将项目的实际分布情况与测验计划对照，以确定测验项目是否恰当地代表了所要测量的领域，核对重要方面的内容是否有遗漏。

②在记分时可按表中百分比确定每类项目的分数。

三、设计测试项目

(一) 搜集有关资料

测验计划编好后，就要搜集有关资料作为设计项目的依据。一个测验的好坏和测验材料的选择适当与否有密切关系，为此要注意以下几个问题。

1. 资料要丰富

资料搜集越齐全，设计项目便越顺利，这样测验内容便不致有所偏颇，而且能提高行为样本的代表性。如编制人格测验，搜集的资料应包括：人格的主要理论，用于描述人格的术语，临床观察的资料，以及其他人格测验的项目等。

2. 资料要有普遍性

所选择的材料对测验对象要尽可能公平，即被试都有相等的学习机会。譬如，编制标准化的学科成就测验时，要以统一的教学大纲和统编教材作为题目来源，不能只考虑个别教师的意见，要考虑大多数教师和专家的意见。在编制智力测验时则要尽量避免特殊知识经验和文化水平的影响。

（二）选择项目形式

测验编制者还必须确定测验内容的表现方式，是纸笔测验还是操作测验；是只要被试认出正确答案，还是需要他自己做出正确答案。在大多数情况下，任何内容都可以用几种形式呈现，问题是如何选择"最优的"表现方式。在一个测验中，可以采用一种题型，也可以采用几种题型。

在选择项目形式时，要考虑以下几点。

1. 测验的目的和材料的性质

如果要考查学生对概念和原理的记忆，宜用简答题；要考查对事物的辨别和判断的能力，宜用选择题；要考查综合运用知识的能力，宜用论文题。

2. 接受测验的团体的特点

如对幼儿宜用口头测验，对于文盲或识字不多的人不宜采用要求读和写的项目，而对有言语缺陷的人（如聋哑、口吃）则要尽量采用操作项目。

3. 各种实际因素

譬如，当被试人数过多，测验时间和经费又有限时，宜用选择题进行团体纸笔测验，而人数少，时间充裕，又有某些实验仪器和设备时，则可用操作测验。

廖世承、陈鹤琴先生几十年前曾提出以下几条选择测验形式的原则：使被试者容易明了测验做法；在做测验时不会弄错；做法简明、省时；计分省时省力；经济。

(三) 编写和修订项目

制订项目的过程包括写出、编辑、预试和修改等一系列过程。在获得一个令人满意的项目之前，这些步骤是不断重复的。在这个过程中，编制者和有关方面专家要对项目反复审查修订，改正意义不明确的词语，取消一些重复的和不适用的项目。然后将初步选定的项目汇集起来组成一个预备测验。

编写项目要注意以下几个问题：

①项目的范围要与测验计划相一致；

②项目的数量要比最后所需的数目多一倍至几倍，以备筛选和编制复本；

③项目的难度必须符合测验目的的需要；

④项目的说明必须清楚。

四、项目的试测和分析

初步筛选出的项目虽然在内容和形式上符合要求，但是否具有适当的难度与鉴别作用，必须通过实践来检验，也就是要通过预测进行项目分析，为进一步筛选项目提供客观依据。

(一) 试测

项目性能之优劣，不能仅凭测验编制者主观臆测来决定，必须将初步筛选出的项目组合成一种或几种预备测验，经过实际的试测而获得客观性资料。预测应注意以下几个问题。

①预测对象应取自将来正式测验准备应用的群体。例如，对于一个成就测验来说，进行预测的学生必须和以后的测验对象属于同一个年级，并且具有相同的课程背景，取样时应注意其代表性，人数不必太多，亦不可过少。

②预测的实施过程与情境应力求与将来正式测试时的情况相近似。

③预测的时限可稍宽一些，最好使每个被试都能将项目做完，以搜集较充分的反应资料，使统计分析的结果更为可靠。

④在预测过程中，应随时记录被试的反应情形，如在不同时限内一般被试所完成的题数、题意不清之处及其他有关问题。

预测的目的在于获得被试对项目如何反应的资料，它既能提供哪些项目意义不清、容易引起误解等质量方面的信息，又能提供关于项目好坏的数量指标，而且通过预测还可以发现一些原来想不到的情况，如检验时限多长合适，在施测过程中还有哪些条件需要进一步控制等。

(二) 项目分析

对项目的分析包括质的分析和量的分析两个方面。前者是从内容取样的适当性、题目的思想性以及表达是否清楚等方面加以分析，后者是对预测结果进行统计分析，确定项目的难度、区分度、备选答案的适宜性等。

编制一套测验，只依据一次预测的结果所作的项目分析是不够的。由于预测的被试样本可能会有取样误差，故由此得到的项目分析结果未必完全可靠。为了检验所选出的项目的性能是否真正符合要求，有时需选取来自同一总体的另一样本再测一次，并根据结果进行第二次项目分析，看两次分析结果是否一致。如果某个项目的测试结果前后相差较大，说明该项目的性能值得怀疑。这种在两个独立样本中进行项目分析的过程叫做复核。

五、合成测验

经过试测和项目分析，对各个项目的性能已有可靠的资料作为评价的根据，下一步就可以选出性能优良的项目，加以适当的编排，组合成测验。

(一) 项目的选择

在选择项目时，不但要考虑项目分析所提供的资料，还要考虑测验的目的、性质与功能。最好的项目，就是只测定所需要的特征，并能对该特征加以有效区分的难度合适的项目。

一般说来，项目的区分度越高越好，这是选择项目的一条重要标准。特别是对于选拔测验，此标准尤为重要。

选择项目的另一个指标是难度。难度多大为合适并无一个绝对标准，而要根据测验目的来确定。有的要求难一些，有的则要求容易一些，有的可不考虑难度。就是同一张试卷，题目难度也可以不同，只要整个测验的难度分布符合要求即可。

根据项目分析资料选出的项目，还要与测验计划再次对照，看看材料内容以及所测量的行为目标是否与计划相符，必要时加以适当调整。此外项目的数量还必须适合于所限定的时间。

(二) 项目的编排

项目选出之后，必须根据测验的目的与性质，并考虑被试作答时的心理反应，加以合理安排。

在测验开头应该有一两个十分容易的项目，以使被试熟悉作答程序，解除紧张情绪，建立信心，进入测验情境。对项目的总的编排原则是由易到难，这样可以避免被试在难题上耽搁时间太多，而影响对后面问题的解答。在测验最后可有少数难度较大的项目，以测出被试的最高水平。

下面是两种常见的排列方式。

1. 并列直进式

此种方式是将整个测验按项目内容或形式分为若干分测验，属同一分测验的项目，则依其难度由易到难排列。

2. 混合螺旋式

此种方式是先将各类项目依难度分成若干不同的层次，再将不同性质的项目予以组合，作交叉式的排列，其难度则渐次上升。此种排列的优点是，被试对各类项目循序作答，从而维持作答的兴趣。

(三) 编造复本

为增加实际的效用，一种测验有时需要有两个以上的等值型，称做复本，复本越多，使用起来愈便利。例如，我们要用测验来考察一班学生在一学期中的进步，必须测量两次，一次在开学初，一次在学期末，两次结果的差别代表一学期中成绩的提高。如果测验只有一份，用两次就难免有练习的影响，两次测验结果的差异不能完全代表进步的大小。要是这个测验有几个复本替换使用，就可以免掉这种困难。

测验的各份复本必须等值，所谓等值需符合下列几个条件：

①各份测验测量的是同一种心理特质；

②各份测验包含相同的内容范围，但题目不应有重复；

③各份测验题型相同，题目数量相等，并且有大体相同的难度分布。

只要有足够数量的题目，编造复本的手续是很简单的。先将所有适用的题目按难度排列，其次序为1、2、3、4、5、6……如果要分成两个等值的测验本，可采用下面的分法：

A本：1、4、5、8、9、12、13、16、17、20……

B本：2、3、6、7、10、11、14、15、18、19……

如果要分成三个等值的测验本，可采用下面的分法：

A本：1、6、7、12、13、18、19、24……

B本：2、5、8、11、14、17、20、23……

C本：3、4、9、10、15、16、21、22……

采用上面的分法可使复本之间在难度上基本相等，从而获得大体相同的分数分布。复本编好后，应该再试测一次，以判定各本究竟是否等值。

六、测验使用的标准化

一套好的题目并不一定是一个好的测验。对于测验的基本要求是准确、可靠。为了减少误差，就要控制无关因素对测验目的的影响。这个控制的过程，称做标准化，包括测验编制的标准化和测验使用的标准化两方面。制作过程的标准化可保证量具本身符合要求，而使用过程的标准化可保证操作规范，使用得当。

测验使用的标准化又可分为施测过程标准化、评分计分标准化、分数解释标准化三个环节。

(一) 施测过程

尽管对于所有的被试使用了相同的题目，如果在施测时各行其是，所得的分数便不能进行比较。为了使测验条件相同，必须有统一的指导语和时间限制。

1. 指导语

给被试的指导语属于测验刺激的一部分，它的内容通常包括对测验目的的说明和被试应该如何反应的指示（包括如何选择反应、记录反应以及时限等）。对于纸笔测验来说，这些指示一般印在测验的开始部分，也可以印在另外一张纸上。要求简单明确，不引起误解。如果题目形式对被试是生疏的，还应该有一些例题。

指导语会直接影响被试的反应态度与方法。有人以不同的指导语对几组被试实施同一个能力测验，结果表明，将该测验说成“智力测验”的一组，成绩较高；将该测验说成“日常测验”的一组，成绩较低。

为了保证测验情境的一致，还要有对主试的指导语，主要是对测验细节作进一步解释，以及其他一些有关事项，包括测验房间场地的安排（照明、桌椅、隔音、温度等），测验材料的分发，如何计时、记分，对被试的各种提问如何回答，以及在测验中途发生意外情况（如停电、有人迟到、生病、作弊等）应该如何处理。由于主试的一言一行，甚至表情动作都会对被试产生影响，所以主试一定要严格遵守施测指导，不要任意发挥和解释。总的要求是，无论什么人在什么时候什么地点使用同一测验，都必须做同样的事，说同样的话。对主试的指导语与测验是分开的。

2. 时限

确定测验的时限，要考虑施测条件和实际情况的限制（如一节课时间的多少），以及被试的特点（如对儿童、老人、病人施测时间不宜过长），不过更重要的是考虑测量目标的要求。

对于人格测验来说，反应速度是不重要的，可不必规定严格的时限，但是在测量能力和成就时，速度是需要考虑的一个重要因素。对于纯速度测验，时间应当严格限制，使被试中没有人能在规定时间内做完全部题目。纯难度测验只考察被试解决难题的水平而不考虑完成时间。实际上，大多数能力和成就测验介于上述二者之间，既考察反应的速度也考察解决难题的能力。通常所用的时限是使大约百分之九十的被试能在规定时间内完成全部测验，如果题目由易到难排列，应使大多数人在规定时间内完成他会答的问题。

确定时限一般采用尝试法，即通过预测来决定。假设根据第一次试测的经验，我们估计大部分被试可以在 25 分钟内做完，在第二次试测时，可以先叫被试用黑铅笔做 20 分钟，然后换成红铅笔，再过 5 分钟换成蓝铅笔，这样便可了解被试在规定时间内完成题目的数量。另一种方法是在施测现场挂一只钟，每个被试做完后即将当时的时间写在试卷末尾，试卷收齐之后再根据被试完成情况规定合适的时限。

（二）评分、记分

只有评分客观时，才能把分数的差异完全归于被试的差异。一般说来，对于自由反应的题目（如问答题、论文题等），评分者之间很难取得完全一致，而选择题、是非题的评分较为客观，因此有人将由此类题目组成的测验称做客观性测验。

无论哪种测验，为使评分尽可能客观，有三点要求。

①及时而清楚地记录反应情况。特别是对口试和操作测验，此点尤为重要，必要时可以录音和录像。

②要有一张标准答案或正确反应的表格，即记分键。选择题的记分键包括每一道题正确反应的号码或字母；问答题的记分键包括一系列正确的答案和允许的变化；论文题的记分键包含各种可接受答案的要点；人格测验不可能有明确而统一的答案，记分键上指明的是具有或缺少某种人格特征者的典型反应。

③将被试的反应和记分键比较，对反应进行分类。对于选择题来说，这个程序是很容易的，但是当评分者的判断可能是一个起作用的因素时（如问答题、论文题），就需要对评分规则作详细的说明，评分者将每一个人的反应和评分说明书上所提供的样例相比较，然后按最接近的答案样例给分。

无论采用何种评分方法，都必须符合客观、准确、经济、实用四项原则。

分数评出后还要进行合成计算，即将各题目分数合成分测验分数，再将分测验分数合成测验总分数。准确无误是对计分的基本要求。

（三）分数解释

一个标准化测验，不但编制、施测和评分要标准化，对分数的解释也必须标准化，如果同一个分数可做出不同的推论，测量便失去了客观性。

测验分数必须与某种参照系统比较，方能显出它所代表的意义。例如，某生成绩单上写着：物理——85分。我们仅从这个分数很难断定他学得如何，因为没有一个比较的标准。多数心理测验是把个人所得的分数与代表一般人同类行为的分数相比较，以判别其所得分数的高低。此处的“代表一般人同类行为的分数”，即为“常模”。例如，以摄氏温度计测得某人体温为 39 °C，便可确诊为发烧，因为一般人的正常体温是 37 °C，这就是成人体温的常模。

建立常模的方法是，在将来要使用测验的全体对象中，选择有代表性的一部分人 (称标准化样本)，对此样本施测并将所得的分数加以统计整理，得出一个具有代表性的分数分布，此即为该测验的常模。

有些测验并不将被试的分数与其他人比较，而是看其是否达到某种标准，如体育达标测验、驾驶执照考试等。

无论哪种测验，都要参照某个系统对原始分数加以转换，才能作出有意义的解释。

七、搜集信度、效度资料

测验编好后，必须对其测量的可靠性和有效性加以评估，为此就要进行测量学方面的分析，搜集信度和效度资料。

(一) 信度

信度指的是测量的可靠性或一致性。我们用钢片卷尺去量黑板的长度，所得的结果是可靠的，因为无论是由一个人量数次还是分别由几个人去量，所得的结果都是一致的。如果我们改用橡皮筋做的软尺去测量黑板的长度时，因为拉力大小不同，多次或多人测量所得的结果就难得一致。因此，用橡皮筋做的软尺测量长度是不可靠的，也就是说，这样的测量工具是缺乏信度的。

对一个测验进行标准化时，必须确定它的信度。

(二) 效度

效度指的是测量的有效性或正确性，这是对测量工具的最基本的要求。衡量一个测量工具有没有效，就是看它所测量的是不是它所要测的东西。例如，以磅秤量体重是有效的，但如果用它量身高，虽然多次测量结果一致 (信度高)，但所得的数量并不能代表个人的身高，因此对量身高来说，磅秤是个无效或效度较低的工具。

在编制心理测验时，如何提高效度，无疑是个首要的问题。效度的确定方法，视测量的性质和目的而定。

八、编写测验手册

为使测验能够合理地实施与应用，在正式测验编制完成后，还要编写一本手册，就下列问题作出详尽而明确的说明：

①本测验的目的和功用；

②测验的理论背景以及选择项目的根据；

③测验的实施方法、时限及注意事项；

④测验的标准答案和记分方法；

⑤常模表或其他有助于分数转化与解释的资料；

⑥测验的信度、效度资料，包括信度系数、效度系数以及这些数据是在什么情境下得到的。

经过以上八个步骤，一个测验便可正式交付使用了。

第二节 测验的项目分析

在试测的基础上对各个项目进行分析是编制和修订测验的重要环节。一般说来，测验的项目分析包括定性分析和定量分析两个方面。定性分析主要是依靠测验编制者丰富的经验和所受的训练，对项目的内容和形式是否得当进行分析。定量分析主要是指对项目难度和区分度等进行分析。通过项目分析，可以帮助我们筛选和修订项目，从而提高测验的可靠性和有效性。

一、项目的难度

所谓难度就是指测验项目的难易程度。一道试题，如果大部分被试都能答对，则该题的难度就小；如果大部分被试都不能答对，则该题的难度就大。

一个项目的难度大小，除了与所测的内容本身的难易程度有关以外，还与测验的编制技术和被试的知识经验有关。由于表述不清或者是因被试没学过，一个本来容易的项目可能变得较难。这就是说测验的难度具有相对性，正因如此，必须进行试测，通过实践来对难度作出检验。

对于是非题、选择题等采用二分法记分的项目，难度通常用通过率来表示，即用答对或通过该题人数的百分比作为指标：

$$P=\frac{R}{N}\times100\%$$

式中 P 为项目的通过率，R 为答对或通过该项目的人数，N 为全体被试人数。

用通过率代表难度时，P 值越大其难度越小，P 值越小其难度越大。因此也有人将其称之为易度，而将未通过该题的人数百分比作为难度指标。

当被试人数较多时，可以先将被试依照测验总分从高到低排列，然后将总分最高的 27%和最低的 27%的被试定为高分组和低分组，分别计算两组在某一项目上的通过率，最后用下式计算该项目的难度：

$$P=\frac{P_H+P_L}{2}$$

式中 P_H、P_L 分别为高分组与低分组的通过率。

在选择题中，由于允许猜测，备选答案数目越少，机遇的作用越大，就越不能反映题目的真实难度。为平衡机遇对难度的影响，可用下面的公式校正：

$$CP=\frac{KP-1}{K-1}$$

式中 CP 为校正后的通过率，P 为实得通过率，K 为备选答案数目。

对于论述题等不用二分法记分的项目，常常用下面的公式来计算难度：

$$P=\frac{\overline{X}}{X_{\max}}\times 100\%$$

式中 X 为全体被试在某一项目上的平均分，$X_{\max}$ 为该项目的满分。

进行难度分析的主要目的是为了筛选项目，项目的难度多高合适，取决于测验的目的、性质以及项目的形式。

在实际工作中，有些测验是为了了解被试在某方面知识、技能的掌握情况，这时候对难度不必考虑过多，只要是教育者认为重要的内容就可以选用。例如在教完某部分知识后，为了检查学生的掌握情况所进行的测验，即使每道题目都有很高的通过率，这些题目仍然是可用的。大多数测验希望能较准确地测量个体之间的差别，在回答某题时，如果被试全对或全错，则该题就无法提供个别差异的信息。因此，为了使测验具有更大的区分能力，以选择接近中等难度的项目为好。

当测验用于选拔人员时，应该比较多地采用那些难度值接近录取率的项目。例如，我们要招收 20%的申请者，测验的难度就应较高。

测验的难度直接依赖于组成测验的项目的难度。通过考察测验分数的分布，可以对测验的难度做出直观检验。

由于人的多数心理特性是正态分布，而我们目前所采用的统计分析方法又大都以正态分布为前提，所以大多数测验在设计时希望分数显现正态分布的模式。如果被试的取样具有代表性，对于中等难度的测验，其分数分布应呈正态。

测验分数的分布背离正态有两种情况：其一是项目难度普遍较大，被试的得分普遍较低，使低分段出现高峰，呈正偏态；其二是项目难度普遍较小，被试的得分普遍较高，使高分段出现高峰，呈

负偏态。(见图 2–1、图 2–2)

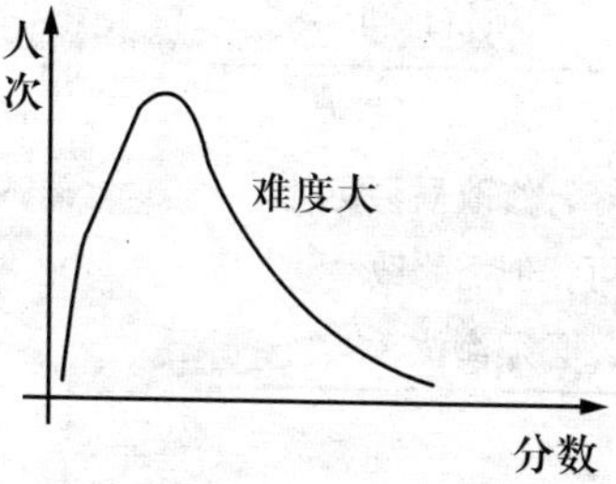

图 2–1　测验分数分布为正偏态状

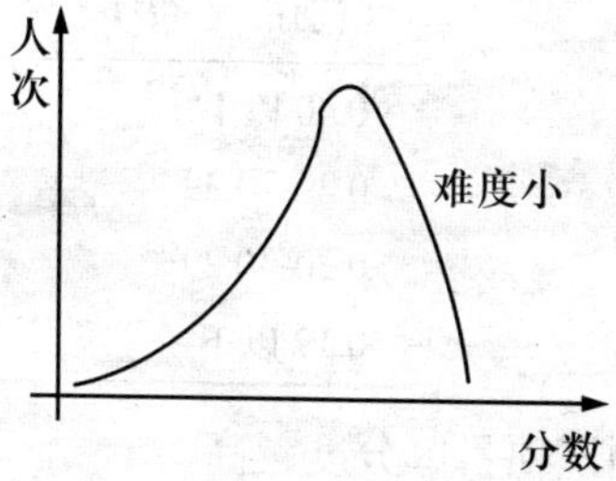

图 2–2　测验分数分布为负偏态状

并不是所有测验都要求其分数分布为正态，例如，标准参照测验的分数分布就常常是偏态的。

二、项目的区分度

区分度是指测验项目对被试的心理特性的区分能力。区分度高的项目，能将不同水平的被试区分开来；区分度低的项目，则不能很好地鉴别被试水平，水平高和水平低的被试得分差不多。

计算区分度有多种方法，可以根据测验的目的与数据资料的性质进行选择。当然，有时也可以同时用几种方法相互验证。

(一) 鉴别指数法

区分度分析的一种简便方法是比较测验总分高和总分低的两组被试在项目通过率上的差别：

$$D=p_{\mathrm{H}}-p_{\mathrm{L}}$$

式中 p_{H}为高分组在某项目上的通过率，p_{L}为低分组在该项目上的通过率。二者通过率之差为鉴别指数 D。D 值越大，项目的区分度越高，即项目越有效。1965 年，美国测验专家伊贝尔（L. Ebel）根据长期的经验提出用鉴别指数评价项目性能的标准，如表 2–2 所示。

（二）相关法

计算区分度最常用的方法是相关法，即以某一项目分数与效标分数或测验总分的相关作为该项目区分度的指标。相关越高，

表 2–2 项目鉴别指数与评价标准

鉴别指数（D）	项目评价
0.40 以上	很好
0.30~0.39	良好，修改后会更佳
0.20~0.29	尚可，但需修改
0.19 以下	差，必须淘汰

则该项目区分度越高。

1. 二列相关

二列相关适用于两个连续变量，但其中一个变量被人为分成两类。例如，当一个测验的题目分数是连续的，而效标分数或测验总分被分为及格和不及格两类时，就可以采用二列相关法；当效标或测验总分是连续的，而题目分数被分成通过、不通过两类时，也可采用此法。其公式为：

$$r_b=\frac{\overline{X}_p-\overline{X}_q}{S_t}\cdot\frac{pq}{y}$$

或
$$r_b=\frac{\overline{X}_p-\overline{X}_t}{S_t}\cdot\frac{p}{y}$$

式中 $\overline{X}_p$ 为与二分变量通过组对应的连续变量的平均数，$\overline{X}_q$ 为与二分变量未通过组对应的连续变量的平均数，$\overline{X}_t$ 为连续变量的平均数，S_t 为连续变量的标准差，p 为通过组人数与总人数之比，q 为未通过组人数与总人数之比。y 为 p 与 q 交界处正态曲线的高度。

在计算二列相关时，要求二分变量的分布在连续测量时必须是正态分布。如果样本分布不是正态，总体分布也应是正态。对于连续变量的分布，虽不要求其是正态，但必须是单峰，而且要对称。当两个变量均为连续变量时，一般使用皮尔逊 (K. Pearson) 积差相关公式计算。(参看一般统计学教科书)

二列相关系数 r_b 的显著性考验可用下面的公式：

$$Z=\frac{r_b}{\frac{1}{y}\cdot\sqrt{\frac{pq}{N}}}$$

式中 N 为总人数，其余符号与二列相关公式所用的符号相同。如果 Z 值大于 1.96，即为显著相关。

例 1：下表有 20 个学生语文测验总分以及在作文题和一个选择题上的得分情况，假设作文 37 分（包括 37 分）算通过，试计算作文题的区分度。

学　生	1	2	3	4	5	6	7	8	9	10	11	12	13	14	15	16	17	18	19	20
总　分	86	52	94	72	65	22	76	83	80	75	76	73	62	91	47	74	81	88	62	58
作文题得　分	47	37	55	27	22	10	35	42	46	39	40	41	38	52	21	39	42	48	29	27
选择题得　分	1	0	0	1	1	0	0	1	1	1	1	0	1	1	0	1	1	0	0	0

解：$\overline{X}_p=(86+52+94+83+80+75+76+73+62+91+74+81+88)\div 13=78.08$

$\overline{X}_q=(72+65+22+76+47+62+58)\div 7=57.43$

$p=13\div 20=0.65$，$q=1-p=1-0.65=0.35$

查表　$y=0.370\ 4$

$\sum X=1\ 417$　$\sum X^2=105\ 947$

$$S_t^2=\frac{\sum X^2}{N}-\left(\frac{\sum X}{N}\right)^2=\frac{105\ 947}{20}-\left(\frac{1\ 417}{20}\right)^2=277.63$$

$S_t=16.66$

$$r_b=\frac{78.08-57.43}{16.66}\cdot\frac{0.65\times 0.35}{0.370\ 4}=0.76$$

$$Z=\frac{0.76}{\frac{1}{0.37}\cdot\sqrt{\frac{0.65\times 0.35}{20}}}=2.6>1.96$$

可见，作文分数与总分相关显著。

2. 点二列相关

点二列相关适用于一个变量为连续变量，另一个变量为二分变量（或双峰分布）的数据资料。例如，选择题答对记 1 分，答错记 0 分，这时题目分数为二分变量，而总分为连续变量。为了计算其区分度可采用点二列相关，其公式为：

$$r_{pb}=\frac{\overline{X}_p-\overline{X}_q}{S_t}\cdot\sqrt{pq}$$

或 $$r_{pb}=\frac{\overline{X}_p-\overline{X}_t}{S_t}\cdot\sqrt{\frac{p}{q}}$$

式中符号意义与二列相关公式所用符号意义相同。

在计算 r_{pb} 时，只要求连续变量是单峰和对称的分布，而二分变量不受正态分布的限制，因此它比二列相关的用途更广泛。

例如：根据例 1 的资料，计算选择题的区分度。

解：$\overline{X}_p=(86+72+65+83+80+75+76+62+91+74+81)\div 11=76.82$

$\overline{X}_q=(52+94+22+76+73+47+88+62+58)\div 9=63.56$

$p=11\div 20=0.55$

$q=1-0.55=0.45$

$S_t=16.66$

$$r_{pb}=\frac{76.82-63.56}{16.66}\cdot\sqrt{0.55\times 0.45}=0.396$$

考验点二列相关是否显著与考验积差相关系数的显著性相同。此外还可以用 t 检验的方法比较与二分变量对偶的两组连续变量的平均数的差异是否显著，如平均数的差异显著，则相关系数也显著。

三、区分度与难度的关系

区分度与难度有密切关系。假如，某项目的通过率为 1.00 或 0，则说明高分组与低分组在通过率上不存在差异，因此，鉴别指数 D

为 0。假如，项目的通过率为 0.50，则可能是高分组的所有人都通过了，而低分组却无人通过，这样 D 的最大值可能达到 1.00。从上述分析中可以看出，难度越接近 0.50，项目的潜在区分度越大，难度越接近 1.00 或 0 时，项目的潜在区分度越小 (见图 2-3)。

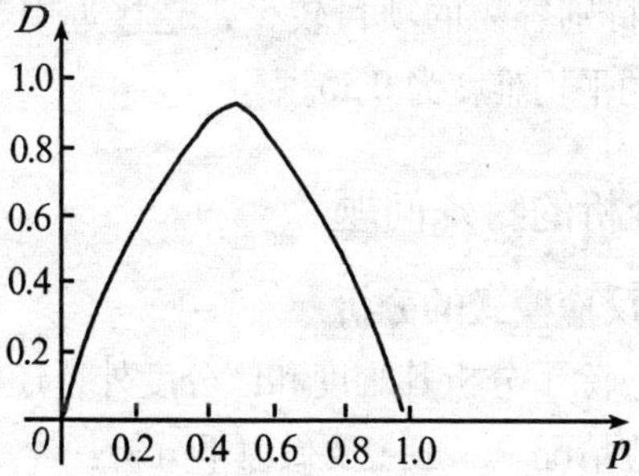

图 2-3 项目难度与区分度的关系

但是在实际编制测验时，不能要求所有项目的难度均为 0.50。由于一个测验中的项目大多趋向于有关的内容或技能而具有某种程度的相关，假如，所有的项目都完全相关 (r=1)，并且难度均为 0.50，在一个项目上通过的人在其他各项上也会通过，在一个项目上失败的人在其他各项上也将失败。那么，一半被试将通过每一个项目，另一半将全不通过。在这种情况下，测验将只有两种分数：满分和零分，成 U 型分布。这样，从整体来说，测验所提供的信息便相对减少。事实上，如果测验的所有项目都是中等难度，只有项目的内在相关为零时，整个测验分数才能产生正态分布。考虑到一般测验项目之间都具有某种相关，难度的分布广一些，梯度多一些，是合乎需要的。分布广，才能把各种水平的人都区分开来；梯度多，才能区分得更细。好比一把尺子，全距越长，刻度越多，可应用的范围便越大，测量也越精细。

难度和区分度都是相对的，是针对一定团体而言的 (绝对的难度和区分度是不存在的)。一般说来，较难的项目对高水平的被试区分度高，较容易的项目对水平低的被试区分度高，中等难度的项目对中等水平的被试区分度高，这与中等难度的项目区分度最高的说法并不矛盾，因为对被试总体是较难或较易的项目，对水平高或水平低的被试便成了中等难度。由于人的多数心理特征呈正态分布，所以当需要把人作最大程度区分时，项目难度的分布也以正态为好，即特别难与特别容易的项目较少，越接近中等难度的项目越多，而所有项目的平均难度为0.50。

四、项目分析的特殊问题

(一) 选择题反应模式的分析

对于选择题，除了分析其难度和区分度外，还要分析被试对每个备选答案的反应情况。一般主要做以下分析：

①如果正确的备选答案被所有被试所选择，则说明该题目太容易或者题目中可能提供了某种暗示；

②如果某个错误答案没有一个被试选择，说明该选项不具迷惑性，错得过于明显，一般说来，除非有2%以上的人选择，否则这个备选答案就应该修改；

③如果所有被试都选择了同一个错误答案，可能是编制测验时把答案定错了，也可能是在教学中发生了错误；

④如果高分组被试的选择集中在两个答案上，二者选择率相近，说明该题可能有两个正确答案或另一答案也有一定道理；

⑤如果高分组对正确答案的选择与低分组相等或低于后者，说明所考察的东西与水平无关；

⑥如果一个题目被试未答人数过多或选择各个备选答案人数相等，则说明题目过难或题意不清，使得被试无法作答或凭猜测作答。

(二) 标准参照测验的项目分析

以上讨论的均是常模参照测验的项目分析方法。标准参照测验主要用于判断被试是否掌握了某些知识技能，是否达到了一个事先确定的标准，测验结果只与既定标准比较而不在被试之间作比较。因此，测验分数的变异性不是标准参照测验的必要条件。所以，常模参照测验的项目分析方法不完全适用于标准参照测验。

1. 难度分析

标准参照测验可以采用常模参照测验的方法来计算难度，但是在筛选项目时，对难度水平的要求与常模参照测验不同。

由于标准参照测验的目的是为了考察被试对某方面的知识技能的掌握情况，因此，只要能反映教育目标或教育者认为重要的内容，无论其难度为多少，都可以编入测验。例如，我们在教学开始之前，为了了解学生的准备状态所进行的前测，多数题目将产生很低的通过率，但这些题目应该保留，因为它们表明了哪些东西需要学习。在进行一段教学之后，为了检查学生的掌握情况所进行的后测，即使每个题目都有很高的通过率，这些题目也是可用的，因为它们反映了教学的效果。同一道题在教学前后对学生进行测验，学生的得分如为 FP 模式 (F 为失败，P 为通过)，则说明教学取得了较好的效果或题目较好；如为 FF 模式，说明教学效果太差或题目太难了；如为 PP 模式，说明题目过于容易了；如为 PF 模式，则说明这个题编制有错误或者教学上出现了错误。

2. 区分度分析

标准参照测验一般分数变异较小，因此不适合用相关法来计算区分度，但是可以采用类似鉴别指数的方法计算，即比较两组的通过率。

方法一

根据测验分数将被试分为达标组与未达标组，然后分别计算它们在某一项目上的通过率，两组考生通过率之差，便是该项目的区分度，其公式为：

$$D=p_s-p_n$$

式中 p_s、p_n 为达标组与未达标组在某一项目上的通过率。

这种方法的主要问题是分组标准不同，得到的区分度值不同。

方法二

用同一测验对同一组被试在教学前后各施测一次，分别统计各项目前后测的通过率，二者之差便是项目的区分度。其公式为：

$$D=p_{post}-p_{pre}$$

式中 p_{post}、p_{pre}分别为项目在后测和前测中的通过率。

D 值越高，说明项目对教学效果越敏感，所以有人将其称做教学效果敏感指数，其公式也可写为：

$$S=\frac{R_B-R_A}{N}$$

式中 S 为敏感指数，R_A和 R_B分别为前测、后测通过的人数，N 为学生总数。

此种方法的主要缺点是：①同一测验施测两次可能会产生练习效应，成绩的提高究竟是由教学引起的，还是由练习引起的难以分辨；②只有等两次施测后才能进行项目分析；③当 D 值低时，难于做出明确的解释，无法确定是由试题不良还是由教学不当所致。

方法三

取两组条件相近的考生，一组接受过同测验有关的学科的教学，另一组没有接受过此种教学。施测同一测验后，分别统计每组考生答对某题的人数，两组考生通过率之差便是该题的区分度，其公式为：

$$D=p_i-p_u$$

式中 p_i和 p_u分别为教学组和未经教学组对某题的通过率。

此种方法的缺点是，两组考生除在教学方面不同外在其他有关方面必须同质，而这一点是很难做到的。

第三章 测量的误差及其检验

心理测量同物理测量一样，必须做出尽可能准确的估计，而这种准确的估计依赖于对误差的控制。

第一节 测量的误差

一、误差的种类

所谓误差就是在测量中与目的无关的因素所产生的不准确的或不一致的结果。对于测量中不准确的或不一致的结果，可用下面的靶形图来加以说明。

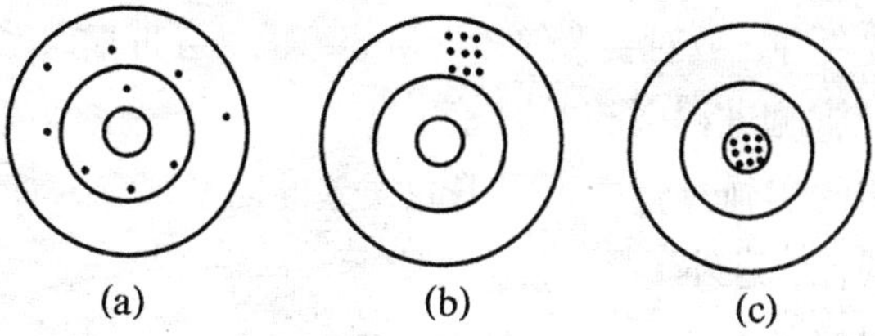

图 3–1 准确性与一致性的关系

从图 3–1 中可以看出，图（a）的弹着点十分分散，说明既无准确性，又无一致性；图（b）虽然较集中，但远离靶心，说明一致性好，准确性差；图（c）全部集中在靶心，说明一致性和准确性都较好。

上面的靶形图反映了误差的两种主要形式。图（a）是由与测量目的无关的偶然因素引起的变化无规律的误差，使得多次的测量结果不一致，这种误差的大小和方向是随机的，因此叫做随机误差。图（b）是由与测量目的无关的因素引起的恒定的有规律的误差，它稳定地存在于每一次测量中，这种误差叫做系统误差。从上面我们不难看出，系统误差只影响测量的准确性，而随机误差既影响准确性又影响一致性。

二、误差的来源

要使测量准确可靠，必须减小误差；要控制误差，必须了解误差的来源。常见的误差来源主要有三方面：测验自身、施测过程、受测者。

（一）测验自身引起的误差

测验自身的误差主要来源于测验的编制过程，其中项目取样影响最大。测验所要测量的内容是什么，测验的项目能否代表这些内容，是至关重要的。当测验的项目较少而取样缺乏代表性时，被试的反应很难代表其真实水平。对于有些类型的项目，例如是非题、选择题，被试可能凭猜测作答，从而降低分数的可靠性。此外，题目用词模棱两可，或对要求叙述不清等，也都会带来误差。

（二）施测过程引起的误差

在测验的实施过程中可能引起误差的因素很多，如测试环境、时间、主试者、意外干扰、评分记分等。

1. 测试环境

施测现场的温度、光线、桌面高低好坏等对被试都有影响。例如在测试过程中，光线充足，有利于被试正常地作答；光线暗淡，则会影响作答的效果。

2. 测试时间

时间安排也是影响测试准确性的一个重要因素，如果时间安排不当或时限不统一，必然会引起测验结果的改变。

3. 主试因素

主试的年龄、性别、外表、言谈举止、表情动作、对测验过程的熟悉程度等都能影响测验的结果。如果不按照规定施测，如给予暗示、制造紧张气氛等都会带来很大的误差。

4. 意外干扰

在测试环境复杂，特别是当被试人数较多时，可能发生意外情况。例如：停电、有人生病、作弊等等，无论哪种情况出现，都会影响测验结果的准确性。

5. 评分记分

评分不客观和记分出现错误也是较常见的误差。一般来说，客观题的评分较为准确客观，而主观题的评分标准难以掌握，再加上阅卷者的风格、情绪以及其他心理因素的干扰，因而很难保证分数的一致性。

为了有效地控制测验实施中的误差，主试应该严格地遵守标准化的程序去施测和评卷记分，不得随意改动和发挥。

（三）被试引起的误差

在测量工作中，最复杂的和最难控制的是由被试本身引起的各种误差。

1. 应试动机

被试对测验的动机不同，会影响其作答态度、注意力、持久性及反应速度等，从而影响测验的结果。在测量成就、能力时被试如果动机不强，他就不会尽力作答。

如果被试动机效应在反复测量中以一种恒定的方式出现，会导致系统误差，从而使测量的有效性降低；如果动机效应引起了偶然性的不稳定的反应，这是一种随机误差，会使测量的有效性、可信性都降低。

2. 测验焦虑

测验焦虑是被试在应试前和测试中出现的一种紧张的情绪体验。测验的焦虑会影响被试的反应。一般来说，适当焦虑会使人维持一定的兴奋水平，注意力增强，反应速度加快，从而对测验产生积极的影响。但过高的焦虑会使工作效率降低，注意力分散，思维狭窄，反应速度减慢，因而会大大影响成绩（见图 3–2)。

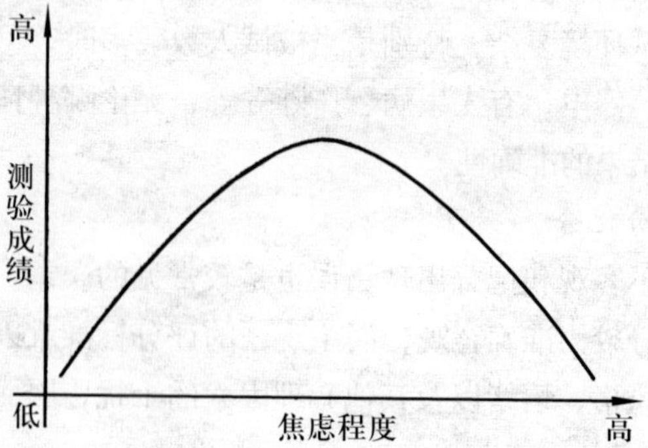

图 3–2　焦虑对测验成绩的影响

国外有不少学者针对“焦虑与测验成绩的关系”进行了大量研究，研究表明：

①能力与测验焦虑成负相关，能力较高的人，测验焦虑一般较低，而对自己没有把握的人，测验焦虑较高；

②抱负水平与焦虑成正相关，抱负水平过高的人测验焦虑一般也高；

③缺乏自信、情绪不稳的人容易产生测验焦虑；

④经常接受测验的人焦虑较低，而对测验程序不熟悉的人焦虑较高；

⑤当测验成绩对被试关系重大时，被试容易产生焦虑；

⑥被试不了解测验的目的、指导语不清等会增加被试的焦虑。

3. 测验经验

被试对测验的经验也会影响测验的成绩，任何一种新的项目形式，由于被试比较陌生，就可能使测验成绩受影响。但是如果提供足够的演示和练习，测验成绩就会提高。有些被试经历过多次测验，掌握了一定的答题技巧，他们善于觉察正确答案与错误答案的微妙差别，会合理地安排时间，因此经常比那些能力相近、但缺乏测验经验的人获得更高的分数。

4. 练习效应

任何一个测验在重复使用时，由于被试对测验的内容和程序已经相当熟悉，因此会使成绩提高。

5. 反应倾向

独立于测验内容的反应倾向，也会使得本来能力相同的被试获得不同的成绩。对于速度测验，由于测验时间有限，而题量又较大，求快与求准两种不同倾向会对测验成绩产生影响；对于是非题，某些人可能有偏好选“是”或选“非”的倾向；对于选择题，有些人可能有偏好选择某个位置或偏好选长项的倾向；对于人格测验题目，有人可能会掩饰自己。所有这些都会给测验成绩带来误差，为此在编制时一定要注意控制这些倾向的影响。

6. 生理变因

不但心理因素会影响测验成绩，生病、疲劳、失眠等生理因素，以及在智力、情绪、体力等方面的生物节律也会影响测验成绩而带来误差。

能带来误差的因素还有许多，实际上任何与测量目的无关的变因都可能引起误差。测验的标准化就是为了控制这些误差因素，使测验分数更可信、更有效。

三、真分数

在测量学中，真分数是一个很重要的概念，指的是在测量没有误差时所得到的真值。真分数只是一个理论上构想的概念，在实际测量中是无法得到的，因为无论什么测量工具都不可能没有误差。

真分数的操作定义是无数次测量结果的平均值。

把任何一个测验成绩都看做是真分数和测量误差的和，这是经典测量理论的基本思想。即：

$$X=T+E$$

这里 X 为实得分数或观测分数，T 是假设的真分数，E 是测量误差。

需要说明的是，这里的测量误差 E 指的是引起测量不一致的变因所产生的效应，即指随机误差，不包括系统误差。

在上式中，E 可能是正的，也可能是负的。这就是说，一个人的实得分数可能大于真值，也可能小于真值，总是围绕着真值上下波动。

对于一个团体来说，实得分数、真分数和测量误差之间有如下关系：

$$S_X^2=S_T^2+S_E^2$$

即实得分数的变异数等于真分数的变异数加上误差变异数。

这里只涉及随机误差的变异，系统误差的变异包含在真分数的变异中。这就是说，真变异数还可以分成两个部分：与测量目的有关的变异和与测量目的无关的变异，即：

$$S_T^2=S_V^2+S_I^2$$

式中 S_V^2是与测量目的有关的（亦即有效的）变异数，S_I^2是与测量目的无关但却是稳定的变异数。S_V^2是由所要测量的变因引起的，S_I^2是由其他变因引起的。

将前面二式合并可得到

$$S_X^2=S_V^2+S_I^2+S_E^2$$

这就是说，一组测验分数的变异性是由与测量目的有关的变异数、稳定的但出自无关来源的变异数和随机误差变异数所决定的。

第二节　测量的信度

一、什么是信度

作为一个好的测验，它的结果必须可靠。所谓可靠，是指多次测量的结果保持一致。人们通常把测量结果的可靠性称之为信度，即测量结果的一致性或可信性程度。一个好的测量工具，对同一事物反复多次测量，其结果应该始终保持不变。

在测量学中，信度被定义为：一组测量分数的真变异数与总变异数（实得变异数）的比率。即

$$r_{xx}=\frac{S_T^2}{S_X^2}$$

式中的 r_{xx} 称做信度系数。在实际测量中，因为真值是未知的，故信度系数不能由上式直接求出，而只能根据一组实得分数作出估计。

二、估计信度的方法

由于测验分数的误差来源不同，估计信度的方法也有所不同。下面具体介绍几种信度系数的估计方法。

（一）再测信度

用同一个测验，对同一组被试前后两次施测，两次测验分数所得的相关系数为再测信度。因为它能反映两次测验结果有无变动，也就是测验分数的稳定程度，故又称稳定性系数。其计算公式为：

$$r_{xx}=\frac{\sum X_1X_2/N-\overline{X}_1\overline{X}_2}{S_1S_2}$$

式中 X_1、X_2 为同一被试的两次测验分数，$\overline{X}$、$\overline{X}_2$为全体被试两次测

验的平均分数，S_1、S_2为两次测验的标准差，N为被试人数。

计算再测信度应满足以下几个假设：

①所测量的特质必须是稳定的；

②遗忘与练习的效果相同；

③两次施测期间被试的学习效果没有差别。

由于以上几条假设较难做到，所以有些测验不宜用再测法估计信度。采用此法时应注意以下几个问题。①两次测验的时间间隔要适当。时间太短，第一次的回答记忆犹新，因而夸大了稳定性；时间太长，由于受学习、成熟等的影响，从而降低了稳定性。②再测法适用于速度测验或人格测验，而不适用于难度测验。这是因为速度测验或人格测验项目多，被试无法记住测验内容，所以受第一次测验影响小。③应注意提高被试的积极性。由于是再测，被试易失去兴趣，采取不合作的态度，使得第二次测验不可靠，所以提高被试的积极性是再测法成功的重要条件。

用再测法估计信度的优点是能提供测验结果是否随时间而变化的资料，可作为预测被试将来行为的依据。其缺点是易受练习和记忆的影响。

（二）复本信度

根据一组被试在两个平行（等值）测验上的得分计算的相关系数即为复本信度。因为它反映的是两个测验之间的等值程度，因此又叫等值性系数。其计算方法与再测法相同。

在用复本法估计信度时，两个等值测验可以连续施测，也可以相距一段时间分两次施测。在采用此法时，一定要注意：

①两个测验必须在项目的内容、形式、数量、难易、时限、指导语等方面相同或相似；

②两次测验的时间间隔要适当，若太短，由于测验太相似被试可能厌倦，若太长又可能会因新的学习而产生干扰。

尽管复本信度的估计方法避免了再测法的缺点，应用范围较广，但它本身也有一定的局限：

①复本法只能减少而不能完全排除练习和记忆的影响；

②对于许多测验来说，建立复本是相当困难的。

（三）分半信度

前面我们介绍的两种估计信度的方法，都必须经过两次测试才能求得，但是有的测验或者由于没有复本，或者由于种种原因不可能再测一次，对于这种情况，有时可以采用分半法估计信度。

分半法是按正常的程序实施测验，然后将全部项目分成相等的两半，根据各人在这两半测验的分数计算其相关系数。

要计算分半信度，首先遇到的问题是如何将测验分成两半。一个测验可以采用多种不同的方法分半，但是在大多数情况下，分为前半部分和后半部分是不可取的，因为前后两部分项目在类型和难度上往往不同，而且受练习、疲劳等各种因素的影响也不同。通常采用奇偶分半法，求出所有被试奇偶数项目总分的相关系数。由于这样求得的只是半个测验的信度，因此要用斯皮尔曼—布朗公式校正，校正公式为：

$$r_{xx}=\frac{2r_{hh}}{1+r_{hh}}$$

式中 r_{hh} 为两半测验分数的相关系数，r_{xx} 为整个测验的信度估计值。

分半法尽管不需要施测两次或编制两份等值的测验，但它实际上是假定两半测验等值，亦即两半测验分数具有相同的平均数和标准差。当假定不能满足时，可以采用下面两个公式来估计信度。

弗朗那根公式：

$$r=2\left(1-\frac{S_a^2+S_b^2}{S_x^2}\right)$$

式中 S_a^2 和 S_b^2 分别为两半测验分数的变异数，S_x^2 为测验总分的变异数，r 为信度值。

卢伦公式：

$$r=1-\frac{S_d^2}{S_x^2}$$

其中 S_d^2 为两半测验分数之差的变异数，S_x^2 为测验总分的变异数，r 为信度值。

使用奇偶分半法一定要注意两个问题：

①如遇到有牵连的项目或一组解决同一问题的项目时，这些项目应放在同一半，否则将会高估信度的值；

②当试卷中存在任选题或试卷为速度测验时，不宜采用分半法。

(四) 同质性信度

同质性也称内部一致性，指的是测验内部所有题目间的一致性。分半法实际上就是对测验内部一致性的一个粗略估计。但是对于同一个测验分半的方法是很多的，而用每一种分半方法所得的信度值又不尽相同，因此分半信度并不是最好的内部一致性估计。为了弥补分半法的不足，有必要采取一些其他方法。

1. 测量同质性的基本公式

$$r_{kk}=\frac{K\bar{r}_{ij}}{1+(K-1)\bar{r}_{ij}}$$

其中 K 为构成测验项目数，$\bar{r}_{ij}$ 为项目间相关系数的平均数，r_{kk} 为同质性信度值。

2. 库德—理查逊公式

库德（G. F. Kuder）和理查逊（M. W. Richardson）提出了一系列公式用来估计测验的信度，较为常用的是 $K\text{-}R_{20}$ 公式：

$$r_{kk}=\left(\frac{K}{K-1}\right)\left(1-\frac{\sum p_i q_i}{S_x^2}\right)$$

式中 K 表示构成测验的题目数，p_i 为通过第 i 题的人数比例，q_i 为未通过第 i 题的人数比例，S_x^2为测验总分的变异数。

库德和理查逊还提出了另一公式，用它来估计同质性信度时，不需要逐题计算通过率，该公式为 $K\text{-}R_{21}$ 公式：

$$r_{kk}=\left(\frac{K}{K-1}\right)\left(1-\frac{K\bar{p}_i\,\bar{q}_i}{S_x^2}\right)$$

$$=\frac{KS_x^2-\bar{X}\ (K-\bar{X})}{(K-1)\ S_x^2}$$

式中 K 为构成测验的题目数，$\bar{X}$为测验总分的平均数，S_x^2为测验总分的变异数。

如果对测验结果已经作过了项目分析，已知了各项目的难度，那么采用 $K\text{-}R_{20}$ 公式将非常方便。$K\text{-}R_{21}$ 公式适用于各项目难度相近的情况，若各项目难度相差较大，则可能有低估的倾向。

3. 克伦巴赫系数

库德—理查逊公式只适用于答对一题得一分、答错无分的测验，不适用于项目多重记分的测验，针对这一需要，克伦巴赫（L. J. Cronbach）提出 α 系数的方法，其公式为：

$$\alpha=\frac{K}{K-1}\ \left(1-\frac{\sum S_i^2}{S_x^2}\right)$$

式中 K 为测验的题目数，S_i^2为某一题目分数的变异数，S_x^2为测验总分的变异数。

（五）评分者信度

标准化测验一般都有较为严格的评分程序。对于客观性试题来说，评分所引起的误差是可以忽略不计的，但对一些主观性题目来说，评分者之间的变异是产生误差的重要原因之一。

笔者1983年做过这方面的研究，从北京随机抽取高考语文、政治、数学、物理各5份卷子复印以后发到全国各省，请各地区阅卷组分别评分，其结果是不同地区、不同阅卷组、不同阅卷教师之间差异相当大，语文同一份试卷的最大差异竟达33分。

考察评分者信度的方法是随机抽取部分试卷，由两个或多个评分者独立按评分标准打分，然后求其间的相关。在计算相关时，如果是两个评分者，则采用积差相关或等级相关的方法，一般认为经过训练的成对评分者之间的一致性达0.90以上，评分才是客观的。如果是多个评分者则采用和谐系数来估计信度。其公式为：

$$W=\frac{\sum R_i^2-\frac{(\sum R_i)^2}{N}}{\frac{1}{12}K^2\ (N^3-N)}$$

式中 W 为和谐系数，K 为评分者人数，N 为被评对象数，R_i 是每一对象被评的等级总和。

（六）标准参照测验的信度估计

以上介绍的估计信度的方法均以个别差异模式为基础，主要适用于常模参照测验。由于大多数标准参照测验的分数变异较小，因此采用传统的相关法估计信度是不适当的，那么究竟用什么方法好呢？虽然有许多人致力于解决这个问题，但时至今日仍没有找到一个满意的方法，下面介绍的两种方法仅供参考。

1. 对相关法信度系数进行校正

为了对标准参照测验的信度做出较为准确的估计，利文斯顿（S. A. Livingston）提出了对相关法信度系数的校正公式：

$$r_{CR}=\frac{r_{NR}S^2+(\overline{X}-C)^2}{S^2+(\overline{X}-C)^2}$$

式中 r_{CR} 为标准参照测验的信度，r_{NR} 为任何一种相关法信度系数，S 是分数的标准差，$\overline{X}$ 为分数的均值，C 为达标分数或分数线。

2. 用决策的一致性作为信度指标

标准参照测验常用来把被试分为掌握（达标）和未掌握（未达标）两组，这实际上是用测验来作决策，因此可用作决策的一致性而不是分数的一致性来确定信度，也就是看再测时被同样归类的受测者的比例，两次施测被同样归类的受测者比例越高，说明信度越高。

1979年林德曼（R. H. Lindeman）与梅伦达（P. F. Merenda）提出了一个计算一致性的公式：

$$C=\frac{nb-sf}{nb+v(n+b+v)}$$

式中 C 为一致性，n 为在两次施测中均未达标的人数，b 为在两次施测中均已达标的人数，f 为只在第一次施测中达标的人数，s 为只在第二次施测中达标的人数，v 为 f 或 s 中较小的值。

三、信度系数的应用

信度系数有两个主要用途：一是用来评价测验，二是用来对分数作解释。

（一）评价测验

信度系数是衡量测验好坏的一个重要技术指标，测验的信度系数达到多高才可以接受呢？最理想的情况是 r=1.00，但这是办不到的。不过我们可用已有的同类测验作为比较的基准。一般能力与成就测验的信度系数常在0.90以上，性格、兴趣、态度等人格测验的信度系数通常在0.80~0.85之间。

（二）解释分数

1. 个人测验分数的误差

信度系数仅表明一组测量的实际值与真值的符合程度，并没有给出个人测验分数的变异情况。由于误差的存在，一个人所得的分数一般很难等于真分数。理论上我们可以对一个人施测无数次，然后求出所得分数的平均数和标准差，在这里平均数就是这个人的真分数，标准差则为测量误差大小的指标，但实际上这是行不通的。在实际工作中，我们往往用一组被试两次施测的结果来估计误差的变异数。这时个人在两次测试中分数的差异就是测量误差，据此可以得到一个误差分数的分布，这个分布的标准差就是测量的标准误，它是测量误差大小的指标，其计算公式为：

$$SE=S_x\sqrt{1-r_{xx}}$$

式中 SE 为标准误，S_x 为所得分数的标准差，r_{xx} 为测验的信度。

根据统计学里讲的区间估计的方法，我们可以得知：个人在每次测量中所得分数 X 有 95%的可能性在真分数 T 加减 1.96 个标准误的范围内，即

$$(X-1.96SE)\leqslant T\leqslant(X+1.96SE)$$

2. 两种测验分数的比较

来自不同测验的原始分数是无法直接比较的，只有参照同一团体的平均分数，将它们转换成相同尺度的标准分数（如 T 分数或 Z 分数），才能进行比较。为了说明个人在两种测验上的差异，我们可以用差异标准误来检验其差异的显著性，其公式为：

$$SE_d=\sqrt{SE_1^2+SE_2^2}$$

式中 SE_d 为差异的标准误，SE_1、SE_2 为两个测验的分数的标准误，将 $SE_1=S\sqrt{1-r_{xx}}$，$SE_2=S\sqrt{1-r_{yy}}$ 代入上式可得

$$SE_d=S\sqrt{2-r_{xx}-r_{yy}}$$

这里 S 为相同尺度的标准分数的标准差，r_{xx}、r_{yy} 分别为两个测验的信度系数。

然后再将标准分数的差异与 1.96SE（0.05 水平）进行比较，即可得出两个测验的差异是否显著。

四、影响信度的因素

影响信度的因素很多，被试、主试、测验内容、施测环境等各方面均能引起随机误差，导致分数不一致，从而降低测验的信度。下面介绍几个影响测验信度系数的重要因素。

（一）被试的样本

影响信度估计的一个重要因素是被试样本的情况。

团体的异质程度与分数的分布有关，一个团体越是异质，其分数分布的范围也就越大，信度系数也就越高。

由于信度系数与样本团体的异质性有关，因此我们在使用测验时，不能认为当该测验在一个团体中有较高的信度时，在另一个团体中也具有较高的信度。此时，往往需要重新确定测量的信度。当将测验用于异质性团体时，可用下面的公式推算出新的信度系数：

$$r_{nn}=1-\frac{S_o^2\ (1-r_{oo})}{S_n^2}$$

式中 r_{oo} 为用于原团体的信度，r_{nn} 为用于异质程度不同的团体的信度，S_o 为信度系数已知的分数分布的标准差，S_n 为信度系数未知的分数分布的标准差。

经研究表明，信度系数不仅受样本团体的异质程度的影响，也受样本团体平均水平的影响。因为对于不同水平的团体，项目具有不同的难度，每个项目在难度上的变化累积起来便会影响信度。但是，这种影响不能用统计公式来推估，只能从经验中发现。

（二）测验的长度

一般来说，测验越长，信度值越高。这是因为：

① 测验加长，可能改进项目取样的代表性，从而能更好地反映受测者的真实水平；

② 测验的项目越多，在每个项目上的随机误差就可以互相抵消。

增加测验长度的效果可以用斯皮尔曼—布朗公式来计算（计算

分半信度的校正公式是此公式的特例)：

$$r_{kk}=\frac{Kr_{xx}}{1+(K-1)\ r_{xx}}$$

式中 K 为改变后长度与原长度之比，r_{xx} 为原测验的信度，r_{kk} 为测验长度是原来的 K 倍时的信度估计。

(三）测验的难度

测验的难度与信度没有直接对应关系，但是当测验太难或太易时，则分数的范围就会缩小，从而降低信度。显然只有当测验难度水平可以使测验分数的分布范围最大时，测验的信度才会最高，通常这个难度水平为0.50。

当题目过难时，被试可能凭猜测作答，从而也会降低信度。

第三节　测量的效度

一个测验无论其信度有多高，若效度很低也是无用的。高效度是一个良好测验的最重要的特性。

一、什么是效度

效度指的是测量的有效性，即一个测验对它所要测量的特质准确测量的程度。

一个测验总是为了一定的测量目的而编制的，判断它的效度高低，就要看它达到测量目的的程度。如果能正确地测量出所要测的东西，这就是高效度的测量。

在测量学中，效度被定义为与测量目的有关的变异（有效变异）与实测值变异之比（即 S_v^2/S_x^2)。

测量的效度除受随机误差影响外，还受系统误差影响。可信的测验未必有效，而有效测验必定可信。简言之，信度是效度的必要条件。

效度的种类很多，由于研究问题的侧重面不同，分类的方法也有所不同。目前被广泛采用的是弗兰士（J. W. French）和米希尔（B. Michbel）提出的分类方法，他们将效度分为内容效度、构想效度和效标效度三种。

二、内容效度

（一）什么是内容效度

内容效度是指项目对欲测的内容或行为范围取样的适当程度。例如，教师在讲授了一段时间课程之后就要进行考试，而试卷不可能包含所有内容，只能从中选出一个代表性样本来测试，再根据分数来推论学生在该范围内的知识技能的掌握情况。如果测试题目是该范围内容的好样本，推论就有效。

一个测验要具备较好的内容效度必须满足两个条件。

①要确定好内容范围，并使测验的全部项目均在此范围内。所谓内容范围可以是具体知识或技能，也可以是复杂行为。成就测验的主要目的在于测量学生的学习效果，因此特别重视内容效度。

②测验项目应是已界定的内容范围的代表性样本。换句话说，就是选出的项目能包含所测的内容范围的主要方面，并且使各部分项目所占比例适当。具体做法是对内容范围进行系统分析，将该范围划分为具体纲目，并对每个纲目作适当加权，然后根据权重，从每个纲目中随机取样。

（二）确定内容效度的方法

1. 专家判断法

确定测验内容效度常用的方法是由专家对测验项目与所涉及的内容范围进行符合性判断，这是一种定性分析的方法。对于成就测验来说，学科专家要先对教学大纲或教材有全面了解，然后与测验题目进行系统比较，看题目是否能代表所规定的内容。具体方法步骤如下：

①定义好内容总体，并描绘出有关知识与技能的轮廓；

②划分细纲目，并根据重要性规划好各个纲目的加权比例，作出尽可能详细的描述；

③确定每道题所测的知识与技能，将自己的分类与测验编制者的纲目作比较；

④制订评定量表，从各方面对测验作出评定。

2. 复本法

克伦巴赫认为，内容效度可由一组被试在取自同样内容范围的两个测验复本上得分的相关来作数量上的估计。如果相关低则说明两个测验中至少有一个缺乏内容效度，但无法确定究竟哪一个缺乏内容效度。当相关高时，一般推论测验具有内容效度，但也可能出现两个测验有相同偏差的情况。

3. 再测法

先将测验施测于被试，由于被试对测验内容了解甚少，因而得分较低，然后对他们进行教学训练，结束时再测一次，如果成绩提高很大，则说明测验对于教学具有较高的内容效度。

4. 经验法

不同的被试团体在测验上的得分和对每题的反应存在较大差异，一般说，高年级比低年级的水平要高，如果总分和题目的通过率随着年级而增高，则说明测验对于教学具有内容效度。

（三）内容效度的应用

作为一种方法，内容效度较为适合于评价教育成就测验和职业选拔测验。在这种测验中，测验内容应是知识、技能和实际工作的代表性样本。内容效度不仅是评价教育成就测验和职业选拔测验的较好方法，而且也是编制任何测验都应加以考虑的基本方面。内容效度对标准参照测验更为重要，因为在标准参照测验中我们主要关心的是被试对一定范围内的知识、技能掌握得如何。

在实际应用中，内容效度容易与表面效度相混淆。所谓表面效度指的是外行人从表面上看测验是否有效。表面效度不是效度的客观指标，它不能真正反映测量的有效程度，但是它能影响被试的动机，从而影响测验的效果。所以在编制测验时，表面效度是一个必须考虑的问题。

内容效度既具有一定的优点，也有一定的局限。它的主要缺点是缺乏可靠的数量指标，因而妨碍了各测验间的相互比较。

三、构想效度

所谓构想效度是指测验对理论上的构想或特质的测量程度。

（一）确定构想效度的基本步骤

确定构想效度的基本步骤是，首先从某一理论出发，提出关于某一心理特质的假设，然后设计和编制测验并进行施测，最后对测验的结果采用相关或因素分析等方法进行分析，验证与理论假设的相符程度。例如，我们假设“智力与学习成绩有着密切关系”，那么我们就可以根据假设编制测验，并对测验结果进行分析，如果智力与学业成就有着较高的相关，那就说明我们的假设是正确的，这就为构想效度提供了有力证据。

（二）确定构想效度的方法

1. 测验内法

这类方法主要是通过研究测验内部结构，如测验的内容以及题目间的关系等来分析测验的构想效度。

（1）确定测验的内容效度

通过确定测验取样的内容范围，我们就可以利用这些资料来定义测验所要测的构想的性质。例如，在编制语文能力测验时，我们将内容总体描述为对词汇下定义、对语言进行类比推理以及在文章篇句中正确运用文字的能力，这在实际上就是给“语文能力”的构想下了定义。因此，确定测验的内容效度便为构想效度提供了有关证据。

(2) 分析被试对项目作反应的过程

通过观察被试的操作，询问他们的解题过程，以及做必要的统计分析，可发现究竟是哪些因素影响了反应，因而也可以确定该测验是否真正测到所欲测量的心理结构。

(3) 考查测验的同质性

通过对被试在项目上的反应与总分的相关计算，以及α系数、库德—理查逊等指标的计算，可以推估测验所测的是单一特质还是多种特质，从而确定测验是否具有构想效度。

2. 测验间法

通过对几个测验的比较研究，找出它们所测的共同特质，这样便可确定这些测验是否具有构想效度。

(1) 相容效度

确定构想效度的最简单的方法是计算被试在新旧两个同类测验上的分数之间的相关。如果相关高，则说明两个测验所测的是相同的特质。例如，许多新编制的智力测验大都是和世界上公认有效的斯坦福—比奈量表作比较，以证明其有效性。

(2) 区分效度

一个有效的测验不仅应与其他测量同一构想的测验有较高的相关，而且还应与测量不同构想的测验具有较低的相关，用此种方法确定的效度叫区分效度。例如，数学推理能力测验应与平时的数学考试成绩具有高相关，而应与阅读能力测验具有低相关。若与后者相关高，便说明前者受了阅读能力的影响，因而效度是可疑的。

(3) 因素效度

建立构想效度最为常用的方法是，通过对一组测验进行因素分析，找到影响测验分数的共同因素，每个测验在共同因素上的负荷量即每个测验与共同因素的相关，称做测验的因素效度。

3. 效标关联法

如果一个测验与效标具有高相关，那么该测验所预测的效标的性质与种类就可以作为测验所测量的构想的指标。

4. 实验操作法

通过控制某些实验条件，观察其对测验分数的影响，也可以获得构想效度的信息。例如，在进行一个关系重大的考试前，对被试施测焦虑测验，如果考前的焦虑分数比平时显著提高，则说明该焦虑测验有较高的构想效度。

（三）对构想效度的评价

构想效度是一个有争议的概念，有人赞赏它反映了效度的本质，但也有人批评它无法直接考查。总的来说，构想效度促使研究者把着眼点放在提出假设、检验假设上，使得测验成为理论研究的重要工具，而不再只是实际决策的辅助工具，从而使测验有了更广阔的发展前景。构想效度的主要缺点是，有些构想概念模糊，没有一致的定义，确定效度时没有明确的操作步骤，没有单一的数量指标来描述有效程度。

四、效标效度

衡量测验有效性的一个重要方法是看根据测验所做出的预测是否能证实，如果一个测验的预测与将来实际发生的事情非常接近，那么这就是一个好测验。例如，用大学入学考试来预测被试入学后的学习，如果预测准确性高，便说明这是一个好测验。在这里，被预测的行为是衡量测验是否有效的标准，简称效标。所谓效标效度，就是考查测验分数与效标的关系，看测验对我们感兴趣的行为预测得如何。因为效标效度需要有实际证据，所以又叫实证效度。

（一）预测效度与同时效度

根据搜集效标的时间，可以将效标效度分为预测效度和同时效度。

1. 同时效度

同时效度的效标资料是与测验分数同时搜集的。例如大学入学考试可以用中学成绩作效标。同时效度常用的效标是在校的学业成绩、教师的等级评定、临床检查等。

2. 预测效度

预测效度的效标资料需要过一段时间才可搜集到。此种效度对人员的选拔和安置工作非常重要。常用的效标是专业训练的成绩、实际工作的表现等。

（二）效标和效标测量

1. 效标

所谓效标指的是衡量测验有效性的外在标准，通常是指我们所要预测的行为。

可以用来作为效标的变量有很多。效标可以是连续变量（如分数），也可以是分类变量（如职业）；可以是自然的现成的指标（如产量、薪水），也可以是人为设计的指标（如课堂测验）；可以是主观评判，也可以是客观测量。归纳起来，常见的效标主要有学业成就、等级评定、临床诊断、特殊训练成绩、实际工作表现、对团体的区分、其他测验成绩。

2. 效标测量

阿斯汀（A. W. Astin）将效标分为观念效标和效标测量。观念效标是一个概念，效标测量则是对观念效标的数量化。例如：对于大学入学考试来说，我们感兴趣的是“大学学习的成功”，这是观念效标，而大学的学习成绩，则是效标测量。如果无效标测量，观念效标是毫无用处的。

好的效标测量应符合以下几个条件：

①效标测量必须真实地反映观念效标的重要侧面；

②效标测量必须稳定可靠；

③效标测量必须客观，避免偏见；

④在保证有效性的前提下，效标测量必须尽可能简单、省时、

花费少。

（三）效标效度的估计方法

效标效度一般可以通过统计分析得到一个数量指标，因此有人又叫它统计效度。常用的估计方法有相关法、分组法、预期表法、命中率法、功利率法等。

1. 相关法

确定效标效度最常用的方法是计算测验分数与效标测量的相关。根据变量的性质不同，可分别采用积差相关法、等级相关法、二列相关法等。相关法的优点是：

①提供了预测源与效标间的数量关系；

②可利用回归方程式来预测每个人的效标分数。

相关法的缺点是：

①如果预测源与效标之间不是直线关系，便会低估测验的效度；

②不能提供关于取舍正确性的指标。

2. 分组法

确定效标效度的另一种方法是看测验分数能否区分由效标测量所定义的不同团体。例如在大学里，我们根据教师评定，把学生分为合格与不合格两组，然后回过头去查阅他们的高考分数，若两组在高考分数上有显著差异，那就可以认为高考是有效的，否则便认为是无效的。

3. 预期表法

预期表法是将预测源分数和效标分数制成双维图表，并将每个变量按水平分成若干档次，然后列出每个档次上的人数百分比。例如表3–1是根据某大学一年级学生样本制作的用高考成绩预测大学一年级成绩的预期表。

从预期表我们可以看出效标效度的高低。从右下角到左上角的对角线上各格中的数字越大，说明效标效度越高。

表 3–1　预期表

		大学一年级成绩				
		A	*B*	*C*	*D*	*E*
高考成绩	高	60	40			
	中	10	20	40	30	
	低		10	40	40	40

4. 命中率法

在某些情况下，预测源和效标都是二分的，我们便可以得到一个预测命中表（见表 3–2）。

表 3–2　命中表

效标成绩 / 测验预测	失败（–）	成功（+）
成功（+）	*A*（失误）	*B*（命中）
失败（–）	*C*（命中）	*D*（失误）

这里有两个效度指标：

总命中率

$$P_{CT}=\frac{\text{命中}}{\text{命中}+\text{失误}}\times100\%=\frac{C+B}{A+B+C+D}\times100\%$$

正命中率

$$P_{CP}=\frac{\text{成功人数}}{\text{选择人数}}\times100\%=\frac{B}{A+B}\times100\%$$

在总命中率和正命中率之间，究竟采用哪一种指标要根据测验目的来定。当测验用于提高工作或学习效率时，应重视正命中率；当强调维护社会公平时，则应重视总命中率。

5. 功利率法

为了确定测验的功效，人们常常对使用测验所花掉的费用与得到的利益进行比较，此种效度指标叫功利率。

（四）效标分数的预测

我们知道了测验的效度系数，就可以根据一个人的测验分数预测他的效标分数。

如果 X、Y 是两列呈直线关系的变量，只要确定出两者间的回归方程，就可以从一个变量估计另一个变量。最简单的回归方程为：

$$\hat{Y}=a+b_{yx}X$$

式中 $\hat{Y}$ 为预测的效标分数，a 是纵轴上的截距，b_{yx} 为斜率，X 为测验分数。

要得到回归方程，就必须确定 a、b_{yx} 这两个常数：

$$a=\overline{Y}-b_{yx}\overline{X}$$

$$b=r_{xy}\cdot S_{y}/S_{x}$$

式中 $\overline{Y}$、$\overline{X}$ 分别为效标分数与测验分数的平均数，S_y、S_x 分别为效标分数与测验分数的标准差，r_{xy} 为效标分数与测验分数的相关。

1984 年，北京师范大学心理系测验研究小组曾经对清华大学、北京工业大学的某些专业进行了调查。以大学一年级各科成绩总分作为效标，以高考的各科分数为预测源，计算出高考分数对大学成绩的回归方程。发现在每个方程中都有 3～4 科的回归系数相对于其他科要高些，从而为高考科目的设置改革提供了科学的依据。

五、标准参照测验的效度

标准参照测验主要用来检验学习结果，看对指定的内容范围掌握得如何或是否达到某种标准。因此，衡量测验优劣的主要指标是内容效度，上述确定内容效度的方法对于标准参照测验均适用。此外，还可把测验项目和指定内容范围相符的百分比以及不同专家判断的一致性作为内容效度的指标。因为标准参照测验所测量的内容范围更明确，所以内容效度一般要比常模参照测验高些。

标准参照测验有时也用来作预测，但因为其分数变异通常较小，所以一般不用相关法计算效标效度，可用命中率法或预期表法来估计其效度。

上述构想效度的估计方法大多以个别差异模式为基础，要求分数有较大变异，故一般不适合于标准参照测验。

六、影响效度的因素

影响测验效度的因素很多，除了前面介绍的影响信度的因素以外，测验本身、测验的实施和被试等都会对效度产生影响。其中有些因素的影响较为普遍且明显，有些因素的影响却不易察觉。

（一）测验本身

1. 项目质量

测验的指导语和试题的解答说明不明确，试题的编制不符合测量目的，试题难度不合适，试题的编排不合理，试题提供了额外线索，选择题的答案排列具有明显的规律性等，都会影响测验的效度。

2. 项目数量

增加测验的长度不但能提高测验的信度，在一定程度上也能提高测验的效度。改变后的效度值可由下式估算：

$$r_{(nx)y}=\frac{nr_{xy}}{\sqrt{n\ (1-r_{xx}+nr_{xx})}}$$

式中 $r_{(nx)y}$ 是测验增长为原来 n 倍的效度值。n 为测验增长倍数，r_{xy} 为原测验效度，r_{xx} 为原测验的信度。

（二）测验的实施

在施测时不遵照指导语，被试作弊，测验环境太差，评分标准不客观，记分错误等等，都会影响测验的效度。

(三) 被试

1. 身心状态

被试的兴趣、动机、情绪、态度、反应心向和身体状况等都会影响被试的反应，从而影响测验的效度。

2. 样本特点

测验的效度和样本团体的特点具有很大的关系。同一个测验对于不同的样本团体其效度有很大的不同，因此在作效度分析时，必须选具有代表性的被试团体。

样本团体的异质性对于测验效度是非常重要的。如果其他条件相同，样本团体越同质，分数分布范围越小，测验效度就越低；样本团体越异质，分数分布范围越大，测验效度就越高。

(四) 效标

效标测量的可靠性以及效标和测验分数的关系类型也会影响效度。

总之，所有与测量目的无关而又能带来误差的因素都会降低测验的效度。

第四章 分数的合成与解释

第一节 分数的合成

我们在使用测验时，常常需要将几个分数或几个预测源组合起来以获得一个合成分数或作出总的预测。分数的组合可以在不同层次上进行。

项目的组合：每个测验都包含许多独立的项目，除非测验使用者对个别项目具有特殊兴趣，否则总要把各个项目分数组合起来。不同的项目可以组成量表或分测验，从而得到量表分或分测验分；所有项目也可以合成一个测验总分。

分测验或量表的组合：有些测验是由几个分测验或量表组成的，每个分测验或量表都有自己的分数，这些分数可以组合到一起得到一个合成分数。但有时各量表分也可单独使用而不必合成，例如从职业兴趣测验上得到的各分数就不需要合成。

测验或预测源的组合：在作实际决定时，常常将几个测验或预测源同时使用。如美国雇佣服务中心对申请者实施 12 个测验，用来预测在各种职业上的成功。我国大学招生对政审、体检结果及高考分数、中学成绩全面考虑，这实际上也是采用了几个不同的预测源。

一、组合变量的方法

由于测量目的和所用资料不同，组合方法可以是统计上的，也可以是推理的或直觉的。

（一）临床判断

在实际工作中，人们用得最多的方法是根据经验对各变量做直觉的组合。临床上，医生看病并不对有关病人的各种资料进行统计分析，而是凭经验作出诊断。与此相似，一个教师或家长在帮助学生填报升学志愿时，根据该生的各科成绩、兴趣爱好、性格特点、身体条件等因素，全面分析并作出判断，看他适合学什么，报考哪里成功的可能性最大。像这种根据直觉经验，主观地将各种因素组合以得出结论或预测的方法叫临床判断。

临床法的优点是：①能从整体上对各个因素加以综合考虑，不但考虑到各个因素的相对重要性，还能考虑到各因素间的交互作用，这种考虑具有高度完形性质；②每个判断都是针对特定的个人做出的，能考虑到每个人的具体情况。

临床法的缺点是：①主观加权可能受判断者的偏见的影响，不够客观；②没有精确的数量指标；③判断者需要受过训练并具有丰富经验。

（二）推理方法

这种方法不考虑各个变量间的经验关系，而是根据某种先验的理想程序来作推理性加权。

1. 单位加权

最简单的方法是将各个变量（题目、分测验或测验）直接相加而得一合成分数：

$$X_C=X_1+X_2+\cdots+X_n$$

这里 X_C 为合成分数，$X_1\cdots\cdots X_n$ 为各个变量。

这种方法看起来好像将所有变量作了等量加权，而实际上是对每个变量作了与它的标准差成比例的加权，亦即将变异量最大的题目或测验作了最重的加权。这意味着变异较大的变量将在作预测和作决定时起较大的作用。

2. 等量加权

要想对各个变量作等量加权，可将所有分数转换成标准分数(Z分数)，然后再把它们加以组合：

$$Z_C = Z_1 + Z_2 + \cdots + Z_n$$

这里Z_C为合成的标准分数，$Z_1 \cdots\cdots Z_n$为各个变量的标准分数。

等量加权比较麻烦，只在特殊情况下（如各变量对预测效标具有同等重要性或各变量离散度相差较大时）使用。在通常情况下，各个变量对预测效标的作用是不同的，因此需要根据各个变量与效标之间的经验关系来作差异加权。但除临床法（临床判断属差异加权）外，差异加权的统计方法（一般用多重回归）较为复杂，所以在变量较多而每个变量的变异又大体相同时（如一个测验包含许多小题目），常用单位加权来代替等量加权和差异加权。

当测验题目用“1”与“0”记分时（如选择题），单位加权也是等量加权。

（三）多重分段

当用测验来决定取舍时，必须确定一个分数线，分数在这条线以上的人接受，在这条线以下的人拒绝，这是只有一个预测源的情况。在实际作决策时，人们往往不只使用一个预测源。当几个预测源不具互偿性，即在某一变量上的低成绩不能由另一变量上的优异成绩来补偿时，就需要给每一个预测源都定一分数线。不论有多少个预测源，只要一个人的得分在任一变量上低于分数线，即被拒绝，因为人的任何一项活动都需要一些基本技能，其中有些技能是不能由其他能力来代替的。例如一个不会辨别音调的人，不论他的音域有多宽，音色有多好，节奏感有多强，也是当不了歌唱家的。

多重分段法只是把人分成达到最低标准（接受）与未达到最低

标准（拒绝）两类，而不在这两组人内部作进一步区分。

图 4–1 为有两个预测源时采用多重分段的模式。图中垂直虚线代表测验 A 的分数线，水平虚线代表测验 B 的分数线，每一个方格表示以两个测验作为共同预测源时所作的决定。

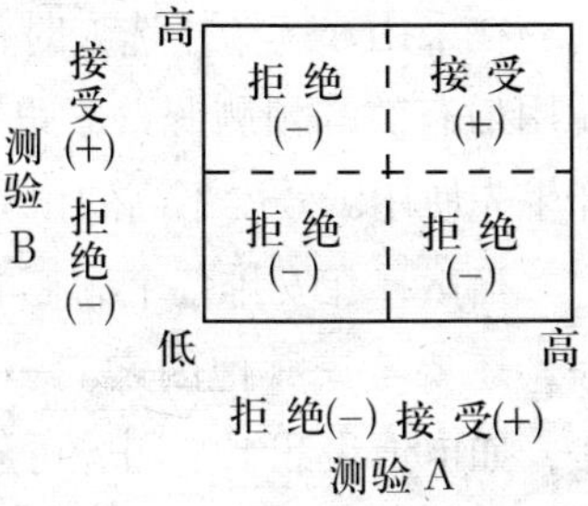

图 4–1　两个预测源的多重分段模式

在只有一个预测源时，确定分数线是比较容易的。在有两个以上的预测源时，如果每个变量对于效标的成功都有一个最低的可接受的水平，则每个预测源的分数线可以独立确定，此时分数线即代表在该方面所需要的最低能力水平；如果每个变量对于效标的成功没有确定的能力阈限，情况就变得较为复杂，此时不能单独确定每个预测源的分数线，而必须将几个变量同时处理，在限定的录取率内，使每个预测源都获得合适的分数线，以保证所要的结果（如正命中率或总命中率）达到最高。根据确定分数线的不同情况，多重分段可有两种主要模式。

1. 综合分段

当几个变量没有确定的阈限，而各个预测源分数又可以同时获得时，要把几个预测源与效标的关系综合起来考虑，在保证合成体的预测效度最高的前提下，分别确定出每个预测源的最佳分数线。

2. 连续栅栏

当预测源分数只能陆续得到，而每个变量又具有自己特定的阈限（可接受的最低水平）时，不必让每个申请者都在所有的预测源上尝试，只有通过第一项，才能进行下一项。这好比体育比赛中的淘汰赛，只要输掉一场便失去夺冠机会。由于优胜者（录取者）必须通过一道道关口，所以把这种方法叫做连续栅栏。许多部门在选人时都采用此种策略。

在采用连续栅栏选人时，为了使选择效率达到最高，应该首先使用最有效的预测源，紧跟着使用第二有效的预测源，依此类推。如果先使用了效度不高的预测源，就会使选择效率大为降低。

当然，在安排各个栅栏的顺序时，除了考虑每个预测源的效度外，还要考虑其他因素。一般说来，比较简单与花费少的选择方法，如申请表和纸笔测验可放在前面，而花钱较多且费时间、又不一定更有效的选择方法则放在后面。总的原则是尽可能采用既有效又经济的策略。

(四) 多重回归

多重分段假设预测源间不具互偿性，但这对许多心理变量是不适用的。譬如，三个学生取得了同样好的成绩，但一个靠的是思维敏捷，一个靠的是记忆力好，另一个靠的是勤奋刻苦。这就是说，人的一种能力或品质可能补偿另一方面的缺陷。在这种情况下，采用多重分段法选人就会使一些本来可以成功的人被淘汰。

当同时采用几个预测源来预测一个效标，而这些预测源变量之间又具有互偿性时，多重回归是最常用来组合分数的模式。

1. 基本方程式

多重回归是研究一种事物或现象与其他多种事物或现象在数量上相互联系和相互制约的统计方法。其基本方程式为：

$$\hat{Y}=a+b_1X_1+b_2X_2+\cdots+b_nX_n$$

式中$\hat{Y}$为预测的效标分数，$X_1\cdots\cdots X_n$为各个预测源分数，$b_1\cdots\cdots b_n$为每个预测源的加权数，a为一常数，用来校正预测源与效标平均数的差异。

从多重回归方程式中可以看出，在一个预测源上的低分数可以由另一个预测源上的高分数来弥补。

多重回归方程式的导出相当复杂，一般是借助计算机来进行的。其输入资料为预测源与效标的平均数和标准差，以及所有变量间的相关系数。输出资料主要有两项：①回归方程式，指出各个预测源的加权量；②多重相关系数 R，表示预测源（作为一个合成体）与效标测量间的相关，R^2 表示效标的变异可由预测源来解释的比例。

下面以只有两个预测源的情况简要说明回归方程的导出法。在这种情况下回归方程式为：

$$\hat{Y}=a+b_1X_1+b_2X_2$$

斜率 b 可用下面两个公式计算

$$b_1=\left(\frac{S_y}{S_{x_1}}\right)\left(\frac{r_{yx_1}-r_{yx_2}r_{x_1x_2}}{1-r_{x_1x_2}^2}\right)$$

$$b_2=\left(\frac{S_y}{S_{x_2}}\right)\left(\frac{r_{yx_2}-r_{yx_1}r_{x_1x_2}}{1-r_{x_1x_2}^2}\right)$$

这里 S_y、S_{x_1}、S_{x_2}分别为效标分数与两个预测源分数的标准差，r_{yx_1}、r_{yx_2}、$r_{x_1x_2}$分别为效标与两个预测源以及两个预测源之间的相关系数。

截距 a 可由下式求出：

$$a=\overline{Y}-b_1\overline{X}_1-b_2\overline{X}_2$$

这里$\overline{Y}$、$\overline{X}_1$、$\overline{X}_2$分别为效标与两个预测源分数的平均数。

两个预测源组合后与效标的相关（即合成体的效度）可由下式求出：

$$R=\sqrt{\frac{r_{yx_1}^2+r_{yx_2}^2-2r_{yx_1}r_{yx_2}r_{x_1x_2}}{1-r_{x_1x_2}^2}}$$

2. 预测误差

导出回归方程后，将每个人在各预测源上的分数代入回归方程，便可得到每个人的预测效标分数。实际上，这个预测的效标分数只是一个最佳估计——是所有具有相同预测源分数的人的效标分数分布的平均。与单一预测源一样，其估计的标准误可用下式求出：

$$S_{est}=S_y\sqrt{1-R^2}$$

3. 渐进效度

当预测源在两个以上时，一般采用阶梯式步骤进行多重回归分析。首先选出与效标相关最高亦即最有效的预测源（它作为合成体的一部分的效度与它作为单一预测源的效度相同）。然后加入另一个预测源与最佳预测源组合，以使 R 的数值增至最大。下一个要加入的预测源应该是与前两个预测源组合能使 R 值增加最多的，这样继续下去，直到加入再多的预测源无法使 R 有显著增加为止。这里每一个预测源的效率取决于它对总的预测效率的独特贡献。一个预测源加入合成体后所增加的 R 值，叫渐进效度，如果一个预测源不能使 R 值增加，就不应加入合成体。在实际应用时，一般二至四个预测源就足以达到最高的预测正确性。

为了使预测效率达到最高，在一个多重回归方程中，每个预测源的权数应该同它与效标的相关成正比，同它与其他预测源的相关成反比。因此，即使一个与效标有较高相关的预测源，假如它所测的特性可由其他预测源来测时，就不必把它包含在回归方程中。在成套测验中，测验之间相关高，意味着不必要的重复，因为它们在很大程度上反映了效标的同一侧面。

（五）合成分数的特殊方法

在某些情况下需要采用一些特殊的方法来组合分数。

1. 完形记分

所谓完形记分就是将各个变量看做一个整体，不是孤立地看每一个反应结果，而是看总的反应模式。在某些情况下，完形记分可以使效度增加。例如，对 50 名精神分裂症患者与 50 名正常被试施测两个是非题，假如每一个组在每一个题目上都是一半人答是(T)，一半人答否（F)，将两题分别考虑则效度为零，因为每一个题目都不能把两组人区分开，将两题相加后所得的合成分数的效度也将为零。然而，假如所有正常被试都以同样方式（或为 TT 或为 FF）回答这两题，而所有精神分裂患者对两题的反应却不一致（或为 TF 或为 FT），这时如果我们考虑总的反应模式，便能很好区分正常与患精神分裂症的被试。

2. 轮廓分析

此方法与完形记分有些类似，主要是考虑被试在各个测验或量表上所得分数的轮廓，而不是将各个变量作简单的线性组合。前边讲过的临床判断实际上就是一种直觉的轮廓分析，考虑被试在各个变量上的最高分、最低分、总的水平高低，分数分布集中还是分散，分布的形状以及其他各种因素，只不过对各因素的加权是主观的，并且有些是在潜意识中进行的。除这种直觉的分析外，还有一些较为客观的方法，如明尼苏达多相个性调查表中广泛使用的“高点”规则，就是一种轮廓分析。此种方法是将每个人在十个量表上的分数画成剖面图，然后根据一两对最高分数对他们进行分类，凡具有同样高分暗码的人，便具有相同的主要特征，如暗码 27/72 表示在量表 2（抑郁症 D）和量表 7（神经衰弱 Pt）上分数高，这种人抑郁、焦急不安并有神经质。

二、各种组合方法的比较

各种组合方法分别适用于不同的情况，且各有利弊。下面从几个方面对几种常用方法作一比较。

（一）应用范围

采用哪种组合方法取决于使用测验的目的。测验的目的可分为预测和描述，前者是用测验分数来预测某种效标行为，后者是用测验分数对人的某种行为作出一般性的描述。在用于预测时，还可进一步分成选人与安置两类问题。前者是从申请人中挑选出最佳者，后者是将每个人置于最适当的位置或类别中。下边分别介绍适用于每种情况的组合方法。

1. 选人

在选人情况下，通常以多重分段或多重回归方法来组合预测源分数。当输入的资料具有连续性，用来作为预测源的特质具有互偿性，而预测源与效标间又是直线关系时，可以用多重回归方法。只要上述三个条件中有一条不具备，而且对所选的人又不必按顺序排列时，用多重分段方法更适合。

临床判断也适合于选人，推理组合方法也可以用，但不如差别加权方法有效。

在实际应用时，常常将不同方法混合起来，形成一套连续选择策略，在不同阶段使用不同的技巧。例如，在选人程序的第一阶段可能是面谈，主持面谈者根据他的临床判断作出初步决定，第二阶段可能是给一组测验，然后将分数以多重回归或多重分段方法组合以作最后决定。

2. 安置

多重回归方法在用于安置与分类问题时，要分别为每个组确定单独的回归直线，然后将每个人分派至能使预测效标分数达到最高的组内。下边举一个用两个预测源把人分到两组的简单例子来说明其方法。

假设我们要用学习能力测验的分数和数学考试成绩作为预测源，把一批大学新生分到经典物理和现代物理两个专业中去，可先由这两个预测源所得到的合成体，分别求出每门课的回归直线。在图 4–2 中，a 为经典物理课的回归直线，b 为现代物理课的回归直线。然后，将合成分数落在虚线左边的学生分到经典物理专业，将合成分数落在虚线右边的学生分到现代物理专业，这

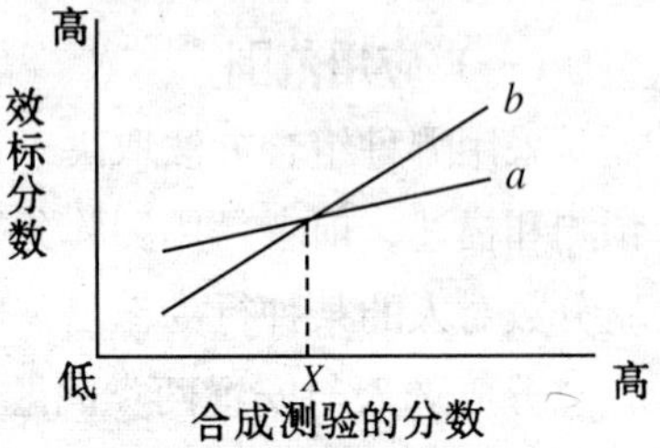

图 4–2　多重回归应用于分类问题模式图

样两组便均可获得较高的效标分数。

此外，临床判断法也可用于分类和安置。

3. 描述

所有组合分数的方法都能提供描述的信息。

(二) 资料特征

不同的组合方法需要不同种类的资料，并采用不同的方式输出资料。因为资料的特征能影响我们对方法的选择，所以了解每种方法对资料的要求是必要的。

1. 输入资料的种类

临床法具有弹性，可接受任何种类的资料——主观的或客观的，定性的或定量的，不连续的或连续的。

所有其他方法均以统计为依据，因而需要数量的资料，即使是主观获得的资料，如等级评定，也必须在分析前量化。除多重分段外，所有统计方法都假设预测源资料是连续的。多重分段既可接受连续资料，也可接受不连续资料。

2. 输出资料的方式

临床法允许任何形式的输出，可以是整体的描述（如:“这个孩子很聪明”“此人不诚实”），也可以是特定的预测（如:“她将来会成为一个歌唱家”“他期末考试会得优等”）；可以是选择，也可以是分类和安置；可以是有条件的结论，也可以对判断表示某种程度的信心（如:“假设他报文科院校，考取的可能性很大”）。

多重分段是将被试分成可接受或不可接受两类，其他方法则把结果呈现在连续量表上，多重回归可得一预测效标分数。

(三) 效度

衡量一个测验的价值主要看它的效度，评价组合测验分数的方法当然也要看效度。

1. 合成体的效度

组合测验分数的目的是增加效度，因此，对合成体效度的最基本要求是应显著地大于任一预测源的效度。假如合成体的效度不高于最有效的元素时，建立这合成体就是件徒劳无功的事。换句话说，除非一个变量可增加预测的正确性（有渐进效度），否则不应加入合成体。这意味着在合成体中只应包括那些能提供独特信息的预测源。

合成体的效度不但应比基础率（在未经选择的人群中，从事某种活动取得成功的人数比率）有较大的改进，而且要比其他可能的方法预测得更正确。

合成体应具有一定的功利率。由于使用较多的预测源将增加直接与间接的费用，而且，在加入额外预测源时，预测正确性的增加遵循“报酬递减率”，有时增加预测源所需要的费用甚至会超过它所带来的益处。因此，在一般情况下，预测源不宜过多，特别是一些消耗人力、物力较大而增益不显著的变量应从合成体中排除。

组合分数的方法不同，其合成体效度的指标也不同。临床判断以正确决定的数目作为效度指标；推理方法以预测正确性作为效度指标；在多重回归中多重相关系数 R 或 R^2 为适当的效度指标；在多重分段模式中，或将多重回归应用于分类与安置问题时，命中率为适当的效度指标。

2. 元素的效度

组成合成体的各个元素（各预测源）的效度可由几种方法来评价。最简单的方法就是看单一预测源与效标间相关或只用某一预测源所得的命中率。这样做是假设每个预测源单独使用，而事实上它只是合成体的一部分。因此，适当的指标应该是个别元素对合成体预测效率的贡献。简言之，我们对预测源的渐进效度，亦即提供独特信息的能力感兴趣。

渐进效度也可用于多重分段情况，唯一的差别是，效度是由命中率的增加来评定的，而不是用多重相关系数的增加来评定。

有人批评，渐进效度对后加入的预测源的贡献带来错误的印象。例如，一个测验单独使用时可能具有较高的效度，但由于与第一个预测源的相关高，因此对多重预测没多大助益，以渐进效度来评价该测验的贡献会暗示它无效。对渐进效度的另一个批评是，第一个（最佳）预测源的贡献，通常是由它的效度（R 或命中率）与机率（零效度）比较来评价的，而不是由对基础率的改进来评价，因此会高估第一个预测源的贡献。

3. 效度的比较

由于各种模式根据不同的假设，适用于不同情况，而且以不同的方式来表达结果，所以，对几种方法的有效性作比较是困难的，但我们可以从以下几方面对这些方法的效度分别加以比较。

（1）推理法与实证法的比较

当所包含的预测源少时，根据变量间的实证关系来作差异加权，一般而言，比用推理加权可产生更有效的预测。然而，当预测源数目多时，简单的单位加权通常与差别加权同样有效，因此可用来取代复杂的差异加权。

除非有必要的理由非用等量加权不可，对合成体的各个元素通常作单位加权，或利用多重回归将变数间的实证关系考虑在内而作差异加权。在一般情况下，可对测验中的各个题目作单位加权，而对各个测验作差异加权。

（2）分段法与回归法的比较

这两种方法均可用来处理选人问题，但只有每种方法的假设与实际情况相符时，才有较高的效度。

当预测源变量间具互偿性且预测源与效标间呈直线关系时，多重回归模式较有效；当预测源间不具互偿性，或预测源与效标间关系不为直线时，多重分段模式较有效；在两个模式都可用时，通常回归模式更有效。

回归法的优点是可导出每个人的预测效标分数，而且，由于此模式具有互偿性，各种能力组合都同样可接受，因而有利于选拔具有不同专长的人才。但是，在有些工作中，当某种能力达到一定程度后，工作成绩便不再随能力的增长而提高，由于二者不成直线关系，因此相关将很低，在这种情况下，用回归方法便很难作出准确预测，而采用分段模式则较为有效。

分段法对输入资料的要求不苛刻，没有过多的限制条件，而且容易操作，解释方便。这种方法的主要缺点是，用分类而非连续的测量失去了精确性，对可接受的人选没有按名次排列，因而无法提供必要的信息选出最有可能成功的人。

在许多情况中，最好的策略可能是两种程序的结合：先采用多重分段，拒绝那些在任一预测源中落在最低标准之下的人，然后再用回归方程计算那些可接受者的预测效标分数。

在个别情况下，这两种方法也可能都不适用。例如，在某些人格特征中，可能存在着适合于某个职业的最佳范围，超出这个范围将处于不利地位。

(3) 临床法与统计法的比较

关于临床判断与统计预测的有效性，人们做过大量研究，并有很多争论，多数人认为，这两种方法各有利弊，分别适用于不同情况。

一般说来，在预测确定的、可观察的效标时，统计法较为适合，能预测得更准确些。当预测的东西比较微妙或没有确定的、单一的结果，需要作开放式预测时，临床法更适合，可估计到各种可能的结果，而不是只作一个简单结论。

统计法只适用于一般的、典型的模式，而临床法较为灵活，对于特殊的、非典型的模式也可以用。

当某个事物的发生率相当低（基础率低）时，统计法便失去其价值，而临床法却可以作出较为准确的预测。

统计法根据预测源与效标间的实证关系对每个预测源作最适当的加权，从而可使预测误差减至最小，并能对误差量作出估计，而临床法却可能对各预测源作不适当加权。在一般情况下，判断者所能作的最好预测实际上是重复了统计公式的最适当的加权，除非他能指认出公式中没考虑的有关变量，而一旦发现了这个新的变量，也可将其加入统计预测公式。在某些情况下，可能没有可用的公式，这时便只能用临床法。

总之，各种组合分数的方法各有所长，亦各有所短，而且都有自己适用的不同情况。在使用时主要取决于测验的目的，要根据不同情况尽可能采用效度最高的方法，必要时可将几种方法结合起来使用。

第二节　分数的解释

分数的解释包括两个方面的问题：一是如何使分数具有意义，二是如何将有意义的信息传达给当事人。

测验施测之后，将受测者的反应与答案作比较即可得到每个人在测验上的分数。这种直接从测验上得到的分数叫做原始分数。原始分数本身没有多大意义。譬如，某生成绩单上写着数学 85 分、语文 80 分，由此既不能看出该生水平高低，也不能看出他哪一门课学得更好。为了使原始分数有意义，同时为了使不同的原始分数可以比较，必须把它们转换成具有一定的参照点和单位的测验量表上的数值。通过统计方法由原始分数转化到量表上的分数叫做导出分数。有了导出分数，我们才可以对测验结果作出有意义的解释。

根据解释分数时的参照标准不同，可以将导出分数分为常模参照分数与标准参照分数两大类。

一、常模参照分数

常模参照分数是把受测者的成绩与具有某种特征的人所组成的有关团体作比较，根据一个人在该团体内的相对位置来报告他的成绩。这里，用来作比较的参考团体叫常模团体，常模团体的分数分布叫常模。

制订常模需要三步：①确定有关的比较团体；②获得该团体成员的测验分数；③把原始分数转化为量表，该量表能把个人分数表示成在这个团体内的相对位置。

（一）常模团体

常模团体是由具有某种共同特征的人所组成的一个群体。

如果群体较大，常模团体应是该群体的代表性取样，称做标准化样本。

在确定常模团体时，要注意以下几个问题。

1. 群体的构成必须明确界定

在制定常模时，必须清楚地说明所要测量的群体的性质与特征。可以用来区分和限定群体的变量是很多的，如年龄、性别、年级、职业、地区、民族、文化程度、社会地位等。依据不同的变量确定群体，便可得到不同的常模。

2. 标准化样本必须是所要测量的群体的一个代表性取样

当所要测量的群体很小时，将所有的人逐个测量，其分数分布便是该群体的最可靠的常模。但在群体较大时，因为时间和人力、物力的限制，只能测量一部分人作为总体的代表，这就有个取样是否适当的问题。由于从某些团体搜集资料比较容易，所以有取样偏差的可能性。

常模团体缺乏代表性，会使常模资料产生偏差而影响对测验分数的解释。为了克服取样偏差，在搜集常模资料时，一般采用随机取样或分层取样的方法，有时也可把两种策略结合起来使用。

3. 取样的过程必须详尽地描述

在一般的测验手册中，都有相当的篇幅介绍常模团体的大小、取样策略、取样时间以及其他有关情况。譬如，只说“常模资料来自 500 名大学生”是不够的，还要说明这些大学生选自哪些地区、哪些学校、哪些系科和年级，以及年龄分布、男女人数等。描述越详尽，越便于使用者判断自己的受测者与常模团体是否具有可比性。

4. 样本的大小要适当

所谓“大小适当”并没有严格的规定。一般说来，取样误差与样本大小成反比，所以在其他条件相同的情况下，样本越大越好，但也要考虑具体条件（如人力、物力）的限制。有时从一个较小的但具有代表性的样本中得到的数据比来自较大但定义模糊的团体中得到的数据还要可靠。不过，在有代表性的前提下，样本应该大到足以提供稳定的常模值。究竟应该大到多少，可根据要求的可信程度与容许的误差范围进行统计推算。具体方法请参看有关抽样方面的书籍。

5. 要注意常模的时间性

由于教育的发展以及职业要求的改变，几年前所编制的常模可能不再适合，因此常模必须定期修订。要以批判的眼光看待旧的常模，并尽可能采用新近的常模。

6. 要将一般常模与特殊常模结合起来

测验手册上所列的常模通常是为典型团体建立的，不一定适合使用者的具体情况。对此问题的一个解决办法是为每个特定目的建立特殊常模。特殊常模是为非典型团体建立的，其优点是，将个人与背景相近的人比较，但这同时也是它的缺点，不容许在较广的范围内对分数作解释。不过，测验使用者可将特殊常模与一般常模结合起来，从而获得最大量的信息。

（二）发展量表

人的许多特质如智力、运动能力等，是随着时间以有规律的方式发展的，所以可将个人的成绩与各种发展水平的人比较而制成发展量表。在此量表中，个人的分数指出他的行为属于哪一个发展水平。

1. 年龄量表

本世纪初，比奈提出了将一个儿童的行为与各年龄水平的一般儿童比较以测量心理成长的设想。在1908年修订的比奈—西蒙量表中开始用年龄作单位来度量智力。一个儿童在年龄量表上所得的分数，就是最能代表他的智力水平的年龄。这种分数叫做智力年龄，简称智龄。

年龄量表的基本要素是：①一套可区分不同年龄组的题目；②一个由各个年龄的被试所组成的代表性样本（即常模团体）；③一个表明答对哪些题或得多少分该归入哪个年龄的对照表（即常模表）。

2. 年级当量

在教育成就测验上，经常采用年级当量来解释分数。所谓年级当量，是把学生的测验成绩与各年级学生的平均成绩比较，看他相当于几年级的水平。这种年级量表选择题目与指定分数的方法步骤与年龄量表类似，所不同的是用年级水平代替了年龄水平。

（三）商数

1. 比率智商

最初的智力测验以年龄量表来表示测验分数。在使用中发现，智龄为10，对于8岁、10岁和15岁儿童来说具有不同的意义。因此，在1916年推孟修订的斯坦福—比奈量表中采用了智商的概念。智龄表示心理发展的水平，它是一个绝对的量数，而智商则表示心理发展的速率，它是一个相对的量数。

智商（IQ）被定义为智龄（MA）与实际年龄（CA）之比。为避免小数，将商数乘以100：

$$IQ=\frac{MA}{CA}\times 100$$

以这种方式所获得的智商叫比率智商，也可表示为IQ_R。

如果一个儿童的智龄等于实际年龄，他的智商就为100，代表正常的或平均的智力，IQ 高于 100 代表发展迅速，低于 100 代表发展迟缓。

2. 教育商数（EQ）

与智商类似，教育商数为教龄（EA）与实际年龄之比：

$$EQ=\frac{EA}{CA}\times 100$$

所谓教龄是指某个年龄的儿童所取得的平均教育成就。譬如一个学生的教龄为 10 岁，就是说这个儿童的教育成就与一般 10 岁儿童的教育成就相等。

教龄与教商可以同智龄与智商作同样的解释，都是表示发展的水平和速率。

3. 成就商数（AQ）

教育商数是将一个学生的教育成就与他的年龄作比较，成就商数是将一个学生的教育成就与他的智力作比较，即教龄与智龄或教商与智商之比：

$$AQ=\frac{EA}{MA}\times 100=\frac{EQ}{IQ}\times 100$$

因为成就商数是将一个学生的教育成就或学业成绩与同等智力的学生比较，所以它既可以反映学生的努力程度，又能反映教师的教学效果。

（四）百分等级

百分等级是使用得最广泛的表示测验分数的方法。一个分数的百分等级可定义为在常模团体中低于该分数的人数百分比。百分等级指出的是个体在常模团体中的相对位置，等级越低，个体所处的地位越差。

百分等级量表的主要优点是：①容易计算，容易解释，甚至外行的人也能理解；②对于各种被试和各种测验普遍适用。

百分等级量表的主要缺点是：①缺少相等单位，属于顺序量表，不能对它做加、减、乘、除运算，因而使大多数统计分析无法运用；②百分等级的分布呈长方形，而测验分数的分布通常趋近于常态曲线，中间密集，两端分散。因此，接近中数或分配中间的原始分数的差异在转换成百分等级时往往被夸大，而接近分数两端的原始分数的差异转换成百分等级后则被大大缩小。

（五）标准分数

百分等级是顺序量表，为了对测验结果作统计分析，常常需要将原始分数转换为具有相等单位的间隔量表，标准分数就是最常用的等距量表。

标准分数是将原始分数与平均数的距离以标准差为单位表示出来的量表。因为它的基本单位是标准差，所以叫标准分数。

标准分数可以通过线性转换，也可以通过非线性转换得到，由此可将标准分数分为两类。

1. 线性转换的标准分数

根据标准分数的定义，可通过下式将原始分数直接转换成标准分数：

$$Z=\frac{X-\overline{X}}{S}$$

式中 X 为某人的原始分数，$\overline{X}$、S 分别为常模团体的平均分数和标准差。

Z 分数具有以下几个性质：

①Z 分数是以原始分数的平均数作为零点，以标准差为单位来表示的，因为它只有相等单位没有绝对零点，所以属等距量表，可作一般代数运算；

②Z 分数的绝对值表示某一原始分数与平均数的距离，Z 分数的正负号则表示原始分数是落在平均数之上还是平均数之下；

③Z 分数的分布形状与原始分数相同，原始分数所能进行的计

算，Z 分数也能进行，并且结果没有丝毫失真；

④假如原始分数的分布是常态的，则 Z 分数的范围大致是从-3到$+3$。

由于在 Z 分数中经常出现小数点和负数，而且单位过大，计算和使用很不方便，所以常用下式将它转换成另一种形式：

$$Z' = A + BZ$$

这里 Z' 为转换后的标准分数，A 与 B 为根据需要指定的常数。加一个常数是为了去掉负值，乘一个常数是为了使单位变小从而去掉小数点。加或乘一个常数并不改变原来分数间的关系。

2. 常态化的标准分数

将原始分数转换成导出分数的原因之一，是为了使不同测验中的分数能够进行比较。但是，用线性转换导出的标准分数只有在分布形态相同或相近时才能进行比较，若两个分布的偏斜方向不同，或一个为正态，一个为偏态，那么相同的标准分数可能代表不同的百分等级，因此对两个测验分数仍无法比较。为了能将来源于不同分布形态的分数进行比较，可使用非线性转换，将非常态分布变成常态分布。具体做法是，先把原始分数转化为百分等级，然后从正态曲线面积表中查得对应的标准分数。由这种方式所得到的分数就叫常态化的标准分数。

在将分数常态化时有一个前提：只有所测特质的分数在实际上应该是常态分布，只是由于测验本身的缺陷或取样误差而使分布稍有偏斜时，才能转换为常态化标准分数。

根据常态曲线面积表得到的标准分数是个理论值，它与线性转换得到的标准分数有区别。原始分数越接近常态，常态化标准分数与线性导出分数越接近。

（1）T 分数

与线性导出分数一样，常态化标准分数也可以被转换成任何方便的形式。当以 50 为平均数（即加上一个常数 50），以 10 为标准差（乘以一个常数 10）来表示时，通常叫做 T 分数。

$$T=50+10Z$$

表 4–1 是计算 T 分数的辅助表。只要知道某个原始分数在分布中累计次数比例，就可从此表中直接查得相应的 T 分数。

表 4–1　计算 *T* 分数辅助表

累积比例	*T* 分数	累积比例	*T* 分数	累积比例	*T* 分数
0.0005	17.1	0.120	38.3	0.900	62.8
0.0007	18.1	0.140	39.2	0.910	63.4
0.0010	19.1	0.160	40.1	0.920	64.1
0.0015	20.3	0.180	40.8	0.930	64.8
0.0020	21.2	0.200	41.6	0.940	65.5
0.0025	21.9	0.220	42.3	0.950	66.4
0.0030	22.5	0.250	43.3	0.960	67.5
0.0040	23.5	0.300	44.8	0.965	68.1
0.0050	24.2	0.350	46.1	0.970	68.8
0.0070	25.4	0.400	47.5	0.975	69.6
0.010	26.7	0.450	48.7	0.980	70.5
0.015	28.3	0.500	50.0	0.985	71.7
0.020	29.5	0.550	51.3	0.990	73.3
0.025	30.4	0.600	52.5	0.993	74.6
0.030	31.2	0.650	53.9	0.995	75.8
0.035	31.9	0.700	55.2	0.9960	76.5
0.040	32.5	0.750	56.7	0.9970	77.5
0.050	33.6	0.780	57.7	0.9975	78.1
0.060	34.5	0.800	58.4	0.9980	78.7
0.070	35.2	0.810	59.2	0.9985	79.7
0.080	35.9	0.840	59.9	0.9990	80.9
0.090	36.6	0.860	60.8	0.9993	81.9
0.100	37.2	0.880	61.7	0.9995	82.9

（2）标准九

标准九的全称是标准化九级分制。它是第二次世界大战期间，在美国空军中发展起来的用于选拔飞行员的一个九级标准分数量表。它将常态曲线下的横轴分为 9 段，最高段为 9 分，最低段为 1 分，正中间那段为 5 分，除两端（1、9）外，每段有半个标准差宽。这就是说，标准九是以 5 为平均数，以 2 为标准差的量表。除第 1 与第 9 级的宽度大于 0.5 个标准差外，其余各段均等距（见图 4–3）。

标准九分也是常态化的标准分数。只要将被试的原始分数转换成百分等级，就可以很容易地从图 4–3 中得到被试的标准九分。如某人的原始分数比常模团体中 96%的人高，他的标准九分便为 9，若比 89%的人高，比 4%的人低，则为 8，依此类推。

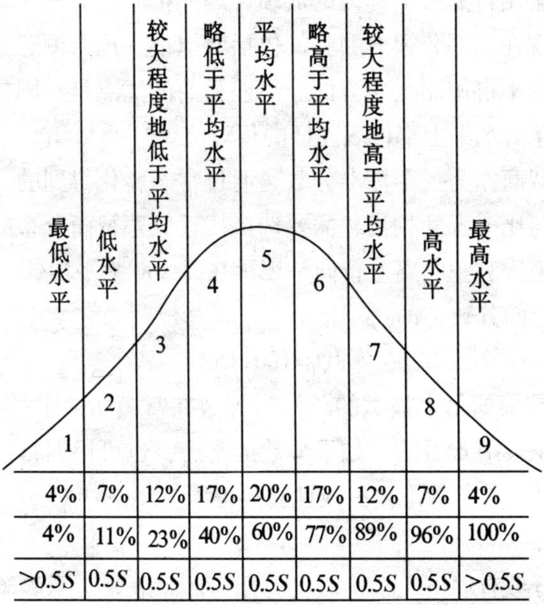

4%	7%	12%	17%	20%	17%	12%	7%	4%
4%	11%	23%	40%	60%	77%	89%	96%	100%
>0.5*S*	0.5*S*	0.5*S*	0.5*S*	0.5*S*	0.5*S*	0.5*S*	0.5*S*	>0.5*S*

图 4–3　标准九分与常态曲线面积的关系及与平均数的距离

将标准九两端的 1 和 9 各自再分出一个等级，便成为 C 量表。

C 量表的全距为 0~10 分。由于 0 分易被人误解，所以也可将 C 量表的全距改为 1~11 分，其中第 1 级与第 11 级的人数各占 1%。

（3）离差智商

传统的比率智商在理论上有两个障碍：一是智商分布在不同的年龄水平具有不同的标准差，因而相同的智商分数在不同的年龄具有不同的意义；二是智力的发展速率先快后慢，与年龄的增长不成直线关系，因而智龄的概念对于成人不适用。由于以上原因，很多人对比率智商提出了批评。1949 年韦克斯勒（D. Wechsler）在他所编的儿童智力量表中，放弃了智龄的概念，用离差智商（IQ_D）代替比率智商。离差智商是将一个人的测验分数与同年龄组的人比较所得到的标准分数，已经没有商数的意义。韦克斯勒认为，智商虽然有许多缺点，但它为人们所熟悉，并且许多测验使用者和临床医生已经习惯于用智商来解释人的成绩，因此把它作为一个重要概念保留下来。现在大部分智力测验（包括斯坦福—比奈测验）都采用离差智商，而不再使用比率智商。离差智商的优点是，同样的智商分数在任何年龄水平上都代表同样的相对位置。

离差智商作为一个标准分数是通过常态转化得到的。为了使它们的单位与比率智商相当，需要选择接近比率智商分布的平均数和标准差。韦氏测验的离差智商是表示在以 100 为平均数、15 为标准差的量表上的分数，即：

$$IQ_D=100+15Z$$

这里的 Z 是根据每个被试的总量表分数在常模团体中的百分等级，从常态面积表中查得的。如果分数成常态，也可根据常模团体中同年龄组的平均数与标准差由线性转换得出。

3. 标准分数的评价

标准分数有以下几个优点：①用等距量表来表示测验分数，使进一步统计分析成为可能，例如，韦氏测验中各个分测验的原始分数由于记分单位不同，无法直接合成，将其转化成均数为 10、标准差为3的常态化标准分数（分测验量表分）后，就可以合成言语量表、操作量表以及全量表的总分；②常态化标准分数可参照常态曲线面积表直接转换成百分等级，因而容易解释；③允许将几个测验或量表上的分数作直接的比较。将分数转换成标准分数可校正各种分布间的平均数与标准差的差异，换句话说，不管原来分布的平均数与标准差大小，同样的标准分数表示同样的相对位置。由于标准分数具有以上优点，所以目前大部分心理测验都用标准分数取代了其他种类的导出分数。

当然，标准分数也有缺点：①由于统计上较复杂，不像百分等

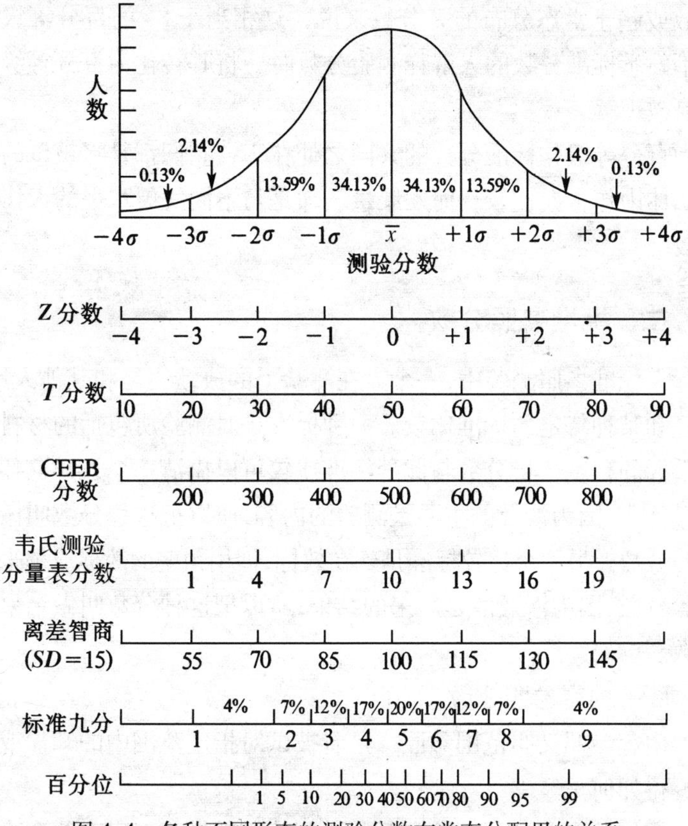

图4–4　各种不同形态的测验分数在常态分配里的关系

级那样为一般人所熟悉，难以让门外汉了解；②在实际应用时，通常只以标准分数来表达，而没区分是常态化的还是线性转化的分数；③常态化标准分数是人为使分数呈常态分布，当所测特质的分数在实际上不是常态时，便扭曲了分布的形状。

4. 标准分数与百分等级的关系

图 4–4 表示了百分等级与几种常用的标准分数之间的关系。从图中可以看出：*Z* 分数 1.00、*T* 分数 60、CEEB（美国大学入学考试）分数 600、在韦氏测验中 115 的离差智商分数，都表示原始分数在它所在的分布中是高于平均数一个标准差，对于常态化的标准分数或趋于常态分布的 *Z* 分数来说，这相当于 84 的百分等级。在对不熟悉标准分数的人解释测验分数时，将其转化为百分等级便很容易被理解。

百分等级与标准分数的共同之处在于，它们都是将被试的分数在团体内作横向比较，而发展量表却是与不同发展水平的人作纵向比较。

二、标准参照分数

在标准参照测验中，一个人在测验上的成绩不是和其他人比较，而是和某种特定的标准比较。一种标准是对测验所包括的材料熟练或掌握的程度，将分数与此种标准比较可以搞清一个人知道什么和能做什么，因为涉及的主要是测验的内容，所以把这种分数叫做内容参照分数。另一个比较标准是外在效标，即用预期的效标成绩来解释测验分数，因为涉及的是后来的结果，所以把这种分数叫做结果参照分数。

（一）内容参照分数

内容参照又叫范围参照，是看被试对指定范围中的知识或技能掌握得如何。

在编制内容参照测验和对此种测验分数做解释时有两个主要步

骤:一是确定测验所包含的知识或技能的范围,二是编造一个能报道测验成绩的量表。

1. 掌握分数

有时,我们只想知道被试对一些基本知识和技能是否掌握,并不需要对被试作进一步的区分(采用"全"和"无"记分)。在这种情况下,只要定出一个可接受的最低标准就可以了。此种测验叫掌握测验,代表最低熟练水平的分数叫掌握分数。如果一个人达到了这个分数,就说明他已经掌握了这种知识或技能,从而可以进入下一个水平的学习或训练。

2. 正确百分数

掌握分数以"通过——失败"这种二分法记分会失掉一些信息,因此,有时我们需要以被试对内容掌握的程度来报告分数,最简单的指标就是正确百分数,亦即被试答对题目的百分比。

3. 内容标准分数

内容标准分数是把内容分数与常模分数结合起来使用。

在编制内容标准量表时,不但要明确界定内容、范围,还要详细说明每一种水平的"典型"人物正确回答和不正确回答的问题的类型。这样,将一个人的测验分数与此种量表对照,便既能指出他正确反应的百分比,又能指出他的成绩达到了哪种人的水平以及他能解决哪一类问题。

4. 等级评定量表

在某些情况下,我们感兴趣的不是人们是否掌握了某种知识,而是一个人完成某种过程或生产出某种产品的技能。对于各种技能,是不能用回答问题来确定其掌握和熟练水平的,通常我们需要采用等级评定量表来报告一种活动的熟练水平或一种产品的质量。为了使评定尽可能客观,需要对各种等级定出标准。譬如,要评价学生的书法,就需要从正确性、清楚性、美观性等方面区分出不同的水平,对每种水平都定出标准样本,并作出详细说明。将每个学生的书法与标准样本比较,与哪个水平的样本最相近,便得到哪个等级。

内容参照分数的主要优点在于它们用个人所掌握的知识或技能的水平来描述行为,指出一个人知道什么和能做什么。在大多数情况下,这比知道一个人在团体中的相对位置更有价值。

由于内容参照分数能够提供教学效果的反馈，所以特别适用于计算机辅助教学以及利用程序教材自我掌握进度的学习。在这种情况下,实际上是把测验与教学融为一体,用测验诊断出学习困难之所在,从而规定出下一步的学习内容。

内容参照分数主要用于成就测验以及能确定出可接受的最低标准的资格测验(如医生或司机的证书考试),对于大多数能力倾向和人格测验来说,由于所测的范围很难确定,因而一般不用内容参照分数。

内容参照分数和常模参照分数只是看待一个人的行为的两种不同方式,二者之间并无严格界限,更不是互相排斥的。人们往往依据团体的典型行为或平均水平来确定标准，这种内容参照分数便隐含着一个常模基础。而且,有时人们还会把两种分数结合起来使用,既想知道一个人掌握了多少,又想知道他在团体中的位置。

(二) 结果参照分数

结果参照又叫效标参照,是用效标行为的水准来表示分数。此种分数适合于用测验来作预测的情况。例如,高考平均分数在 80 分(各科满分为 100 分)以上的人,我们可以预测其入大学后的学习成绩将为优等。这里,是用结果来解释测验分数,而不是用常模和内容来解释。

为了得到结果参照分数必须有两个先决条件：首先，测验分数必须与一个重要的效标具有高相关，也就是要具有效度证据；其次，要有一个能把测验分数和效标成绩之间的关系结合起来的方法，也就是要有转换分数的图表。

1. 期望结果的概率

此种方法是通过一种简单的图表，显示出获得特定测验分数的人得到每一种效标分数的百分比，即将测验成绩以产生各种不同结果的概率来描述。

2. 预期的效标分数

呈现结果参照分数的另一种方法是将具有不同测验分数的人所可能获得的预期效标分数用图表显示出来。

当效标资料无法得到，效标资料没有意义或者我们对它不感兴趣时,结果参照分数不适用。例如,我们有时用教师对学生性格的等级评定作为某种人格测验的效标，但我们对预测教师所评定的等级并不感兴趣,因此不用它来解释分数。

在用期望结果的概率解释分数时,所依据的是团体的平均数,即只提供一组获得相同预测源分数的人们的成功概率。这种由团体得到的资料,只能用于对团体作解释,在解释个人分数时会遇到困难。

用预期效标分数来解释测验分数,无法看出误差大小,解决的办法是在预期表中加进一些误差指标，其误差的幅度取决于估计的标准误。

三、分数的解释与交流

(一) 解释分数要注意的几个问题

一个人在任何一个测验上的分数，都是他的遗传特征、测验前的学习与经验以及测验情境的函数，这三个方面对测验成绩都有影响。所以我们应该把测验分数看成是对受测者目前状况的测量，至于他是如何达到这一状况的，则受许多因素影响。为了能对分数做出有意义的解释，必须将个人在测验前的经历或背景因素考虑在内。譬如，在词汇测验上得到相同的分数，对于大城市孩子与边远山区的孩子具有不同的意义。测验情境也是一个需要考虑的因素。譬如一个学生可能因为身体不适、情绪不好、不懂主试的说明或意外干扰而得到较低的分数，也可能因为某些偶然情况而得到意外的好分数。无论哪种情况，都要找出造成分数反常的原因，而不要单纯根据分数武断地下结论。

为了对测验分数做出确切的解释，只有常模资料是不够的，还必须有效度资料。没有效度证据的常模资料，只告诉我们一个人在一个常模团体中的相对等级，不能作预测或更多的解释。在解释分数时，人们最常犯的错误就是仅根据测验的标题和常模数据去推论测验分数的意义，而忽略效度的不足或缺乏。假若一个测验的名称是内向量表，并有可利用的常模资料，那么就很容易把得高分的人说成是内向性格，即把它当做有效度资料那样来解释。即使有效度资料，在对测验分数做解释时也要十分谨慎，因为测验效度的概化能力是有限的。不同的常模团体和不同的施测条件，往往会得到不同的结果，在解释分数时，一定要依据从最相匹配的团体和最相近的情境中获得的资料。

由于测验不是完全可靠（信度不足），应该永远把测验分数视为一个范围而不是一些确定的点，也就是要对测验分数提供带形的解释。倘若使用确切的分数，应说明这些分数不是精确的指标，而是我们对某人真实分数的最佳估计。

对来自不同测验的分数不能直接加以比较。即使两个测验名称相同，由于所包含的具体内容不同（因而所测量的特质不完全相同），建立标准化样本的组成不同，量表的单位（如标准差）不同，其分数也不具备可比性。如来自两个成就测验的分数，在没有其他信息的情况下，我们无法判断孰高孰低。为了使不同测验分数可以比较，必须将二者放在统一的量表上。当两种测验取样的范围相同时，人们常用等值百分位法将两种测验分数等值化。具体做法是：将两个测验都对同一个样本进行施测，并把两种测验的原始分数都转换成百分等级，然后用该百分等级作为中介，就可以做出一个等价的原始分数表。如果在测验 A 中原始分数 55 是 90 百分等级，而在测验 B 中原始分数 36 是 90 百分等级，那么 A 测验的 55 分就与测验 B 的 36 分等值。另一种方法是不用相同的百分等级作为中介，而用相同的标准分数作等值的基础，此种方法叫线性等值。

(二) 如何向当事人报告分数

为了使被试本人以及与被试有关的人，如家长、教师、雇主等，能更好地理解分数的意义，在报告分数时要注意以下几个问题。

使用当事人所理解的语言。测验像其他特殊领域一样，具有自己的专业词汇，因此你所理解的词并不意味着当事人也一定理解。例如，你懂得标准差和标准分数，然而当事人可能不懂。因此你必须用非专业性的用语来解释标准分数，可以把它解释成相对位置(即百分等级)；必要时可以问问当事人是否听懂了，让他说说你的解释是什么意思。

要保证当事人知道这个测验测量或预测什么。这里并不需要作详细的技术性解释，例如你并不需要向当事人解释职业兴趣调查表的编制过程，但应该让他知道，职业兴趣量表是把他的兴趣和从事各种职业的人加以比较，如果在某一方面得了高分，就意味着如果他参加这个工作会长期干下去。但另一方面，也不能过于简单，只告诉当事人某个量表的题目或测量什么是不够的，这在具有情绪色彩的人格特征方面特别重要，例如，对人格测验中的男性化、女性化量表就要加以解释，以免被试误解。

如果分数是以常模为参照的，要使当事人知道他是和什么团体在进行比较。例如，同一个百分等级对于普通学校和重点学校意义是不同的。

要使当事人认识到分数只是一个“最好”的估计。由于测验的信度、效度不足，分数可能有误差，而且对于一个团体总体说来，有效的测验不一定对每个人都同样有效，但也不能让被试感到分数是毫不足信的。

要使当事人知道如何运用他的分数。当测验用于人员选择和安置问题时，这一点是特别重要的。要向当事人讲清测验分数在作决定过程中起什么作用，是完全由分数决定取舍，还是只把分数作为参考；有没有规定最低分数线；测验上的低分数能否由其他方面补偿等等。

要考虑测验分数将给当事人带来什么心理影响。由于对分数的解释会影响受测者的自我认识、自我评价，从而会影响他的行为，所以在解释分数时一方面要十分慎重，另一方面又要做必要的思想工作，防止被试因分数低而悲观失望或因分数高而骄傲自满。

要让当事人积极参与测验分数的解释。毕竟分数是他的不是你的，作出的决定会影响他的生活而不是你的生活，因此在解释分数的各个阶段，你都应观察他的反应，鼓励他提出问题。虽然测验分数的信息有限，但考虑到分数能够引起一连串的事件，严重地影响一个人的生活，因此你必须保证他完全了解分数的表面意义和隐含意义。除非当事人积极地参与这个过程，否则你无法了解他对于自己的分数有了多大程度的理解。

第五章 心理测验的使用

前面几章简要介绍了心理测量的基本理论。我们已了解标准化测验的编制方法及技术要求。一个测量工具无论制作多么精良，如果不按正确方法使用，便不能很好发挥其效用。量具越是精密，操作规程便越严，对使用者的要求也越高。标准化测验在使用范围和方法上均有严格规定，本章对此略加讨论。

第一节 测验的选择与实施

测验的实施过程是心理测验功效实现的必要环节。当前，由于心理测量在我国刚刚起步，人们过多地重视测验的编制和应用这两个环节，而对联系这两个环节的实施过程重视不够，使得心理测验在使用过程中走入许多误区。例如，我们在课外书籍或一般消遣杂志上经常可以见到诸如“你想知道你是内向还是外向的人吗？”“测测你的爱情倾向”等看似心理测验的小栏目，许多人做了并就此给自己下了结论。有些私立的幼儿园通过智力测验选拔入园儿童，给没能进园的儿童家长造成很大的心理负担……。以上种种，都是对测验的误用。

从另一个角度说，正确地使用测验也是测验标准化的一个重要方面。标准化的实质是统一度量和控制测量误差，这是对一切量具的共同要求。心理测验无论在编制还是使用上都必须标准化。测验的实施是一个连续的过程，以下我们就逐一介绍其中的各个环节。

一、测验的选择

测验的选择是使用测验的前提之一。选择测验必须注意两个方面。

(一) 所选测验必须适合测量的目的

测验是进行科学研究和解决实际问题的一个工具，测验的选择首先必须符合我们进行测验的目的。由于每一个测验都有其特殊的用途和使用范围，所以测验者首先就应当对各种测验的功用及特长、优缺点有一个了解。例如，为了给入学新生分班，就可以给学生施测普通的智力测验；在每个学期结束的时候，应当对学生施测各学科的学绩测验，以了解学生对本学期学习内容的掌握；如果学生的学习有特殊的困难，这时就可以给学生施测专门的学习障碍诊断测验；在学生行将毕业，面临升学或就业选择时，为他们进行各种职业性向和兴趣测验，以此发现学生的才能和兴趣，选择适合他们的专业及职业；如果要了解学生的人格特征，可施测有关的人格测验，并据此对学生进行心理卫生辅导。不但不同的目的要选用不同的测验，而且不能只是根据测验名称盲目选择测验，必须了解该测验的真正适用范围和功效，否则就会造成测验使用不得当。

(二) 所选测验必须符合心理测量学的要求

选测验不能仅根据测验目的，还应考虑该测验是否经过了标准化，它的信度、效度如何，常模样本是否符合你的测试对象，常模资料是否太久而失效等等。在现实生活中，许多人将一些通俗读物或报刊杂志上的测验当做正式的心理测验来使用，实际上这些测验大多不符合心理测量学的要求，可信度不大，仅是供娱乐消遣之用，但许多人却十分信服。即使是真正的心理测验，倘由个人自行施测，不懂得分数如何解释，也会产生不良后果。例如，有人通过一些书籍上的测验自行对照，判断自己是神经症，因而终日惶恐不安。因此，不具备心理测验知识的个人最好不要自己盲目选择测验及自行施测、解释，而应由专门的心理测验机构中的专门人员来操作。

在选择测验这一环节上，出现的另一个问题是，许多人常使用没有重新标准化的经典测验。标准化测验必须经常修订，使测验内容、常模样本、分数解释更符合变化了的时代。目前，就连许多专业人员使用的测验也大多是许多年前的老版本。更有甚者，有人还将国外的测验直接译过来使用，而不考虑是否符合我国国情，这种做法是不值得提倡的。

二、测验前的准备

测验前的准备工作是保证测试顺利进行和测验实施标准化的必要环节。准备工作主要包括以下几个方面。

(一) 预告测验

事先应当通知被试，保证被试确切知道测验的时间、地点、内容范围、试题的类型等，使被试对测验有所准备，及时调整自己的情绪和生理状态。心理测验一般不搞突然袭击。当然，根据需要有时可以不告知真实目的。

(二) 主试自身的准备

主试首先要熟悉测验指导语并能流利地用口语说出来，这是对心理测验实施的最基本的要求。熟悉指导语会使测验进行得顺利，否则，测验的效果会受到一些影响。

其次，主试还必须熟悉测试的具体程序。测验的实施并不仅仅是分发、收集试卷，对于某些个别测验和团体测验来说，测验的实施必须由受过专门训练的人来完成。例如韦氏智力量表包括言语、操作两大部分，操作部分的测试涉及到物体如何摆放、如何示范等具体程序，而针对聋哑儿童使用的希内学习能力测验更为复杂，甚至包括手势语的应用；某些团体施测还涉及幻灯显示等问题。主试的训练，通常包括讲解或阅读测验手册、观察演示和操作练习等。这种训练根据测验的种类及主试的条件，时间长短可以不同。

最后，主试必须做好应付突发事件及被试提问的心理准备。例如，智力测验过程中，学生由于过分紧张而晕倒或夏季中暑；测查病态人格时病人突然发作；有人作弊或突然停电，等等。这些都需要主试有良好的心理准备，并有一些应急措施。

(三) 测验材料的准备

测验材料包括测验题目、答卷纸、记分键、指导书、纸、笔及计时表等必需材料、工具。同时，主试还应当详细地模拟一遍测验，以观察材料是否准备齐全。

(四) 测验环境的准备

心理测验对环境的要求很高，许多研究表明，测验环境会对测验的结果造成影响，例如，一个人在酷暑和正常天气下所做的智力测验的结果会有差别。因此，主试必须对测验时的光线、通风、温度及噪音水平等物理条件做好安排，统一布置。测验房门上最好有牌子，示意测验正在进行，不许随便进入。

三、施测

选择好测验并做好充分准备后，就可以施测了。实施标准化测验的基本原则是努力减少无关因素对测验结果的影响。对于标准化测验，主试必须按照规定的程序施测，才能得到可靠的结果。有些人在使用测验时，由于不了解测验标准化的意义及方法，因此往往任意变更施测的程序，忽视测验实施的各种要求 (例如指导语、记分方法等)，而导致结果的误差。

(一) 指导语和时限

所谓指导语一般是指对测验的说明和解释，有时包括对特殊情况发生时应如何处理的指示，在实施测验时，必须使用统一的指导语。

指导语通常应包括两部分，一部分是对被试的指导语，另一部分是对主试的指导语。

在纸笔测验中，对被试的指导语一般印在测验的开头部分，由被试自己阅读或主试统一宣读。指导语应力求清晰、简明扼要且有礼貌，一般由以下内容组成：

①如何选择反应形式（画“√”、口答、书写等）；

②如何记录这些反应（答卷纸、录音、录像等）；

③时间限制；

④如果不能确定反应，应如何去做（是否允许猜测等）；

⑤例题（当测验采用生疏形式时，例题十分必要）；

⑥有时告知测验目的。

主试念完指导语后，应再次询问被试有无疑问。回答时应当严格遵守指导语，不应对测验作出额外的解释，因为主试的暗示会对被试产生影响。对被试的指导语应简短，不能占用太长的时间，以免引起被试的焦急及反感情绪。

对主试的指导语主要是对测试细节的进一步说明，以及在测验中途发生意外情况（如停电、迟到、生病、作弊等）如何处理等等。这部分指导语往往印在测验指导书中，对主试的一言一行都作了严格要求。

总之，指导语对被试的反应态度、反应方式及主试的行为方式、说话方式作了严格的规定。

时限也是测验标准化的一项内容。主试应事先告诉被试该测验具体的时间限制。对于有分测验的测验，主试应根据有关时限的操作语执行。例如在速度测验中，尤其要注意时间限制，不得随意延长或缩短。

（二）记分及解释

记分和解释的过程是将被试的反应数量化并赋予意义的过程，它们也必须遵循标准化的原则。

记分的标准化关键是使评分的方法尽量客观化，使得不同评分者对同一测验反应（答案）赋予相近的分数。大多数心理测验采用选择题等客观题型，无疑使记分更简便、客观。一些标准化测验配有记分键，即标有标准答案及正确反应的说明，对于论文式作答的测验则给予记分要点。标准化的记分方法应力求客观、正确、经济、实用。

主试在实施过程中，记分应当做到下面几点。

①对被试的反应给予及时而清楚、详细的记录，特别是对口试和操作测验，此点尤其重要，必要时可录音和录像。对于测验的环境及测验时的一些突发事件，主试也应给予详细记录，以供解释时参考。

②主试应当熟练掌握记分键，特别是非客观题目的记分要求，不得随意记分。标准化测验在手册中都有关于记分原则和方法的说明。例如，在韦氏智力测验中，对于什么样的反应得 1 分、2 分、3 分都有详细解释，并举了一些例子。作为主试，应当以客观、公正的态度严格依据记分键或评分标准记分。

③在施测的过程中，对于被试的反应，主试不应做出点头、皱眉、摇头等暗示性的反应，这会影响对被试以后的施测，主试应时刻保持和蔼、微笑的态度。另外，在个别施测时，主试不应让被试看见记分，可用纸板等物品挡着。这样做一是避免影响被试的测验情绪，二是避免分散被试的注意力。

主试对测验结果可依据常模或其他参照标准作出解释。一般在测验手册中对于各种分数的意义都作了详细的说明。

心理测验是一种辅助工具，被试的表现还受到许多其他因素的影响，因此不能过于夸大心理测验的作用。

（三）主试与被试的关系

在施测过程中，主试和被试之间应当建立良好的协调关系，即一种友好合作的并能促使被试最大限度地做好测验的一种关系。例如，在能力测验中，这种关系会促使被试尽最大努力发挥自己的能力；在人格测验中，它会促使被试真实坦白地回答问题。建立协调关系要求主试尽可能地激发被试兴趣，使其积极地应试。

由于测验的性质和被试的年龄及其他情况不同，建立协调关系的方法也不同。在测试学前儿童时，应考虑到儿童对生人的羞涩、分心等特点，主试应以友好、愉快、轻松的自然态度与儿童交流。对于胆小的儿童，由于他们需要更多的时间去熟悉环境，因此主试应有耐心，等到儿童熟悉环境并愿意合作时才进行测试，测试时也应当更灵活，努力使测验生动、有趣，像做游戏一样引起孩子们的兴趣。对于年龄大一些（三年级以上）的学生则应当通过竞争来激发测验动机。成人测验则与前述对待儿童的方法有所不同，由于成人具有不认真做测验的倾向，因此主试应强调测验的目的，强调测验对他们有利的方面，这样才能使他们在能力测验中认真尽力作答，在人格测验中尽量减少伪装。

主试和被试建立良好的协调关系，并不意味主试对被试作出暗示或提供帮助，而是要求主试促进被试更好地完成测验。

第二节　测验的应用与管理

近几年来，心理测验的应用日益广泛。其应用领域主要体现在实际工作和理论研究两个方面。

一、测验的应用领域

（一）测验在实际工作中的应用

1. 选材

在教育、工业、军事、艺术、体育等部门，人们经常面临着选材问题，即辨认出那些具有最大成功可能性的人。长期以来，人们主要是依靠经验来观察、识别人才，往往会漏选好人才，误选庸才，给实际工作带来损失。同时，当前社会需要各种人才，因此仅靠经验选拔人才根本不能满足社会需求，心理测验的出现为选材提供了科学的量化手段。通过职务分析找出各种活动要求的最佳心理模式，然后根据这些特征设计出各种能力、人格及学绩测验，预测个体活动的适应性，从而提高人才选拔和职业训练的效率。例如，美国1942年制订的选拔飞行员的全套方案，使得淘汰率由65%下降到36%。

2. 安置

所谓安置即做好人与事的最佳匹配。例如在学校把学生分到不同班级以便因材施教；在企业中，根据兴趣、能力特长将个人分配到适合的工作岗位上。心理测验的重要内容之一——职业测验将选拔和安置结合起来，日益发挥其巨大的作用，节约了许多人力、物力资源。

3. 诊断

对于智力落后者的鉴别是促进心理测验发展的原动力之一。直至今天，在临床上对各种智能缺陷、精神疾病和脑功能障碍的诊断仍是心理测验的主要应用和发展方向。

测验的诊断功能不仅限于临床，在教育工作中还可用于发现学生适应不良的原因和学习困难之所在，搞清是缺乏某种特殊能力，还是某方面的知识没有掌握，抑或是性格不良，以便采取适当的帮助及补救措施。

4. 评价

测验可以评价人们在学习和能力上的差异、人格的特点以及相对长处和弱点，评价儿童已达到的发展阶段等。测验既可用于评价学生，也可用于评价教师和教学方法；既可用于评价个人，也可用于评价集体。测验还有助于人们的自我了解和自我评价。

5. 咨询

各种学业、能力、兴趣、性格测验可以服务于升学、就业咨询，还可考查人的情绪困扰和人格障碍，为健康咨询和行为矫正提供帮助。

值得注意的是，心理测验的结果只是作决策时要考虑的一个因素，而不是充分条件，因为测验只是一个辅助工具。在实际工作中，作决策还应结合其他方面的信息。

(二) 测验在理论研究中的应用

1. 搜集资料

心理学的理论研究常涉及个别差异问题，测验则是用来搜集有关资料的一个简便易行而又较为可靠的方法。心理学研究中许多数据都是通过测验得到的。例如，欲研究成功人士的人格特点，一个有效的方法便是对成功个体及普通个体分别施测某种标准化的人格测验，通过分析两者的测验结果得出结论。

2. 建立和检验假说

心理学中的许多理论是在分析测验资料的基础上提出来的，并用测验来进行检验。测验在基本理论的研究中所起的作用是不容忽视的，例如，在教育工作中，不同教育措施的效果往往通过测验来比较和检验。

3. 实验分组

在心理学研究中，常用测验来对被试进行实验分组，以达到等组化的要求。

总之，心理测验充实了研究心理学的方法，不但推动了心理学理论的发展，而且使心理学更好地为实践服务。

二、心理测验的管理

在发达国家，心理测验作为一种测量工具，对其使用者的资格以及道德准则都有明文规定。美国心理学会最早颁发了测验的管理条例，对有关测验的版权、使用、资格皆做了说明。此后，法国等国家的心理学会也对有关心理测验管理及测验者的道德原则作了规定，下面对其内容做一简要介绍。

心理测验的管理涉及测验如何登记注册、测验使用人员的资格以及测验的控制使用与保管等内容。

条例规定测验的使用者必须具备一定资格。由于心理测验日益趋向标准化及科学化，因此在测验的选择、施测、记分、解释等方面必须由专业人员完成。一般说来，个别施测的智力测验和大部分人格测验对使用者的要求较高，而学绩测验的使用者只需受过初步训练即可。

对于大多数的心理测验来说，泄露测验的内容很可能意味着测验的失效，因此，测验的出版发行必须加以严格控制。测验不应在科普读物上出现，在书籍上介绍时，最好使用模拟题目。此外，测验也不能售给外行人，只有具备使用资格者才能购买使用。测验一经流失，后果将不堪设想。测验的出版发行、登记注册都必须由统一专业机构管理。

对于这种测量个体心理的工作，心理测验工作者必须遵守一定的道德准则。在使用心理测验时，应严格遵循客观性原则，不能利用职业之便或业务关系妨碍测验功能的正常发挥，尤其应当注意以下两点。

(一) 保密性

许多心理测验的内容涉及个人隐私，这些隐私问题是被试不愿暴露的，也许仅是为了寻求帮助而无意中显示出来的，即使有些关于能力方面的测验结果，被试也不愿他人知道，因此心理测验工作者应尊重被试的人格，对个人信息加以保密，除非对个人或社会可能造成危害时，才能告知有关方面。在西方国家，十分重视保护个人隐私的问题，在测验中只提与测验目的有关的问题，无关的概不询问；同时，在进行测验时还必须征得个人或有关监护人的同意方可进行，而不能强行测验。

(二) 科学性

测验中必须要保证结果的真实性及准确性。心理测验经常应用于一些实际领域，例如职业选拔、罪犯精神状况诊断等等，测验的结果与被试的利益息息相关。有的人擅自利用自己的职权，作出虚假的判断和结论；有的人在经济利益驱使下，随意使用测验；还有的人根据自己的印象对被试作出主观的不公正的评价，这些都是不道德的行为。通常，在向当事人报告测验结果时应当只报告对测验结果的解释，而不是测验分数。总之，测验使用者应当严格按照标准化测验的指导书使用测验，具备科学的态度，依据道德准则，自觉地发挥测验的效用。

三、对测验的正确态度

测验自问世以来，人们对其褒贬不一，存在两种极端的看法：即测验完美论及测验无用论。测验完美论者高估测验的效能，单纯依靠测验作出决策，而忽略其他信息，他们过于夸大分数的意义，认为分数能说明一切。这种看法曾风靡一时，但往往实际结果与测验的预测大相径庭，而又导致了另一种极端的态度——测验无用论。这种看法完全否定测验的功效，认为测验对实际工作毫无帮助。上述两种极端看法都是错误的，作为心理测验的使用者，我们应当端正态度，正确地对待测验。

(一) 测验是心理学研究的一种重要方法和作决策的辅助工具

测验法是继实验法之后，在心理学研究中应用较广的一种方法，但它和其他的许多方法 (例如观察法、实验法) 一样，各有优势和缺点。心理测验采用客观的量化技术将心理现象量化，这无疑是十分科学的，但并不是在任何场合心理测验都是最有效的。因此，在使用测验时，应将其看做一种工具，同时还应考虑其他方法的可行性，而不应盲目崇拜心理测验。

另外，在实际应用时，许多人往往将测验的结束看做研究的结束，而忽略测验的工具性。测验是手段，而不是目的。在一次智力测验之后，发现了学生的优点和弱点，使我们了解了学生，这不意味着结束。测验是一个起点，我们应依据测验的结果改进教育，因材施教，这才是目的。

(二) 测验作为一个研究手段和测量工具尚不完善

测验发展至今，在理论和方法上都存在不少问题。它的精确度同物理测量相比远远不够，这是由测量对象的复杂性、主观性所决定的；同时，心理学本身理论体系的薄弱也是心理测验尚不完善的原因。作为测验的使用者，应当看到这一点，不能认为测验分数绝对可靠和准确，它只是对一般水平的最佳估计而已。

值得注意的是，不能因为测验的不完善而否定测验的功用。测验作为一种工具，能提供许多有用的信息，因此我们应取其精华，弃其糟粕。世界上任何东西都不是十全十美的，如果我们在使用测验时及时发现错误，不断地改进和完善它，它将会给人类带来更大的帮助。

第六章　智能测验

心理测验起源于个别差异的研究。个别差异是个体在成长的过程中，由于受遗传与环境的交互影响，而在身心特征上所显示的彼此不相同的现象。个别差异可以表现在众多方面，其中能力和人格的个体差异，是心理测验的主要测量方向。本章重点介绍能力测验中影响最大的一般能力测验，即智力测验，特殊能力测验留待职业测验一章介绍。

第一节　智力测验的发展

一、对智力的看法

对智力的看法是编制智力测验的理论前提。在19世纪后半叶，智力一词最早是由哲学家斯宾塞（H. Spencer）和生物学家高尔顿将古代拉丁词intelligence引入英文的，其意义是代表一种天生的特点及倾向性。此后，智力一词随着心理测验的发展而逐渐普及。

对智力的看法，比较有代表性的有以下几类观点。

（一）智力是学习的能力

主张此说者认为智力是学习的能力。智力高的人，能够学习较难的材料，学习的成绩也较好；反之，智力低的人，只能学习容易的材料，学习的成绩也不好。这种观点易为大众所接受，但若将智力与学习成绩等同起来，便大大局限了智力的含义。这一观点的主要代表人物为伯金汉 (B. R. Buckingham)、科尔文 (S. S. Colvin)、汉蒙 (V. A. Hemon) 等。

(二) 智力是适应环境的能力

主张此说者认为智力是适应环境的能力。智力越高者，适应环境的能力越强，即对新的情境从容应付、随机应变的能力越强。这是一种生物学的观点，有人批评它泛化了智力的概念。主张这一观点的代表人物为斯腾 (W. Stern)、威尔斯 (F. L. Wells)、爱德华 (A. S. Edwards)、桑代克、品特纳 (R. Pintner) 等。

(三) 智力是抽象思维的能力

主张此说者认为智力是一种抽象思维的能力，如判断力、理解力、推理力、创造力等。智力高的人能运用抽象思考能力解决问题，例如比奈认为：智力是一种判断的能力、创造的能力、适应环境的能力，善于判断、善于理解、善于推理是智力的三种要素。这种观点侧重智力的心理机制，但局限了智力的范围，抽象思考能力只是智力的一个方面。此观点的代表人物为比奈、推孟等。

(四) 智力是信息加工的能力

持此观点者认为智力是信息加工的能力。这是一种新的观点，代表人物是斯腾伯格 (S. Sternberg)。他认为编码和比较在解决智力测验的任务中作用最为重要，能迅速编码和比较的人通常比加工慢的人智力高。这种观点代表了心理学发展的新思路，但观察和测量一个信息加工系统的输入、输出的各个阶段是非常难以操作的。

(五) 对智力的综合理解

持此观点的人认为，以上对智力的几种看法彼此并不矛盾，只是反映了智力的多层次和多面性，因此，出现了关于智力的综合定义。美国心理学者韦克斯勒采用综合的观点，认为智力是一个人心理能量的总和，此项能量能够使个人有目的地行动，使个人的思想有条理，并且能够对自身的环境作有效的适应。斯腾伯格也认为：

"智力是从经验中学习和获益的能力，抽象思维和推理的能力，适应不断变化、模糊多样的世界的能力，以及激励自己有效地完成应该完成的任务的能力。"①

二、智力测验的发展

智力测验的历史已有近百年，它的发展是同智力理论的发展及智力分数解释的发展息息相关的，大致可分为以下几个阶段。

(一) 高尔顿和生理计量法

高尔顿是测验运动的最早倡导人，他以感觉敏锐度为指标，设计了诸如判断线条长短、物体轻重、声音强弱的简单测验，来测量个体的智力。他还注意到白痴对于热、冷、痛鉴别能力较低，因此这种生理计量法在判定个体差异方面是有一定功效的。但将智力简单地看做是感官能力，这显然是不科学的，同时这种观念在教育上也并无实用价值。19 世纪后期，心理学家便开始尝试用综合的心理取向鉴别人类的智力。

(二) 比奈和智力年龄

1905 年，比奈和助手西蒙发表了第一个心理取向的智力测验——比奈—西蒙量表，用语文、算术、常识等题目来测量判断、推理等高级心智活动。1908 年，比奈—西蒙量表作首次修订，修订后的量表运用了近代测验理论的基本思想，即测验的原理在于将个人的行为与他人比较并归类，首次采用智力年龄作为衡量儿童智力发展水平的指标。

(三) 推孟和比率智商

1916 年，推孟修订的斯坦福—比奈量表第一次采用智力商数表示智力发展的相对水平，其分布情况见表 6-1。

---

① Sternberg, R. J.,Testing and cognitive Psychology, *American Psychologist*,Vol 36,pp.1181–1189，1981.

表 6-1 斯坦福—比奈量表智商分布表

智商范围	等　级	理论百分数/%	实际百分数/%
140 以上	非常优秀（天才）	1.6	1.3
120~139	优秀	11.3	11.7
110~119	中上、聪慧	18.1	18
90~109	中等	46.5	46
80~89	中下	14.5	15.1
70~79	临界智能不足	5.6	5
69 以下	智力缺陷	2.9	2

(四) 韦克斯勒与离差智商

1949 年，韦克斯勒在编制儿童智力量表时，放弃比率智商，采用离差智商。所谓离差智商是将一个人在智力测验上的成绩和同年龄组的平均成绩比较而得到的一个相对分数。同样的智商分数在不同的年龄水平上代表同样的相对位置。

(五) 皮亚杰 (J. Piaget) 与认知发展测验

瑞士心理学家皮亚杰认为，从婴儿期到青年期，智力发展可分为感觉运动期 (0~2 岁)、前运算期 (2~7 岁)、具体运算期 (7~11 岁)、形式运算期 (11 岁以上)，故智力不仅有量的变化，还应当有质的变化。这一观点批判了传统的智力测验只考察量变忽略质变，无疑是一种新的贡献。但目前，采用认知发展理论编制的测验仍不多，比较有代表性的有：普通心理发展量表 (Ordinal Scales of Psychological Development)，皮亚杰任务成套测验 (Piaget Task Kits)，成套守恒概念评估 (Concept Assessment Kit Conservation)，为精神病患者设计的皮亚杰式任务的测量工具——认知诊断成套测验 (Cognitive Diagnostic Battery)。

(六) 斯腾伯格与智力三元论

美国心理学家斯腾伯格对上述传统智力理论提出挑战。他采用了认知心理学的思想，认为个体智力上的差异是由于其对刺激情境的信息处理方式不同导致的。斯腾伯格主张，人类智力是相互连接的三边关系组合的智力统合体，各边可视为智力的三种成分，各边长度因人而异，从而形成智力的个别差异，三种智力成分为：

①组合性智力：个体在问题情境中，运用知识分析资料，经思考、判断、推理达到问题解决的能力；

②经验性智力：个体运用既有经验处理新问题时，统合不同观念而形成的顿悟或创造力；

③实用性智力：个体在日常生活中，运用学得的知识经验处理日常事务的能力。

传统的智力测验测量的只是组合性智力，为适应新的智力理论，新的智力测验正在探索中。

第二节　个别与团体智力测验

智力测验可分为团体智力测验和个别智力测验两类。团体智力测验在同一时间内测验许多被试，省时、经济，但结果不如个别测验准确可靠；个别智力测验在一定时间内只能测量一个被试，其优点在于测量形式多样，手段精密，反馈及时，但与团体测验相比，较费时费力，不适于大规模测试。

目前，在我国较为流行的个别智力测验是比奈量表和韦氏量表，所以本节对这两个测验加以重点介绍。

一、比奈量表

比奈—西蒙量表自 1905 年问世后，相继发展了许多版本，其中 1916 年版的斯坦福—比奈智力量表最负盛名，这在前文已有介绍。该量表在 1937、1972、1986 年先后作过几次修订，不断完善，成为世界上广泛应用的智力测验工具。

我国心理学家陆志韦于1924年第一次修订了斯坦福—比奈量表，称做《中国比奈—西蒙智力测验》。1936年陆志韦与助手吴天敏对此测验作了再次修订。

1981年，吴天敏对该量表作了第三次修订，称做《中国比奈测验》，对1936年版本增删了部分项目，测试对象扩大为2～18岁，每岁3个项目，共51个项目（见表6-2）。在结果解释上，采用了将个人成绩和同年龄组平均成绩相比较的离差智商。

表6-2　中国比奈测验内容

1. 比圆形	18. 找寻数目*	35. 方形分析（二）
2. 说出物名	19. 找寻图样	36. 记故事
3. 比长短线	20. 对比	37. 说出共同点
4. 拼长方形	21. 造语句	38. 语句重组（一）*
5. 辨别图形	22. 正确答案	39. 倒背数目
6. 数纽扣十三个	23. 对答问句	40. 说反义词
7. 问手指数	24. 描画图样	41. 拼字
8. 上午和下午	25. 剪纸	42. 评判语句*
9. 简单迷津	26. 指出谬误	43. 数立方体
10. 解说图物	27. 数学巧术*	44. 几何形分析
11. 找寻失物*	28. 方形分析（一）*	45. 说明含义
12. 倒数二十至一	29. 心算（三）*	46. 填数
13. 心算（一）	30. 迷津	47. 语句重组（二）
14. 说反义词	31. 时间计算	48. 核正错数
15. 推断结果	32. 填字	49. 解释成语
16. 指出缺点	33. 盒子计算	50. 明确对比关系
17. 心算（二）	34. 对比关系*	51. 区别词义

《中国比奈测验》是一个标准化的智力测验，对主试须知、施测必备、施测方法、具体的记分方法及各年龄开始测验的项目、结束项目、IQ 表查法、年龄计算方法都作了具体的规定，在使用时，必须严格遵循。

施测时应当首先计算被试的实足年龄，然后根据实足年龄从测验指导书附表中查寻开始的题目（例如，实足年龄为 10 岁，就应当直接从 18 题开始），并严格遵守指导书的记分标准记分。答对 1 题得 1 分，连续 5 题未通过即停止。计算测验总分时，除了累加答对的题目分外，还要补加一定的分数（例如对于 10 岁的儿童，就应当加上 18 题以前的 17 分）。最后，根据实足年龄和总分，从智商表中查出相应的智商分数。

此外，吴天敏又根据临床的实际需要，编制了《中国比奈测验简编》，由 8 个题目组成，皆选自《中国比奈测验第三次修订本》（见表 6-2 中带 * 号题目）。

中国比奈测验使用简便，易于操作学习。但该测验不能具体地诊断出儿童智力发展的各个方面，这是我们在使用中应当注意的。

二、韦氏量表

比奈量表的适用对象是儿童和青少年，对成人智力的测量不令人满意。从 1934 年开始，韦克斯勒致力于智力测验的编制研究。1939 年，他首先编成测试成人的智力量表，即韦克斯勒—贝勒维智力量表（W-BI），1942 年编成第二个韦克斯勒—贝勒维量表（W-BⅡ），也称韦氏军队量表，主要测量 10～60 岁的个体。他 1949 年又编制出韦氏儿童智力量表（Wechsler Intelligence Scale for Children,简称 WISC），适用于 6～16 岁儿童。该量表是当今世界上应用最广的儿童智力量表。1955 年，韦氏将 W-BI 修订为韦氏成人智力量表（Wechsler Adult Intelligence Scale,简称 WAIS），适用于 16～74 岁的成人。他又编制了韦氏学龄前和学龄初期儿童智力量表

(Wechsler Preschool and Primary Scale of Intelligence,简称 WPPSI)，适用于 4~6.5 岁的幼儿，1974 年，韦氏发表了韦氏儿童智力量表修订本 (WISC-R)，1981 年，又发表了韦氏成人智力量表修订本 (WAIS-R)。

韦克斯勒曾受教于斯皮尔曼 (C. E. Spearman) 和皮尔逊的门下，受“G”因素理论的影响，他所编的智力量表属于一般能力测验，形式也大多取自前人的测验。他认为智力是多种能力的综合，他的测验可以反映智力的各个方面。此外，他不是采用年龄量表分类，而是将测同种能力的项目综合在一起，按难易排列。韦氏智力量表的另一个特点是采用离差智商的计算方法，这在前文已有过介绍。

(一) 韦氏成人智力量表

韦氏认为，智力是个人有目的地行动、理智地思考以及有效地应付环境的整体的或综合的能力。基于这一定义，他设计了 11 个分测验，综合考查智力的各个方面。

韦氏成人智力量表修订本包括言语量表和操作量表两个部分。如表 6-3 所示，11 个分测验中，常识、数字广度、词汇、算术、理解、类同 6 个分测验构成言语量表，填图、图片排列、积木图案、物体拼凑、数字符号 5 个分测验构成操作量表。言语量表和操作量表交替进行。每个分测验的原始分多少不一，有的最高为 90 分，有的最高只有 18 分，需要转化为标准分数才能比较。在韦氏成人智力量表中，所有的分测验都转化为平均数为 10、标准差为 3 的标准分数 (又叫量表分)。此外，11 个分测验量表分数可合并成言语分、操作分和全量表分。

表 6-3　WAIS-R、WISC-R 和 WPPSI 各分测验实施顺序

WAIS–R	WISC–R	WPPSI
1. 常识（V）	1. 常识（V）	1. 常识（V）
2. 填图（P）	2. 填图（P）	2. 动物房（P）
3. 数字广度（V）	3. 类同（V）	动物房复本（P）
4. 图片排列（P）	4. 图片排列（P）	3. 词汇（V）
5. 词汇（V）	5. 算术（V）	4. 填图（P）

续表

6. 积木图案（P）	6. 积木图案（P）	5. 算术（V）
7. 算术（V）	7. 词汇（V）	6. 迷津（P）
8. 物体拼凑（P）	8. 物体拼凑（P）	7. 几何图形（P）
9. 理解（V）	9. 理解（V）	8. 类同（V）
10. 数字符号（P）	10. 译码（P）	9. 积木图案（P）
11. 类同（V）	*数字广度（V）	10. 理解（V）
	*迷津（P）	*句子（V）

注：带 * 者为备用测验

(P) 属于操作量表

(V) 属于言语量表

查相应年龄的 IQ 表，便可得到三个智力商数：言语智商 (VIQ)、操作智商 (PIQ) 和全量表智商 (FIQ)，它们均是以 100 为平均数、15 为标准差的离差智商。下面对各分测验的主要内容作简要介绍 (题号代表施测顺序)。

言语量表

1. 常识

包括 29 个涉及广泛知识的题目，要求被试用几句话或几个数字回答，问题由易到难排列。这些常识问题是普通成人能够在一般文化背景和日常生活中遇到的，尽量避免特殊的或专业性较强的知识。韦克斯勒认为，智商越高的人，兴趣越广泛，好奇心越强，所获得知识就越多。故常识反映了被试知识的广度、一般学习能力，并可以此评价被试的文化背景。常识测量易与被试建立关系，不易引起被试紧张和厌恶，通常将此测验作为第一个分测验。常识测验的缺点是易受文化背景和被试熟悉程度的影响，因此在我国的修订版或跨文化研究智力时，要对该部分题目作较大改动。题目的形式举例如下：“埃及在哪一洲？”“一年有多少个月？”

3. 数字广度

包括顺背和倒背两部分。顺背时从 3 位数字开始，主试以每秒

1个数字的速度念出数字，要求被试按顺序重复。每种位数有一试和二试。如两试皆未通过或能正确复述9位数时（即全部顺背成功），便结束顺背。倒背则要求在主试念出顺序后，由被试倒背出来（例如主试念2，4，则被试的回答应为4，2）。倒背从2位数开始，直至8位数，如连续不能在同一位数的两试中倒背成功或所有8位数皆倒背成功，即停止该测验。数字广度总分为顺背和倒背分数总和，该分测验主要用来测量短时记忆能力和注意力。临床表明，数字广度测验对智力较低者测的是短时记忆能力，但对智力高者实际测量的是注意力，且得分未必会高。同时，违拗症和脑功能障碍的病人一般得分较低，顺背不超过5位数字，倒背不超过3位数字。

该测验简便易行，但其可靠性较低，受偶然因素影响较大，对智力的G因素负荷不太高。

5. 词汇

将35个难度逐渐加大的词，以文字形式呈现给被试，要求被试说出每个词的意思。该量表考查言语理解能力，与抽象概括能力有关，能在一定程度上指出被试的知识范围和文化背景。研究表明，它是测量智力G因素的最佳指标，可靠性很高。但其记分较麻烦，评分标准难掌握，实施时间也较长。

7. 算术

包括14个小学程度的算术文字题，由易到难排列，主试口头提问，被试心算并口头回答。该测验主要测量顺序推理能力、计算和解决问题的能力以及集中思想的能力。该能力随年龄而发展，故能考查智力的发展。该测验测试简便，但易导致被试紧张。

9. 理解

包括16个按难易程度排列的问题，要求被试说明在某种情形下的最佳活动方式，为什么要遵守社会规则以及解释常用成语。例如，“为什么要交税？”“过河拆桥比喻什么？”该测验主要考查普通常识、判断能力、运用实际知识解决问题的能力、对伦理道德和价值观念的理解能力。该测验对智力的G因素负荷较大，与常识测验相比，受文化教育影响小，但记分难以掌握。

11. 类同

包括14对名词，要求被试说出每对事物的相同点。例如："高兴和悲伤有何相似之处?"主要测量逻辑思维能力、抽象概括能力、分析能力，是智力G因素的很好测量指标。

操作量表

2. 填图

包括20张图片，每张图片皆有意缺少某些部分，让被试指出图中缺失的部分。该测验主要考查视觉记忆、视觉辨认能力以及区分主要特征与不重要细节的能力。填图测验有趣味性，能测量智力的G因素，具有临床意义。但它易受个人经验、性别、生长环境的影响。

4. 图片排列

包括10组图片，每组画面均有一定的情节，以打乱的顺序呈现给被试，要求被试按适当顺序重新排列，组成一个有意义的故事。图片排列可以测量被试的知觉组织能力、分析综合的能力，以及观察因果关系、社会计划性、预期力和幽默感等方面的特征。它也可测量智力的G因素，可作为跨文化的测验。但此测验易受视觉敏锐性的影响。

6. 积木图案

主试呈现9张红白相间的几何图案卡片，让被试用提供的9块积木拼成卡片中的图案。这9块积木完全相同（皆为长、宽、高各1英寸[①]的立方体），每块各面分别涂有红、白及半红半白的颜色，积木图案测验考查分析综合能力、知觉组织以及视觉—运动综合协调能力，被认为是最好的个别操作测验。该测验对于诊断知觉障碍、分心、老年衰退具有很高的效度，操作有趣味性，易评分。缺

① 1英寸=2.54厘米

点是手指技巧会影响测验分数。

8. 物体拼凑

要求被试把一套切割成几块的零散拼板，组合成一个熟悉物体的完整画面，例如人或汽车。总共4套拼板。主要考查概括思维能力与知觉组织能力、辨别部分与整体关系的能力。该测验与其他分测验相关低，具有临床意义，可了解被试的知觉类型，但施测比较费时。

10. 数字符号

让被试依据事先提供的数字—符号关系，在给出的数字下面填写相对应的符号。属于速度性测验，有时间限制，主要考查被试的一般学习能力、知觉辨别速度和灵活性、简单感觉运动的持久力、建立新联系的能力和反应速度等。该测验与工种、性别、性格和个人缺陷有关，不能很好地测量智力的G因素，但具有记分快、不受文化影响的特点。

韦氏成人智力量表修订本在国际上应用广泛，是一个标准化水平较高的测验。它对施测及记分程序都有十分详细的说明，需要受过专门训练的人员施测。WAIS-R的标准化常模由1 880人组成。男女各半，分布在16~17、18~19、20~24、25~34、35~44、45~54、55~64、65~69、70~74岁9个年龄组，各年龄组根据性别、地域、教育水平等分层取样。

WAIS-R的信度是按年龄组计算的，除数字广度和数字符号采用复本信度外，所有分测验皆采用分半信度并用斯皮尔曼-布朗公式作了校正。全量表智商的信度在各年龄水平分布为0.96~0.98，言语智商信度为0.95~0.97，操作智商信度为0.88~0.94。

WAIS-R与斯坦福—比奈量表的相关达到0.80以上。

对WAIS的因素分析表明，在测量分数总变异中，有50%的变异源于G因素。另外，还有三个群因素：在词汇、常识、类同测验中发现了言语理解因素，在积木、拼图测验中发现了知觉组织因素，在算术和数字广度测验中发现了记忆因素。

80 年代初，湖南医学院龚耀先先生主持了韦氏成人智力量表中国版的修订工作，于 1982 年发表了修订韦氏成人智力量表，简写为 WAIS-RC (Wechsler Adult Intelligence Scale-Revised in China)。该修订本对不适合我国文化背景的项目加以改动，对适合项目加以保留，项目顺序则根据中国样本测验结果作了改动，具体见表 6-4。WAIS-RC 的最大变动在于根据我国的国情，即城市和农村在文化教育方面差异很大的特点，分别建立了农村和城市两套常模。WAIS-RC 在项目内容和记分标准上皆与 WAIS 相同，只是题目顺序、计算量表分和计算智商的标准不同，在测验手册中提供了信度和效度资料。

表 6-4　韦氏成人智力量表各分测验项目变动情况

分测验	W-BI 项目数	WAIS 项目数（沿用 W-BI 项目数）	WAIS-R 项目数（沿用 WAIS 项目数）	WAIS-RC 项目数（沿用 WAIS 项目数）
常识	26	29（16）	29（20）	29（7）
理解	12	14（8）	16（12）	14（10）
算术	10	14（5）	14（12）**	14（14）***
类同	12	13（10）	14（10）**	13（11）
数字广度	7	7（7）	7（7）	10（7）*** 9（7）
词汇	42	40（0）	35（33）	40（0）
数字符号	67	90（67）	93（90）	90（90）
填图	15	21（11）	20（14）**	21（14）
积木图案*	9	10（7）	9（9）	10（10）
图片排列	7	8（6）	10（6）	8（3）
物体拼凑	3	4（3）	4（4）	4（4）

*W-BI 的积木有白、红、蓝、黄四色，WAIS 中只有红、白两色。

** 各有一项作了修改。

*** 数据相同，命题方式有修改。

(二) 韦氏儿童智力量表

韦氏儿童智力量表适用于 6~16 岁儿童。其编制原理和 WAIS 相同，只是在分测验上作了一些改变，具体见表 6-3。WISC-R 修订于 1974 年，包括 12 个分测验，其中 5 个言语测验和 5 个操作测验是必做的，此外还提供了数字广度测验和迷津测验 (属操作测验，测量知觉的速度和准确性) 作为备用测验。备用测验只在某一同类测验失效时使用，但迷津测验可替换译码 (相当于 WAIS-R 中的数字符号)，替换测验的分数不用于计算智商。

最初，WISC 测验的内容不完全适合于儿童，因此曾受到批评。此后，在 WISC-R 中，韦氏特别将成人取向的题目改为以儿童生活经验为取向的内容。例如，算术题中以“棒棒糖”代替“香烟”，在分测验图画中，增加女性与黑人出现的频率。为增加信度，许多分测验题数有所增加。此外，在施测过程和记分方式上有所改进。在解释分数时，测验手册为 6~16 的儿童按每四个月为一个年龄组分别提供了常模表。另外，与成人量表的不同之处在于，WISC-R 提供的量表分是在儿童自己所属的年龄组内进行转换的，而成人量表的量表分则是以全体被试的成绩为参照转化而来的。WISC-R 的量表分也是以 10 为平均数、3 为标准差的标准分，并可查出相应的以 100 为平均数、15 为标准差的言语智商、操作智商和全量表智商。

WISC-R 的信度采用 11 个年龄组。计算每个测验 (数字广度和译码除外) 的奇偶分半信度，言语、操作、全量表的平均分半信度分别为 0.94、0.90、0.96；而采用 3 个年龄组 (6.5~7.5、10.5~11.5、14.5~15.5 岁) 计算再测信度 (以 1 个月为间隔)，言语、操作、全量表的平均再测信度分别为 0.93、0.90、0.95。

WISC-R 的原始分数随年龄增加而增加，与学业效标的相关系数达到 0.50～0.60。言语量表和操作量表具有 0.67 的相关，这说明两者有共同之处，测量了智力的 G 因素。WISC-R 与 1972 年的斯坦福—比奈量表也有很高的相关，在各年龄组的平均相关系数为 0.73。

80 年代初，林传鼎和张厚粲先生对 WISC-R 作了修订，主要是修订了项目，使测题适合中国儿童特点。改动的题目尽可能与原题性质相似，难度相近。例如，将“一个镍币等于几便士”改为“一角钱有几分”。该修订本的标准化工作已完成。由于我国幅员广大，城乡差别悬殊，故取样只在大、中城市进行，因此，测验只适用于中等以上城市儿童。该修订本具有较高的信度和效度，在国内应用十分广泛。

(三) 韦氏学龄前和学龄初期儿童智力量表

韦氏学龄前和学龄初期儿童智力量表适合 4 岁到 6 岁半的儿童。它包括 11 个测验，但只用 10 个分测验来计算智商，其中 8 个分测验是 WISC 向低幼年龄的延伸和改编，另 3 个是新加的。具体的项目可见表 6-3。其中句子测验是记忆测验，类似成人及儿童测验中的数字广度测验，主试念完一句后，要求被试立即重复。作为备用测验，句子测验可取代任一言语分测验。句子测验还可作为补充测验，为儿童智力提供额外信息，此情形下不记分。动物房测验类似成人测验中的数字符号测验及儿童量表中的译码，由一块板子和数个圆柱体组成，给幼儿提供一标准参照样本，即画有狗、小鸡、鱼、猫的四种动物下各有一洞，插着不同颜色的圆柱体 (即动物房)，据此让儿童在板上画出的动物图下的洞中插入相应颜色的圆柱。几何图形测验是让儿童用彩色铅笔临摹 10 个简单几何图形。

WPPSI 的标准化样本为 1 200 名 4~6.5 岁幼儿，每半岁为一年龄组，同 WAIS 和 WISC 一样，也可提供全量表分、言语量表分、操作量表分及相应的总智商、言语智商和操作智商。

WPPSI 的言语量表、操作量表及总量表的分半信度是 0.87～

0.90、0.84～0.91、0.92～0.94。以 11 个星期为间隔的再测信度分别为 0.86、0.89、0.92。

研究表明，WPPSI 的言语、操作及全量表 IQ 与斯坦福—比奈量表的相关系数达到 0.76、0.56、0.75。因素分析证实了其具有结构效度，发现了言语及操作群素。

上海第六人民医院等单位曾将 WPPSI 加以修订并标准化，修订后的量表常模是从全国取样的 3 188 名 4～6.5 岁儿童，每三个月为一组制作了 11 个年龄组的量表分转换表。其分半信度、再测信度及主试间信度达到 0.67～0.95。与图片词汇测验和绘人测验的相关均为 0.60，说明具有一定的效度。

龚耀先对 WPPSI 作了某些改动，称为长沙—韦氏幼儿智力量表（C-WYCSI）。它的特点是适合儿童思维的直观形象性特点，具有趣味性，施测时间也较短。在项目上，将词汇测验改为图片词汇，类同测验改为图片概括，几何图形改为视觉分析，动物房改为动物下蛋，取消语句背诵测验，部分项目在数目、命题方式、记分方法上有所改变。图片词汇测验主要是由主试念刺激词，要求被试在四幅画中找出一张最能代表这个词义的画。图片概括测验则是给被试呈现一张图，让幼儿从其他三张图中找出属于描绘同类事物的最相似的图。动物下蛋测验是 WPPSI 中的动物房测验，动物房用彩色玻璃球代替，表示动物下的蛋，以此作匹配。视觉分析测验则要求被试找出与刺激图片完全一样的图形。C-WYCSI 有长沙常模及全国常模。

三、团体测验

团体测验题型便于施测和记分，可在短时间内同时测试许多人，因此应用十分广泛。

（一）陆军甲种和乙种测验（Army α and Army β Test）

陆军甲种测验是第一个团体智力测验。在第一次世界大战期间，需要迅速并有效地选拔士兵和军官，为了适应这种要求，美国心理学会主席耶克斯 (R. M. Yerks) 及桑代克等认为可用测验进行选拔，于是将推孟的学生欧提斯 (A. S. Otis) 尝试性编制的团体智力测验 (主要是将斯坦福—比奈量表改编成为纸笔测验) 运用于军队，称做陆军甲种测验。此后又编制了适用于母语为非英语及文盲的陆军乙种测验，这两个测验对于战争的贡献是不可估量的。

陆军甲种测验主要包括 8 个分测验，即指使测验、算术测验、常识测验、异同测验、语句重组并辨真假测验、填数测验、类比测验、句子填空测验。陆军乙种测验包括迷津、立方体分析、补足数列、数目符号、数字校对、图画补缺和几何形分析 7 个分测验。

陆军甲种和乙种测验目前已不常用。现在美国军队采用军人资格测验 (Armed Forces Qualification Test,简称 AFQT) 选拔军人及分兵种。

(二) 多水平团体智力测验

多水平团体智力测验是依据不同年龄的智力水平编制的，主要用于学校，包括初级水平、中学水平和大学水平。在美国，常见的测验有欧提斯测验 (Otis Tests)、库尔门测验 (Kuhlmann Tests)、汉蒙—耐尔逊心理年龄测验 (Henmon-Nelson Tests)，用于大学招生的学能测验 (SAT)、中学和大学能力测验 (SCAT) 等，主要测量的也是智力的 G 因素。

第三节　非言语智力测验

以文字作为测试材料或口头回答的言语智力测验，对于文盲或有言语障碍 (如聋哑或不同民族) 的被试不适用，于是专家们设计了多种以图形作为测试材料或要求被试用手操作物体 (或画图) 来反应的测验。这种非言语测验有些只能个别施测，有些则可以集体施测。前面讲到的韦氏量表中的操作测验以及陆军乙种测验均属非言语智力测验。除此之外，还有些全部为非语言材料的测验，因其影响很大，应用很广，有单独加以介绍的必要。

一、希-内学习能力测验

希斯基—内布拉斯加学习能力测验 (Hiskey-Nebraska Test of Learning Aptitude，简称 H-NTLA)，是美国内布拉斯加州立大学教授马歇尔·希斯基 (Marshall Hiskey) 于 1941 年编制的，主要适用对象是聋哑儿童，在 1955 年，又发表了听力正常儿童的标准化量表。

在该测验发表以前，许多研究证实：所有为听力正常人群设计的标准化量表都不适用于聋哑儿童，不仅施测不适合，其常模解释也统统会低估聋哑儿童的智力，在迫切需要一种测试聋哑儿童智力方法的背景之下，希—内学习能力测验应运而生，它有以下主要特点。

在测验内容及项目上，不同于一般的智力测验。它的项目包括以下 12 个分测验：①穿珠 (要求被试完成随意穿珠子、参照模式穿珠子、记忆模式穿珠子三种任务)；②记颜色 (要求被试选择出与主试所拿颜色相同的颜色条)；③辨认图画 (要求被试找出与主试所示图画一样的图画)；④看图联想 (要求被试找出与主试所示图画相匹配的图片)；⑤折纸 (要求被试仿照主试折纸)；⑥短期视觉记忆 (要求被试凭记忆从一系列图画中找出与刚出示过的图片一样的图画)；⑦摆方木 (要求被试用方木摆成与模型一样的图案)；⑧完成图画 (要求被试画出图片中缺少的部分)；⑨记数字 (要求被试摆出与刚才呈现出的数字系列一样的系列)；⑩迷方 (要求被试用有色方木摆成样板木块样)；⑪图画类同 (找出与主试出示图画类同的图画)；⑫空间推理 (要求被试找出能组合成目标图案的一组几何图形)。这些测验项目的共同特点是不要求被试用言语或文字回答，全部采用操作的方式，但其所测量的依然是智力的 G 因素。

在测验操作上，增添了适合于聋哑儿童的手势语，并对施测方法有详细的说明。

在分数解释上，主要采用学习年龄这一概念评价聋哑儿童的能力，对正常儿童用智力年龄这一概念，这是为了避免有人将丧失听力儿童的结果与正常儿童的结果相比较。学习年龄 5 岁应理解为：该聋哑儿童具有同 5 岁聋哑儿童相同的能力。

学习年龄和智力年龄是通过查常模表用求中位数的方法得到的。与智商相对应，对聋哑儿童采用学习商这一概念。

学习商（LQ）=学习年龄（LA）/实际年龄（CA）×100

另外，为方便不同年龄组比较，对听力正常儿童，还建立了离差智商的转换表。

希-内学习能力测验适用于 3～16 岁的聋哑儿童，约 45～50 分钟可完成。它的分半信度在各年龄组达到 0.9 以上，与斯坦福—比奈及韦氏的相关也很大。希-内学习能力测验在中国有修订本，是由山西省妇幼保健院和山西医学院从澳大利亚引进的，北京师范大学心理系和中国聋儿康复研究中心分别参与了正常儿童与聋哑儿童常模的制订。

二、画人测验

画人测验是一种测量儿童智力的方法。它施测方便，也容易引起儿童的兴趣，因此使用广泛。画人测验最初是由美国明尼苏达大学的古德纳芙（F. L. Goodenough）于 1926 年编制的，1963 年哈里斯（F. L. Harris）对其进行了修订，并发表了现在广泛使用的古德纳芙—哈里斯画人测验（Goodenough-Harris Drawing Test）。画人测验适用于 4～13 岁的儿童，主要任务是让儿童在一张白纸上画一个人的全身（无论男、女），在记分上不考虑儿童的艺术才华，只根据所画的体形生理特点完整、恰当与否以及服饰细节等评分，因此，具有一定的文化公平性。

画人测验的最初意图是用图画代表儿童的言语表现，了解儿童认识水平和适应能力。后来许多研究发现，画人测验与推理、空间能力和知识的相关高，能有效测量儿童智能成熟程度及多种能力。但该测验在评分上较为主观，对于不会绘画及绘画水平很高的儿童都不太适用，因此，在使用时应当慎重。以下是画人测验的记录纸，如表6-5。

表 6-5　画人测验记录纸

		满分	得分
	1. 头	3	
	2. 眼	5	
	3. 躯干	4	
	4. 下肢	3	
	5. 口	1	
	6. 上肢	3	
	7. 头发	2	
	8. 鼻	2	
	9. 连结	3	
	10. 衣着	5	
	11. 颈	2	
	12. 手	5	
	13. 耳	2	
	14. 足	2	
	15. 脸	4	
	16. 画线	2	
	17. 侧位	2	
	总　计	50	
	IQ		

（引自画人测验）

三、瑞文标准推理测验

瑞文标准推理测验 (Raven’s Standard Progressive Matrices，简称 SPM)，是由英国心理学家瑞文 (J. C. Raven) 1938 年编制的非言语智力测验。它的主要任务是要求被试根据一个大图形中的符号或图案的规律，将某个适当的图形填入大图形的空缺中，如下图所示：

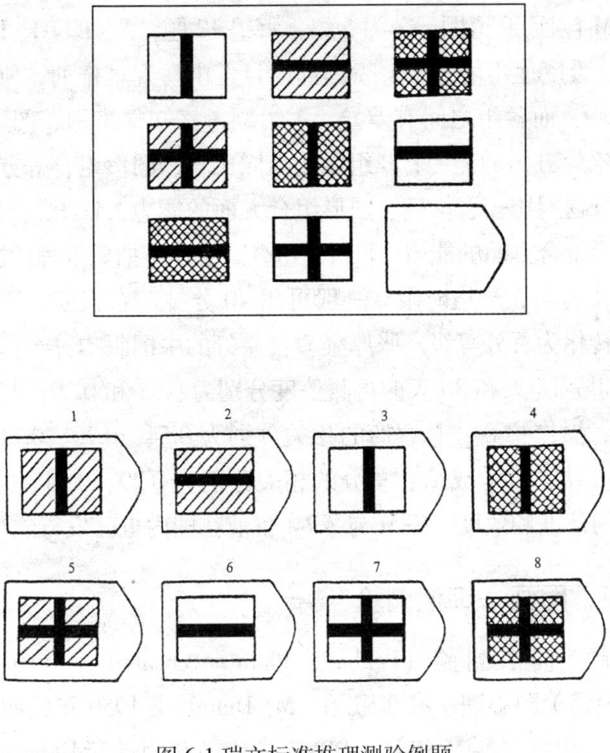

图 6-1 瑞文标准推理测验例题

(选自瑞文标准推理测验题本)

瑞文标准推理测验测量的是智力的 G 因素，尤其与人的问题解决、清晰知觉、思维，发现和利用自己所需信息以及有效地适应社会生活的能力有关。它的优点在于适用的年龄范围宽，测验对象不受文化、种族和语言的限制，可个别施测也可团体施测，因此被广泛使用。

瑞文测验曾于1947、1956年分别修订，并拥有两种类型，1938型适用于8岁到成人被试，有5个黑白系列。1947型为儿童彩色渐进测验（Raven´s Color Progressive Matrices，简称CPM），有3个系列。此外，还有适用于高智力水平者的高级推理测验（Raven´s Advanced Progrssive Matrices，简称APM）。

SPM包括60道题，分为5组，每组12题，A、B、C、D、E这5组题目难度逐步增加，每组内部题目也由易到难排列，所用解题思路一致，而各组之间有差异。A组题考察知觉辨别、图形比较、图形想象等方面的能力；B组题测类同比较、图形组合等方面的能力；C组题测比较、推理、图形组合方面的能力；D组题测系列关系、图形组合方面的能力；E组测组合、互换等抽象推理的能力。

SPM施测无严格时限，一般可用40分钟左右完成，答对题目的总分转化为百分等级。张厚粲教授修订的中国版本分半信度达到0.95，间隔15天和30天的再测信度分别为0.82和0.79；与韦氏言语智商、操作智商、总智商的相关分别为0.54、0.70、0.71；与高考语文成绩、数学成绩、总分的相关分别为0.29、0.54、0.45，具有一定的信度和效度。CPM与APM目前在国内也已发行。

四、图画—词汇测验

图画—词汇测验（Peabody Picture Vocabulary Test，简称PPVT），是美国心理学家邓恩（L. M. Dunn）于1959年编制的，并于1965、1981年两次修订。PPVT是美国智力落后协会（AAMD）常用的方法，它适用于2岁半到成年的被试。材料为175张画片，每张画片上4幅图形。主试按难易程度呈现每张画片，并说出1个词汇，要求被试从这4幅图形中找出最适合该词的图形。答对得1

分，得分总和可转换为智龄、智商和百分位数。邓恩认为，该方法可通过听觉理解来测试言语智能，不需要言语反应，故适合有言语障碍（如失语、口吃及胆怯孤僻者）、阅读困难、智力落后的被试。测试只需10~20分钟，非常简便。

在我国，中科院心理所及上海新华儿童医院都曾对该测验作过修订。此外，该测验也可用于团体测试，方法为用幻灯显示图片，要求被试用纸笔作答。图6-2为图画—词汇测验的样例。

图6-2　图画—词汇测验例题

（选自宋维真《心理测验》，130页）

五、文化公平智力测验

文化公平智力测验（Culture Fair Intelligence Test）是美国心理学家R.B.卡特尔和A.K.卡特尔于1949年编制的。测验编制的理论基础是R.B.卡特尔关于液态智力和晶态智力的区分，目的是把个体的一般能力从学习教育和社会背景中分离出来，排除文化影响，测量G因素的最稳定、最核心的成分。

该测验包括3个不同水平的量表，每个量表又有A、B两个复本，量表1适用于4~8岁儿童和智力落后的成人；量表2适用于8~14岁儿童和中等智力水平的成人；量表3适用于大学生、政府官员和其他高于平均智力水平的被试。每个量表包括系列推理、类同概括、方阵推理、定性分析4个分测验。全部为图形材料，主要测量被试从事物中发现联系和规律的能力，个别施测或团体施测均可。测得的原始分数可转换成百分等级，并据此对被试的智力水平作出评价。

1995年，郑日昌教授对文化公平智力测验量表2进行了修订，效度、信度指标符合心理测量学要求，说明该测验在中国使用是可靠的、有效的。

图6-3是文化公平智力测验量表2的一个例题。

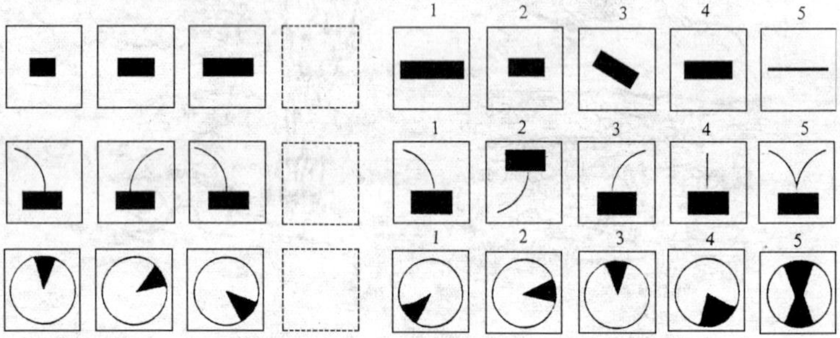

图6-3　文化公平智力测验例题
(选自文化公平智力测验题本)

第四节　婴幼儿智能测验

婴幼儿智能测验主要是对0~6岁儿童的心理发育和行为发展水平作评定，涉及动作、感知觉、语言、适应行为、社交行为等方面的评定。近几十年来，婴幼儿测验发展很快，但因其所测量的并不限于智力，所以将此类测验单列一节。

一、格塞尔发展量表 (Gesell Developmental Schedules)

美国心理学家格塞尔 (A. Gesell) 是婴幼儿量表的创始人。他认为，婴幼儿随着神经系统不断成熟、分化，产生了相应的行为范型，即神经运动系统对一个特定的情境产生行为反应，这种行为范型随着年龄的增长而成为一个有次序的行为系统。因此，正常的行为范型是成熟的指标。格塞尔观察成千个儿童，发现了正常婴幼儿各种行为范型出现的次序和年龄的规律。他认为，以正常行为范型为标准，对儿童进行客观的鉴定，可以揭露婴幼儿神经系统的缺陷，以便早期治疗。

基于这种诊断思想，格塞尔于 1940 年编制了婴幼儿发展量表。

(一) 量表结构

该量表主要诊断 4 个方面的能力：动作能、应物能、言语能、应人能。

动作能分为粗动作、细动作。粗动作如姿态的反应、头的平衡、坐立、爬走等能力；细动作如手指抓握能力，这些动作能构成了对婴幼儿成熟程度估计的起点。

应物能是对外界刺激物的分析和综合的能力，是运用过去经验解决新问题的能力，如对物体、环境的精细感觉。应物能是后期智力的前驱，是智慧潜力的主要基础。

言语能反映婴幼儿听、理解、表达言语的能力，其发展也具备一定的程序。

应人能是婴幼儿对现实社会文化的个人反应，反映其生活能力 (如大小便) 及与人交往的能力。

这 4 种能力对于每个时期的儿童都有相应的行为范型，正常儿童的行为表现在这 4 个方面应当是平行的、相互联系并彼此重叠的。

格塞尔对婴幼儿日常生活录像后，发现婴幼儿在 4 周、16 周、28 周、40 周、52 周、18 月、24 月、36 月时，行为上出现特殊的质的飞跃。这些新行为反映其生长发育抵达了新的阶段。格塞尔将这些阶段称为“枢纽龄”，并对每个枢纽龄的 4 种能力作了描述，确立了 63 个项目，以此作为检查的项目及诊断标准，从而建立 8 个分量表。表 6-6 是 12 周、16 周、20 周的量表。

(二) 诊断过程及方法

格塞尔发展量表根据婴幼儿的年龄对婴幼儿实施相应的诊断，具体项目参见 8 个分量表。一般对 4 周到 16 周婴幼儿从仰卧位开始，28 周以上婴幼儿可从坐式场面开始。需要注意的是，该发展量表需要完整的记录，如记录体格检查表、家长谈话 (与发展量表项目相对应)，在对儿童进行行为观察后，必须及时、详细地记录在婴幼儿智能检查表上。及格项目记为“+”，不及格记“-”，超过要求的记“++”或“+++”，没作出反应的项目记“?”，最后综合分析所有资料，评估智能。评估时不是将所有的“+”“-”相加求平均值，而是对 4 个行为区分别找出婴幼儿成熟水平由“+”号变为“-”号的交接点。例如，评定应人能为 24~28 周，意味着能力处于 24 周到 28 周这一成熟水平。格塞尔反对对婴幼儿计算智商，他认为应当分别对 4 个领域进行计算，从而得出 4 个方面的发展商数 (Developmental Quotient，简称 DQ)：

$$DQ=\frac{\text{测得的成熟年龄}}{\text{实际年龄}}\times 100$$

发展商数如低于 65~75，则表明有严重的落后，再如婴幼儿阶段应物能发展商数低于 85，表明机体存在损伤。可见，发展商数在临床上很有价值。

格塞尔发展量表在世界上享有盛名，是许多同类测验的效标。研究表明，对于格塞尔发展量表的项目标准，中国婴幼儿均能循序达到，可适用于中国儿童，但个别项目略有差异。

表 6-6　婴幼儿智能发育检查表

姓名　　　年龄　　　生日　　　检查日期　　　编号

12 周	16 周	20 周
	应物能	
悬环：呈在中央立刻注意到（*16 周） 悬环：移动悬环，两眼跟随 180° 摇荡鼓：握在手中，能晃眼看过 方木、杯：注意到，为时不长	悬环、摇荡鼓：能立刻注意到 悬环、摇荡鼓、方木、杯：两臂活动起来（*24 周） 悬环、摇荡鼓：握着、望着 悬环、摇荡鼓：送向口去 悬环：一手握环，另一手向中线活动起来（*28 周） 桌面：凝视着桌面或两手 方木、杯：两眼视线从手移到物件（*20 周） 小丸：反复地注意到	摇荡鼓、铃：两手试攫取（*28 周） 摇荡鼓、悬环：放得近时会用手拿起来（*24 周） 摇荡鼓：手中失掉了摇荡鼓时，两眼会追随 方木：手握一块，注意第二块 方木堆：手接触到方木时，会握住一块（*24 周）
	动作能　　（粗动作）	
仰卧：头转向半侧位（t-n-r）（＊16 周） 仰卧：头向中央，两侧姿势对称 坐：头前倾，头摇动不稳（*16 周） 立：自己支持体重，极微极暂 立：举起一足（*28 周） 伏卧：举头Ⅱ°稳定 伏卧：前臂撑起（＊20 周） 伏卧：髋部低下，两下肢屈曲（*40 周）	仰卧：头牢对着中央 仰卧：两侧姿势对称为主 仰卧：手握着手（*24 周） 坐：头、身前倾，头部稳定（*20 周） 伏卧：举头Ⅲ°稳定 伏卧：两腿伸直或半伸直（*40 周） 伏卧：几乎能翻身（*20 周）	拉坐：头不再向后垂 坐：头直稳定 伏卧：两臂伸直

续表

	（细动作）	
仰卧：两手放松或轻握拳 摇荡鼓：主动握着 杯：手触杯	悬环：留握 仰卧：玩弄手指，能抓，能抓牢（*24周）	伏卧或对着台面：抓垫面或台面（*28周） 方木：指端掌根握
	言语能	
发音：咕咕声（*36周） 发音：咯咯笑 社交：逗引时有表情并出声	表情：兴奋时深呼吸、屏气（*32周） 发音：大声笑	发音：尖声叫（*36周）
	应人能	
社交：逗引时有表情并出声 仰卧：牢望着主试 玩耍：注意到自己的手（*24周） 玩耍：拉自己的衣服（*24周）	社交：自动微笑迎人 社交：拉臂坐起时会发音或微笑（*24周） 哺喂：见食物懂得 玩耍：扶坐可达10~15分钟（*40周） 玩耍：两手合起来，玩弄手和手指（*24周） 玩耍：把自己的衣服拉到脸上来（*24周）	社交：望着镜中影儿微笑 哺喂：两手拍着奶瓶（*36周）

（选自宋杰等《小儿智能发育检查表》）

二、丹佛发展筛选测验（Denver Developmental Screening Test，简称DDST）

丹佛发展筛选测验是美国丹佛学者弗兰肯堡（W. K. Frankenburg）与多兹（J. B. Dodds）编制的，是目前美国托儿所、医疗保健机构对婴幼儿进行检查的常规测验。

DDST的检查对象为出生到6岁的婴幼儿，如其不能完成选择好的项目，便认为该婴幼儿可能有问题，应进一步进行其他的诊断性检查。必须注意的是 DDST 是筛选性测验，并非测定智商，对婴幼儿目前和将来的适应能力和智力高低无预言作用，只是筛选出可能的智商落后者。此外，DDST 只能得出儿童是否有问题的初步结论，但不能提示问题的性质和原因，因此不能代替诊断性评价或体格检查。它具有省时的特点，一般做一次 DDST 只需 20 分钟，而其他的诊断性检查 (如格塞尔量表) 需 30~60 分钟。

DDST 有 105 个项目，分别测查以下 4 种能力：应人能 (小儿对周围人们应答能力和料理自己生活的能力，细动作—应物能 (小儿看的能力，用手摘物和画图的能力)，言语能 (婴幼儿听和理解语言的能力)，粗动作能 (婴幼儿坐、行走和跳跃的能力)。

在用 DDST 检测时，应当严格遵守测验指导书的要求，在完全熟练后才能施测。DDST 中有许多技术性的问题，与一般的智力测验是不同的，例如在算出实足年龄后还应考察早产与否的影响。DDST 检测可得到儿童是正常、异常、可疑、无法测定四种结论。对于异常、可疑及无法测定的需进一步复试，然后将有问题的儿童转送到专业人员处进行诊断、治疗。

DDST 具有可靠的信、效度资料，其再测的符合率达到 95.8%，评分者符合率达到 90%。DDST 与斯坦福—比奈量表有高达 0.73 的相关。DDST 在各国广泛使用。我国上海曾对 DDST 进行修订和标准化，将题目简化到只有 12 项，只需 5~7 分钟便可完成，具有实用意义。北京市儿童保健所也曾修订 DDST，完全保留了原 DDST 的项目 (只去掉一项"会用复数")，在保健系统应用广泛。

三、新生儿行为评定表 (Neonatal Behavioral Assessment Scale)

该量表 (简称 NBAS) 是美国著名小儿科大夫布雷泽尔顿 (T. B. Brazelton) 于 1973 年制订的，是目前适于年龄最小的婴儿使用的行为量表，从出生第一天到满月为止皆可使用，目的在于诊断和预测。

新生儿行为评定表有 27 个项目，分属 6 大类：①习惯化，指婴儿在同一刺激物（光或声）呈现多次以后，反应减弱；②朝向反应，指对有生命的刺激物（如人）和无生命的刺激物（如物）的朝向；③运动控制的成熟性；④易变特点，指从觉醒状态到深睡状态的变化、皮肤颜色的变化、活动水平的变化、兴奋达到最高点的变化以及变化是否比较容易等；⑤自我安静下来的能力；⑥社会行为，指微笑、接受拥抱时的反应等。这些项目按 9 等评分，中间等级为正常反应，两端皆偏离正常。该量表被认为是关于月子里婴儿行为的最常用量表。

四、贝利婴儿发展量表（Bayley Scales of Infant Development）

该量表（简称 BSID）是贝利（N. Bayley）于 1933 年发表的，1969 年再版，前身为加州 1 岁婴儿智力量表（California First Year Mental Scale)。它的适用年龄范围为 2～30 个月的婴幼儿，由于常模样本为分层取样，因此标准化程度好于其他幼儿智力测验。它包括三个分量表：智能量表，163 个项目，着重于适应性行为、语言、探究活动等；运动量表，81 个项目，着重大运动和精细动作的项目；婴儿行为记录，记录各月龄儿童的个性特征。贝利婴儿发展量表的成绩是用智能发展指数和心理活动发展指数，分别评定智能水平和运动水平，平均数为 100，标准差为 16。

贝利婴儿发展量表被认为是最好的婴儿测验，其信度和效度均较高。

第五节　创造力测验

对创造力的测量至今仍是心理测验中的一个难点。首先，对什么是创造力，至今仍无统一的定义。创造力的概念是在 19 世纪才开始使用的，最初是应用于艺术领域，创造者与艺术家是等同的。

直至20年代，“创造”一词才开始应用于整个文化领域，具有“新奇”的含义。创造力是人的高级能力，正是“创造”才有了今天的世界。一般认为，创造力是人们从事创造活动的能力，是以直观力、思维力、想象力为基础，产生改革旧事物所需要的灵感和创造性设想的能力，也是对已积累的知识和经验进行科学的加工改造，产生新知识、新思想、新概念、新成果和新产品的能力。这一定义仍停留于思辨阶段，而且范围过大。此外，在对创造力的研究方法上，主要集中于创造性活动的过程和特点上，采用分析天才人物传记、与天才人物交谈的方法。在对创造力的测量上，采用的是开放性测量题目，例如1896年，比奈曾最先编制无固定答案的题目，吉尔福德 (J. P. Guilford) 也用这种方法测查过创造力。开放性题目既说明了创造力与智力的不同之处，也预示着创造力测验在评分上的主观性及非标准性。此种状况至今仍无人突破。

创造力是以多种心理特质为基础的。它的智力因素有观察能力、记忆能力、思维能力 (吉尔福德研究表明，创造力的思维特点为发散思维，具有流畅性、变通性、独特性的特点。这在下文中将会有介绍。)、想象能力；非智力因素包括个人的兴趣、情绪、意志、性格及道德情操等。创造力不等同于智力，它与智力的关系如图6-4所示：

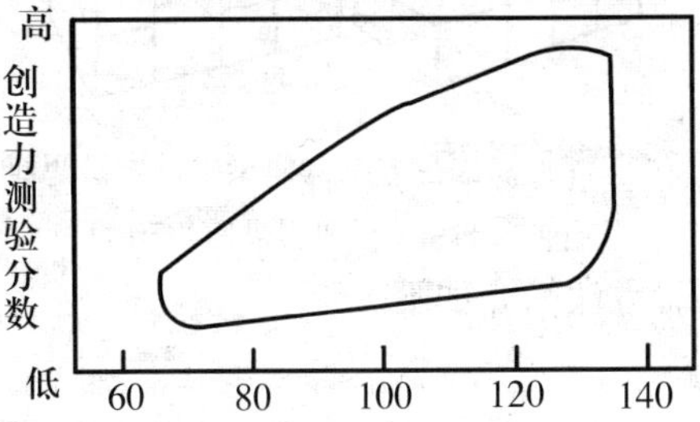

图6-4 智力与创造力的关系

(选自郑日昌《心理测量》，379页)

整个三角形表示智力与创造力之间的正相关趋势，智力低者，创造力必然低，而智力高者，并不意味着创造力很高，因此智力是创造力发展的必要条件而非充分条件。

以下介绍几种影响较大的创造力测验。

一、南加利福尼亚大学测验

南加利福尼亚大学测验又称吉尔福德智力结构测验，是吉尔福德及其同事在对智力结构的研究中发展起来的，主要测量发散思维。吉尔福德认为发散思维是思维向不同方向分散的能力，它不受给定事实的局限，使得个体在解决问题时能产生各种不同的解决问题的方法及思路。图 6-5 是智力结构模型中发散思维块的位置，它属于操作维度的部分，与内容、成果维度组成了一个个智力因素，图中的字母代表已有测验能进行测量的因素。

图 6-5　吉尔福德智力结构模型中的发散思维块

(选自郑日昌《心理测量》，370 页)

现将各个测验方法简介如下。

①词语流畅性 (DSU)：迅速写出包含某个字母的单词，例如："O" ——load,over,pot……

②观念流畅性 (DMU)：迅速列举属于某一种类事物的名称，例如"能燃烧的液体"——汽油、煤油、酒精……

③联想流畅性 (DMR)：列举近义词，如“艰苦”——艰难、困难、困苦……

符 号 意 义

操 作	内 容	成 果
D——发散思维		*U*——单元
	F——图形	*C*——类别
	S——符号	*R*——关系
	M——语义	*S*——体系
	B——行为	*T*——转换
		I——蕴涵

④表达流畅性 (DMS)：写出每个词都以特定字母开头的四词句，如“K、U、Y、I”——Keep up your interist，Kill unless yellow insects.……

⑤非常用途 (DMC)：列举出一个指定物体的各种可能的非同寻常的用途，如“报纸”——点火、包装箱子时作填充物……

⑥解释比喻 (DMS)：以几种不同方式完成包括比喻的句子，如“一个女人的美丽就像秋天，它——”，答案可能是“在还没来得及充分欣赏时就消逝了”……

⑦效用测验 (DMU)：尽可能多地列举每一件东西的用途。如，罐头盒——作花瓶，切饼……。根据回答总数记观念流畅性的分数，根据用途种类的变化记变通性的分数 (属于同一范畴的用途只能记一分)。

⑧故事命题 (DMU，DMT)：写出一个短故事情节的所有合适的标题。例如：“冬天快到了，商店新来的售货员忙着销售手套。但他忘记了手套应该配对出售，结果商店最后剩下 100 只左手的手套。”答案可能有：只有左手的人，新职员，100 只手套……。可根据标题总数 (思想流畅性) 及有创见的标题数目 (独创性) 进

行记分。

⑨推断结果（DMO，DMT）：列举一个假设事件的不同结果。如，“假如人们不需要睡眠会产生什么结果？”答案可能是：干更多的活，不再需要闹钟……。记分方式同故事命题的记分方式。

⑩职业象征（DMI）：列举一个给定的物体或符号所象征的职业，如“灯泡”，可以是电气工程师、灯泡制造商……

⑪组成对象（DFS）：利用一套简单的图案，如圆形、三角形等，画出几个指定的物体，任一图案都可重复或改变大小，但不能增加其他任何图形，如图 6-6 所示。

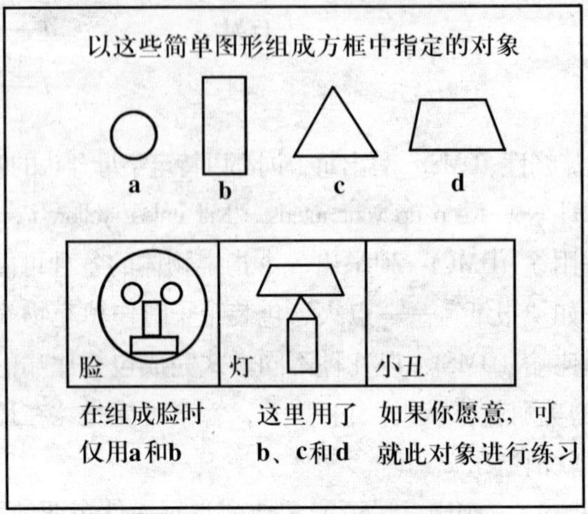

图 6-6　组成对象测验示范项目
（选自郑日昌《心理测量》，372 页）

⑫绘图（DFU）：要求将一简单图形复杂化，给出尽可能多的可辨认物体的草图。

⑬火柴问题（DFI）：移动特定数目的火柴，保留特定数目的正方形或三角形。如图 6-7 所示。

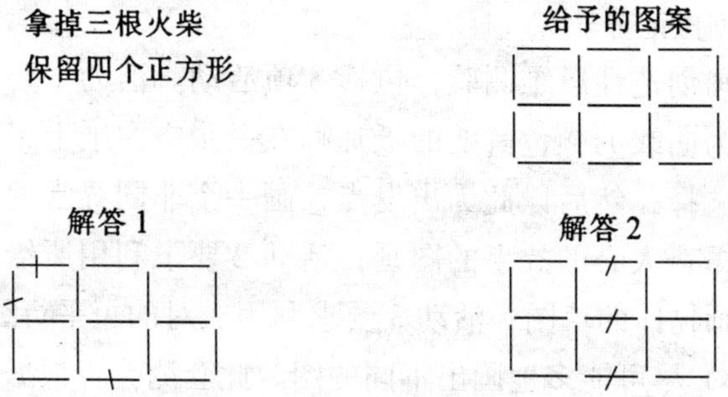

图 6-7　火柴问题部分示范项目
(选自郑日昌《心理测量》，373 页)

⑭装饰 (DFI)：以尽可能多的不同设计修饰一般物体的轮廓图。

以上 14 个测验中，10 个需要言语反应，4 个使用图形内容，皆考察发散思维，适用于初中文化水平以上的人，用百分位和标准分数进行分数解释，分半信度为 0.60～0.90。

二、托兰斯创造思维测验

该测验是由美国前明尼苏达大学教育心理系系主任托兰斯 (E. P. Torrance) 在教育情境中发展起来的，与南加利福尼亚大学测验在方法上类似，主要考察流畅性、灵活性、独创性、精确性这几个变量。

托兰斯创造思维测验包括 12 个分测验，称之为“活动”，以缓解被试紧张心理，它适合于幼儿园直至成人被试。主要有三套测验，每套皆有两个复本。

言语创造性思维测验：包括 7 项活动。头 3 项活动要求被试根据所呈现的图画，列举出他为了解该图而欲询问的问题、图中所描绘的行为可能的原因及该行为可能的后果；活动 4 要求被试对给定玩具提出改进意见；活动 5 要求被试说出普通物体的特殊用途；活动 6 要求对同一物体提出不寻常的问题；活动 7 要求被试推断一种不可能发生的事情一旦发生会出现什么后果。测验按流畅性、变通性及独创性记分。

图画创造性思维测验：包括 3 项活动。活动 1 要求被试把一个边缘为曲线的颜色鲜明的纸片贴在一张空白纸上，贴的部分由他自己选择，然后以此为出发点，画一个非同寻常的能说明一段有趣的振奋人心的故事的图画；活动 2 要求利用所给的少量不规则线条画物体的草图；活动 3 要求利用成对的短平行线（A 本）或圆（B 本）尽可能多地画出不同的图。此套测验皆根据基础图案绘图，可得到流畅性、灵活性、独创性和精确性四个分数。

声音词语创造性思维测验：这是后发展起来的测验，两个分测验均用录音磁带实施。第一个活动为音响想象，要求被试对熟悉及不熟悉的音响刺激作出想象；第二个活动为象声词想象，十个诸如“嘎吱嘎吱”等模仿自然声响的象声词展开想象。两个活动皆为言语性反应，对刺激作自由想象，并写出联想到的有关物体或活动。根据反应的罕见性，记独特性分数。

托兰斯测验的评分者信度为 0.80~0.90 之间，其复本及分半信度在 0.70~0.90 之间，没有可靠的效度证据。

以上两个测验是常用的创造力测验，它们多用于研究工作。此外，创造力测验至今仍停留于探索阶段，它与成就测验的相关很低，但它为了解创造力、训练创造力提供了方法和思路。

下面将常用的智能测验列在表 6–7 中，作为本章的小结。

表 6–7 常用智能测验

测验名称	测验的目的及适用范围
斯坦福—比奈智力量表	测 2~18 岁个体的智力
韦氏成人智力量表	适合 16~74 岁个体智力评估及各种智力方面的诊断
韦氏学龄前期及学龄初期智力量表	适合 4~6.5 岁个体智力及各智力方面的评估
韦氏儿童智力量表	适合 6~16 岁个体智力及各智力方面的评估
格塞尔发展量表	适合 4 周~3 岁婴幼儿在动作、应物、言语、应人四方面的发展评估
丹佛智能筛选测验	适合出生至 6 岁小儿的常规检查，无诊断功效，只用于筛选
新生儿行为评定表	适合出生至 1 个月婴儿行为的诊断及预测
贝利婴儿发展量表	适合 2~30 个月婴儿行为发展评估，是最好的婴儿测验
希-内学习能力测验	适合于 3~16 岁的聋哑及正常儿童的智力评估
图画词汇测验	适合有言语障碍、阅读困难、智力落后的个体
欧提斯测验	适合 1~12 年级一般心理能力的团体测验
学能测验	用于大学招生的学习能力测验
中学和大学能力测验	对初中、高中或大学水平的学习能力测试
画人测验	适用于 4~13 岁儿童的智力评估，是非言语的测验
瑞文标准推理测验	测查个体智力的普通因素，如推理能力等
文化公平智力测验	测查受文化影响较小的智力的普通因素
南加利福尼亚大学测验	测查发散思维能力
托兰斯创造思维测验	测查发散思维能力

第七章 人格测验

个体的差异不仅表现在能力上，还表现在人格上。在心理学中，人格是一个复杂而又重要的主题。从某种角度说，人格体现了心理学研究主体“人”的最综合的个体心理特征，因此，评价人格便成为心理学的一个重要研究方向。

本章对测量人格的主要方法及常用的人格测验作一简要介绍。

第一节 人格测验概述

一、人格的内涵

人格是一个抽象而笼统的概念。在现实生活中，我们常涉及人格问题，如“这个人怎么样”“他是一个怪人”……我们通常从个性方面或者从道德意义上评价某个人的人格。

在心理学中，人格的含义由于理论派别的不同而不同。广义的人格是个体所具有的能力、兴趣、态度、气质、性格及其他行为差异的混合体，这些方面的特征决定了个体整体行为的特征。在本书中，我们采用狭义的人格界定，即个性中除能力以外的部分，包括需要、动机、兴趣、态度、性格、气质、价值观、人际关系、情感等特质。

从上述可以看出，人格是一种个人特质与环境相互作用所产生的行为特征整体，人格具有整体性。此外，人格还具有动态性和稳定性。人格是动态变化的，一个人在不同时期、不同环境下会表现出不同的人格特征。然而，在发展和变化中，人格又具有相对的稳定性，否则人格测量便毫无意义。

二、人格测验的发展简史

人格测验的历史可以分为两个阶段。

(一) 人格测量的现象学时期

在我国历史和外国历史上，很早就开始了测量人格的尝试，如颅相学、面相学等。颅相学认为一个人的人格可以通过触摸其头骨来分析，某部位隆起就可确定他具有与该区域有关的性格；而面相学则通过观察人的面部特征来确定个人的性格及吉凶祸福。以上两种方法皆采用观察现象或外部特征的方法，强调先天作用，有宿命论的思想，现在已被摒弃了。

(二) 科学的人格测验时期

高尔顿于1884年提出：构成我们行为的品格，是一种明确的东西，所以应该加以测量。他尝试通过记录心跳和脉搏的变化来测量情绪，通过观察社会情境中人们的活动来评估人的性情、脾气等人格特征。这一切标志着科学地评估性格的开始。克瑞普林 (E. Kraepelin) 则是人格测验的先驱，他最早将自由联想测验用于临床，现在这已成为广泛使用的一种技术。近几年来，经过心理学家的努力，已发展了许多科学地评估人格的技术，并发表了具备优良特性的人格测验，如明尼苏达多相人格问卷、卡特尔16种人格因素问卷、罗夏墨迹测验等等，为评价人格提供了科学工具。

三、人格测验的编制方法

人格测验的编制正走向科学化，常用的设计方法有四种。

(一) 合理建构法

该方法要求在某种人格理论指导下确定所要探讨的个性特征的

结构并据此编制测验，故又称推理法。用这种方法编制问卷时，题目选择必须使其内容能测量要测的人格特征，内容效度是十分重要的。例如，爱德华个性偏好量表（EPPS）就是根据莫瑞（H. A. Murry）提出的15种需要，选择了一套内容上反映这些需要的题目，组成了15个分量表，测验成就、顺从、秩序、表现、自主、亲密、省察、求助、支配、谦逊、助人、变通、坚毅、性爱、攻击这15种需要。此外，詹金斯活动性调查表（JAS）也是用这种方法编制的。

合理建构法对理论的科学性和系统性要求很高，这往往不容易保证。同时，由于依据内容本身取舍题目，因此会导致测验项目与测验目的联系太明显，即题目表面效度过高，这会影响测验的有效性。

（二）经验标准法

用这种方法编制测验不是从某种理论出发，而是完全依据经验来选择题目。具体做法是，首先抽取已被公认为不同类型的几组被试，并以此为经验效标，对被试施测编好的大批题目，选出那些能把不同类型被试区分开的题目组成人格测验。著名的明尼苏达多相人格问卷（MMPI）就是采用经验法编制的。它将大量题目施测于效标组（即临床上已诊断为各种心理异常的被试）和控制组（正常的被试），比较两组被试对每题的反应，凡是能区别出效标组和控制组的题目则保留下来，构成问卷。MMPI在下文中还将做详细介绍。

这种方法编制人格测验自由度大，不受理论限制。由于是根据经验效标选择题目，因此其实证效度较好。这种方法的困难之处在于难以找到各种典型的被试样本。

（三）因素分析法

采用这种方法编制测验是依据因素分析的统计结果来选取题目，具体方法是：先给被试样本施测大量的题目，然后通过统计分析得出几个因素。一种因素代表一种人格特质，同一因素内的各题目之间有较高的相关，不同因素内的题目之间相关很低。测量这几种因素的题目就构成了人格测验。

比较典型的采用因素分析法编制的测验是卡特尔16种人格因素问卷（16PF）。R. B. 卡特尔将奥尔波特（G. W. Allport）从字典中选出的17 953个描述人格的形容词归类，获得171个特质名称，然后让被试评定。第一次因素分析得到35种特质，再经被试评定，第二次因素分析得到12种人格根源特质。此后根据这12种特质编制问卷，再做因素分析，又得到4个因素，从而产生了卡特尔的16种人格因素问卷。

因素分析法的优点在于统计技术的先进性和量表的单维性，但也存在缺点：即因素分析的结果取决于被试和题目，如果换了题目和被试再进行因素分析，有可能得到不同的人格特质。此外，因素的命名具有主观性，量表缺乏实证效度的支持。

(四) 综合技术

当今，编制问卷的趋势是将以上三种技术综合利用。具体方法是：首先根据理论构想编制和搜集题目，然后将问卷施测于效标组和正常组，考查题目是否能区分被试，被试的反应是否如理论所预测的那样，据此筛选题目；最后对题目做因素分析，看被试的反应是否符合原来的理论构想，是否分量表之间相关低，而分量表内题目之间相关高。杰克逊人格问卷（JPI）便是采用这种综合技术编制的。

四、人格测验的类型

人格测验的类型主要有以下几种。

(一) 自陈量表 (Self-Report Inventories)

又称自陈问卷，是测量人格最常用的方法和形式。自陈量表是依据所测量的人格特征编制客观问题，要求被试根据自己的实际情况或感受去逐一回答，以此衡量个人的性格特征。自陈量表通常采用的题目形式有以下几种。

1. 是非式

例如：你曾经害怕自己发疯吗？是　　否

2. 折中是非式

例如：你喜欢户外活动吗？

是　　否　　不一定

3. 选择式

例如：A 当遇到失败时我会意志消沉。

B 在大庭广众之下我会感到紧张。

4. 文字量表式

例如：我所喜欢的人大多是

A. 拘谨缄默的　　B. 介于A、C之间　　C. 善于交际的

5. 数字量表式

例如：我担心考试失败　　5　　4　　3　　2　　1

(5代表经常，4代表多次，3代表偶尔，2代表极少，1代表从不)

自陈量表假设被试充分地了解自己，并且能对题目作真实的回答。这显然是靠不住的，因为一个人不可能对自己的各个方面作全面而正确的观察；同时，在个人评估自己行为时，往往会出现各种反应定势。首先，被试往往对社会赞许性强的题目作肯定回答，对具有社会否定特征的题目作否定回答，例如"我从来不撒谎"，有些被试就会回答"是"。其次，还会出现反应的肯定定势、极端定势、谨慎定势及猜测定势等倾向，例如被试会对题目大部分采用"是…是…是…"或"否…否…否""不一定…不一定…不一定…"的回答，而不考虑内容如何。这种反应方式有可能反映了个体的一部分个性特征，也有可能是个体有意不作真实回答。另外，研究表明，在指导语有意要求或测验标题内容明显时，被试会歪曲自己对问卷的真实反应。所有这些都增加了人格测验的困难，为避免这些倾向，一方面可以通过测验指导语，使被试能够真实回答；另一方面可以用题目的巧妙设计来避免上述的极端、折中、默认、肯定等反应心向。此外，许多人格测验还设计了检查反应定势的效度量

表，如果该量表的分数达到一定程度，就视作答为无效。

最早的自陈量表是伍德沃斯（R. S. Woodworth）在第一次世界大战期间设计的个人资料调查表，用于考察士兵对军队生活的适应性，并淘汰军队中的情绪障碍者。该调查表的问题涉及变态的恐怖反应、强迫观念和强迫行为、睡眠障碍以及其他身心症状等（如问："你尿床吗?""你常做白日梦吗?""你是否夜里经常感到恐怖?"）。该量表后来被奉为人格量表特别是情绪适应量表的蓝本。

（二）评定量表

评定量表通常由一组描述个体特征或特质的词或句子组成，要求由他人经过观察对某个人的某种行为或特质作出评价。严格地说，它并非是一种测验，而是观察和晤谈的延伸。观察和晤谈是了解人格的一种途径，但这种途径是非正式的和非量化的。评定量表是对观察、晤谈内容的总结。由观察者在评定量表上评价他人，将观察结果系统化和数量化，因此评定量表可以说是观察法和测验法的结合。

评定量表在形式上与自陈量表相似。只是作答者是他人而已，要求选择和被试最相符的一项。最早是由高尔顿创制的，现在广泛地用于各种领域，尤其是评定量表的结果常作为编制人格测验的效标资料。其形式有以下几种。

1. 数字评定量表

提供一个顺序的数字系列，由评定者根据被试的行为确定一个数值。例如评定个体的服装审美，可以编制如表7-1的数字评定量表。

2. 描述评定量表

对所要评定的行为提供一组具有顺序性的文字描述，如好、中、差等，由评定者选出一个适合被试的描述。描述评定量表可以与数字量表结合起来，对每一描述赋予一个数字等级，还可与图表结合起来。描述评定量表具体且简单，因此应用广泛。以下是一

表7-1 服装审美评定表

姓名	性别	年龄	文化程度
职业	单位		

请您在下列每句话后的数字上画圈或打“√”，以表示您对该话是否赞同。其中“1”表示不同意，“2”表示稍不同意，“3”表示说不准，“4”表示稍同意，“5”表示同意。

1. 服装体现一个人气质	1	2	3	4	5
2. 穿着以时髦为主	1	2	3	4	5
3. 服装搭配应有品位	1	2	3	4	5
4. 穿着随意才好	1	2	3	4	5

……

个评定内外向的两个例题：

请选择最符合被评者行为的描述：

他的谈锋如何?

喋喋不休，善于辞令，只答问题，倾向于听，沉默寡言。

他的社交如何?

常处于领袖地位，善于社交，社交有限，常回避，害羞，不易与人交流。

3. 标准评定量表

事先提供不同类型人的行为标准，由评定者将这些标准与被试的行为对照，看被试最像哪一类人，由此获得被试特质的估计。常用的标准评定量表是猜人测验，后面会作具体介绍。

4. 强迫选择评定量表

此类量表中，提供许多组词汇或陈述句，要求评定者选出与被评者最相似或最不相似的词、句子，在有些情况下可有四个句子或词。强迫选择评定量表可以在一定程度上减少评定误差。

5. 检核量表

提供一个由许多形容词、名词或陈述句构成的一览表，要求评定者将表中所列与被评者的行为逐一对照，将其中所有能描述被评者人格的词或项目圈出来，只需作“是”或“否”的判断，最后对结果加以分析。检核表是一种直接而有效的获得被评者人格特征的方法，编制比自陈量表要简单一些。此外，检核表有时也可作为一种自评量表来使用，考察被试的自我观念。比较常用的检核表有问题检核表和形容词检核表。问题检核表主要用来探查行为或情绪障碍，观察者或被试只需将符合其情况的问题圈出，最后便可评定问题所在。形容词检核表则是要求被试阅读形容词，并划出与被试相符的形容词。比较常用的形容词检核表是由高夫 (H. G. Gough) 等编制的，简称为ACL (Adjective Check List)，由300个按字母顺序排列的形容词组成，要求被试在15～20分钟内完成。反应可在24个方面记分（其中15个量表是根据爱德华15种需要编制的），其他9个量表则是根据不同团体的反应差异编制出来的。这24个分量表包括检索形容词总数、防御性、喜欢的形容词总数、不喜欢的形容词总数、自信心、自我控制、稳定性、个人适应、成就、支配、坚毅、秩序、省察、慈善、亲密、性爱、表现、自主、攻击、变异、求助、谦逊、顺从、咨询准备。ACL广泛地用于人格研究，间隔6个月的再测信度在0.65～0.71之间。

评定量表简单易行，但也会有误差，主要表现在以下几个方面。

①严格误差：在评定时吹毛求疵，过分严厉。

②宽容误差：对任何一个被试都选用较优的评语，给分过宽，不愿给人作出不好的评定，使分数集中在量表的上端。

③趋中误差：倾向于将被试评为中间水平，避免以上的极端评定。

以上三种评定都会缩小分数分布的范围而使评分的区分度降低。

④逻辑误差：有些评定者把他认为相互关联的特质都作同样的

评定。

⑤“光环”效应：对一个人总的看法影响了对具体特质的评定，或以偏概全，对某一方面的看法影响了对其他方面的评定。

⑥认知误差：由于评定者不了解、不熟悉被试而导致的误差。

为了减少评定的误差，使评定量表更有效，一般可采用如下的一些措施。

①对于评定的目标特质应作明确的定义，目标应尽量具体。若必须作综合评定，则应由一些具体评定组成。作为评定者，必须对评定目标反复理解，切实地把握所评特质的含义，并熟悉评定量表的使用方法。

②对于评定的结果应作详细的描述，而不能只是用简单的数字或形容词，最好对关键性的行为做出明确说明。

③必须让评定者对被试作充分的观察，搜集尽可能多的资料。

④评定者必须具备公正和客观的态度，避免“光环”效应、严格、宽容及趋中误差。最好让评定者注明评定所依据的事实或理由。美国教育协会编制的学生人格报告（见表7-2）可供参考。

⑤评定的等级避免太细。研究表明，只有受过严格训练的人才能区别11个等级。大多数人对于7级以上就不能做有效辨别了，因

表 7-2　学生人格报告表

学生姓名：

1. 他的外表和态度对你和他人的影响怎样？	别人想和他作朋友	请记下你判断所依据的事例
	别人很喜欢他	
	别人喜欢他	
	别人谅解他	
	别人回避他	
	没有机会观察	

此一般将等级定为3～10级之间，尤以5个等级最常见。

⑥最好由多人充当评定者，如果仅有一人，也应当多次观察、评定，结果应当用平均值，以减少评定者的误差。

⑦量表项目等级的排列顺序最好有所变化，不能都将好的反应放在一边，坏的反应放在另一边。

⑧有时可采用相对评定法，即根据常态分布分配各等级应占人数的比例。例如评定5个等级时，对于任一项目应有6%的人评定为1，24%的人为2，40%的人为3，24%的人为4，6%的人为5。

(三) **投射测验**

投射测验是一种特殊的人格测评技术。通俗地说，投射技术是向被试提供一些未经组织的刺激情境，让被试在不受限制的情境下，自由表现他的反应。主试分析反应的结果，便可推断被试的人格特征。

“投射”一词在心理学上的含义是指个人把自己的思想、态度、愿望、情绪或特性等，不自觉地反应于外界事物或他人的一种心理作用，这是一种人类行为的深层动力，是个体自己意识不到的。投射技术就是利用这个原理将深层的意识激发出来，以了解个体的人格。因此，对于投射测验来说，刺激情境并不重要，它只是一个起动器，个体的反应是由此情境唤醒的内心人格世界的表现，投射出个体内在的需要和状态。

投射技术的基本假设是：①人们对于外界刺激的反应都是有原因且可以预测的，而不是偶然发生的；②个人的反应固然取决于当时的刺激和情境，但个人当时的心理状况、已有的经验、对未来的企望，对当时的知觉与反应的性质和方向都发生了很大作用；③人格结构的大部分处于潜意识中，个人无法凭意识说明自己（自陈法），而当个人面对一种不明的刺激情境时，却常可以使隐藏在潜意识中的欲望、需求、动机冲突等泄露出来，即把一个反映其人格特点的结构加到刺激上。

投射测验具有以下三个特点。①测验所使用的刺激材料没有明确结构和固定意义，被试有广泛自由的反应方式。投射测验一般只有简短的指示语，刺激材料意义模棱两可，其结构和意义完全由被试决定，这样才能投射出被试的人格特点；反应的自由性可保证反应资料的丰富性，但这恰恰给记分带来困难。②投射测验的测量目标具有隐蔽性，被试不知道他的反应如何解释，因此减少了伪装的可能性。③投射测验的解释具有整体性的特点，可同时测量几个人格特质，目的在于了解整体的人格及各特质间的关系。

总之，投射测验采用独特的思路去研究和测评人格，探索内部深层的机制，更符合人格的特点，因此成为人格测评的重要方法。当然，投射技术也有其自身的局限，正如前面提到的，它的非结构性和反应的自由性，给记分带来了相当大的困难，此外，投射测验往往都缺乏可靠的信度和效度资料。当前，人们力图从两个方面改进投射技术，一是尽可能将测验结果予以量化，二是加强主试的训练工作。

投射技术依据目的、材料、反应方式、测验的编制和实施、对结果的解释方法的不同，有不同分类。林德西 (G. Lindzey) 根据被试的反应方式将投射测验分为以下五类。

联想法——要求被试说出某种刺激 (如单字、墨迹) 所引起的联想。例如荣格 (C. G. Jung) 的文字联想测验和罗夏墨迹测验 (Rorschach Inkblot Test)。

构造法——要求被试根据他所看到的图画，编造一套含有过去、现在、将来等发展过程的故事，通过故事的内容，探测被试的人格特征，例如莫瑞编制的主题统觉测验。

完成法——向被试提供一些不完整的句子、故事或辩论等材料，要求被试自由补充，使之完整。根据被试完成的倾向，探测被试的人格特征，例如语句完成测验。

选排法——要求被试根据一定的准则 (如意义、美观等) 来选择项目，或作各种排列，根据这些选择和组合来推断其人格特征。

表露法——要求被试以某种方式（例如绘画、游戏、心理剧等）自由表露他的心理状态，通过这些表现探测人格特征，例如画树测验。

对人格测验的上述分类界限并不十分绝对，有些测验可能兼有几种方法的特点。此外，人格测验还有其他一些方法，在以后将会阐述。

第二节 自 陈 量 表

一、明尼苏达多相人格问卷

（一）量表简介及构成

明尼苏达多相人格问卷（Minnesota Multiphasic Personality Inventory）是美国明尼苏达大学教授哈萨威（S. R. Hawthaway）和迈金利（T. C. Mackinley）于本世纪40年代编制的，它是采用经验标准法编制自陈量表的典范。在当今，MMPI已被翻译成多种文字，广泛地使用于人格鉴定、心理疾病的诊断、治疗、心理咨询以及人类学、心理学、医学的研究工作。有关MMPI的论文及书籍达八千多篇（册），而根据MMPI引申的问卷版本达一百余种。80年代初，中国科学院心理所宋维真同志曾将MMPI引入我国，称为明尼苏达多相个性调查表。

MMPI的主要功能是测查个体的人格特点，判别精神病患者和正常者。编制者从大量病史、早期出版的个性量表及医生笔记中选出了一千多个题目，然后对正常和异常被试进行重复测验、交叉测验，选出两组被试反应明显不同的题目构成问卷。最后定型的MMPI共包括566个自我报告的题目，实际上为550个，其中16个为重复题目（主要是用于测查被试反应的一致性，看作答是否认真。

如果对同一题目被试前后反应相反，则被试作答的认真性便值得怀疑。）这些题目的内容涉及很广，包括身体体验、精神状态及对家庭、社会、婚姻、宗教、政治、法律的态度等26类问题，具体详见表7–3。

表7–3 MMPI项目涉及内容及项目数

项目分类	项目数	项目分类	项目数
1. 一般健康	9	14. 有关性的态度	16
2. 一般神经症状	19	15. 关于宗教态度	19
3. 脑神经	11	16. 政治态度——法律和秩序	46
4. 运动和协调动作	6	17. 关于社会的态度	72
5. 敏感性	5	18. 抑郁感情	32
6. 血管运动、营养、言语、分泌腺	10	19. 狂躁感情	24
7. 呼吸循环系统	5	20. 强迫状态	15
8. 消化系统	11	21. 妄想、幻想、错觉、关系疑虑	31
9. 生殖泌尿系统	5	22. 恐怖症	29
10. 习惯	19	23. 施虐狂、受虐狂	7
11. 家庭婚姻	26	24. 志气	33
12. 职业关系	18	25. 男女性度	55
13. 教育关系	12	26. 想把自己表现得好些的态度	15

MMPI题目要求被试根据自己的实际情况作出“是”“否”及“不作回答”三类反应。这些题目组成了14个量表（10个临床量表和4个效度量表），现分别介绍。

1. 临床量表［均以所采用的效标组命名，(1)～(0)为其编号］

(1) 疑病症（Hs，Hypochondriasis）：共30题，来自表现出对自己身体功能异常关心的神经质病人，如“恶心和呕吐的毛病使我苦恼”。量表1被认为是最为明了和单纯的，诊断往往很稳定。

(2) 抑郁症（D，Depression）：共60题，来自过分悲伤、无望、思想及行动迟缓的病人，如“我希望能像别人那样快乐”。量表2被认为最能表示被试对生活状况不平和不满的量表。

(3) 癔病（Hy，Hysteria）：共60题，来自经常无意识地运用身体或心理症状来回避困难和责任且有歇斯底里反应的患者，如“我的喉咙里总好像有一块东西堵着似的”。Hy量表的得分与智能、教育背景和社会地位有关联。

(4) 精神病态（Pd，Psychopathic deviate）：共50题，来自于非社会性类型和非道德性类型的精神病态人格的患者。他们往往漠视社会价值观和社会规范，情绪反应简单，如“有时我非常想离开家”。

(5) 男子气—女子气（Mf，Masculinity—Feminity）：共60题，来自于具有同性恋倾向的人。男性和女性需要分别记分。如“和我性别相同的人对我有强烈的吸引力”（Mf—M，男性分量表），“我从来没有放纵自己发生过任何不正常的性行为”（Mf—F，女性分量表）。需要说明的是MF—M和MF—F在大多数题目上是相同的。

(6) 妄想狂（Pa，Paranoia）：共40题，来自于被判断具有敌意观念、被害妄想、夸大自我概念、猜疑心、过度敏感、意见和态度生硬等偏执狂症候的患者，如“似乎没有一个人了解我”。Pa量表的解释很复杂。

(7) 精神衰弱（Pt，Psychosthenia）：共48题，来自于表现出焦虑、强迫动作、强迫观念、无原因恐怖以及怀疑、优柔寡断的神经症患者，如“我的喉咙里好像有一块东西堵着似的”。

(8) 精神分裂 (Sc，Schizophrenia)：共78题，来自于思维、情感和行为混乱，出现稀奇思想、行为退缩及有幻觉的精神分裂患者，如“我觉得我时常无缘无故地受到惩罚，我相信有人暗算我”。

(9) 轻躁狂 (Ma，Hypomania)：共46题，来自于具有气质昂扬、精力充沛、过于兴奋、思维奔逸、爱怒的躁狂患者，如“每星期至少有一两次我十分兴奋”。

(0) 社会内向 (Si，Social Introversion)：共70题，来自于对社会性接触和社会责任有退缩回避倾向者。他们常表现出胆怯、不安心、顺从等特点，如“和人争辩的时候，我常争不过别人”。

这10个分量表对被试在10种人格特质上做出评估，给出分数。

2. 效度量表

效度量表是MMPI的主要特色，它并不是测验的效度指标，而是通过几个量表去识别不同的应试态度及反应心向，例如粗心、掩饰、不明题意等。如果这些量表出现异常分数，则意味着被试作答其他量表的有效性值得怀疑，因此叫做效度量表。效度量表有以下4个。

(1) 说谎量表 (L，Lie Scale)：共15题，由与受社会称赞的那些行为或情绪有关的问题构成。这些项目所涉及的弱点是几乎所有人都难以避免的，但那些试图留下好印象或将自己看得完美、过分夸大自己的个体，不会承认这些弱点，因此L量表的高分意味着不能客观评价自己。例如“有时我真想骂人”，如做否定回答，显然是不符合实情的。一般说来L分在6分以上，最好避免使用，超过10分，就不能信任MMPI的结果。

(2) 诈病量表 (F，Vality Scale)：共64题，来自于正常人一般不作肯定回答的MMPI项目，他们往往比较古怪或荒唐，不讨人喜欢，只有10%的正常人会做出此类反应。F量表主要是为识别那些胡乱反应、故意装坏的被试，如“我相信有人暗算我”。该量表有三种功能：A、是被试作答态度的指标，可发现偏离反应；B、是精神病程度的良好指标，得分越高，暗示精神病越严重；C、根据此量表得分，可以推测测验以外的行为。一般说来，如原始分数在0～2之间（T分数为45～49），表示被试与正常人的反应是一致的。

(3) 校正量表（K，Correction Scale）：共30个题目，其分数与L及F有关，可更为巧妙和有效地测量被试的态度。K量表主要是为鉴别有意将自己伪装成“好人”或将自己伪装成“坏人”这两种倾向的被试。一般来说，高K值表示对测验的防卫性态度，企图伪装成“好人”；低K值表示过分地坦率与自我批评，企图伪装成“坏人”。由于在后期研究中发现K量表分数与社会经济地位有关，因此对不同社会经济地位的群体，K的标准不同。K量表的另一主要用途是根据K值校正各种临床量表的得分。临床经验表明，Hs、Pd、Pt、Sc、Ma这几个分量表的原始分数如加上K得分与某个比率相乘的数（例如0.5K）进行校正，结果会更可靠。当然，进行校正的前提是K值不能过高，如K值过高，临床量表的得分数值可疑，便不必校正了。K量表的题目如:“我几乎没有和家里人吵过嘴。”

(4) 疑问量表（?或Q，Question Scale）:?量表无确定项目，它是被试对问题作“无法回答”反应，或对题目的“是”“否”均作反应的题目总数。这种无回答的反应心向代表了个体某些心理冲突或对某些事物的逃避，因此也值得重视。如果全测验中有30个以上题目为无回答，则此答卷无效。由于MMPI的指导语对“无法回答”作了限制，实际上不作回答的题目很少，因此?量表并不常用。

以上是对MMPI的14个分量表的介绍，这些量表在部分题目上是重复的。此外，许多研究者在使用MMPI的过程中又产生了新的研究量表，比较有代表性的是：焦虑量表（A，Anxiety）、压抑量表（R，Regression）、外显性焦虑量表（MAS，Manifest Anxiety Scale）、自我力量量表（ES，Ego Strength）、社会责任感量表（Dy，Depensibility）、偏见量表（Pr，Prejudice）、社会地位量表（St，Social Status）、控制量表（Cn，Control）。

在使用以上研究量表时，必须全部完成MMPI的566题。

(二) 量表的使用

MMPI适用于16岁以上的成人，被试须具备小学以上的文化水平且没有影响测验结果的生理缺陷。

测验必须由受过专业训练的主试承担。主试须注意自己的态度，详细记录施测的过程，告诉被试个性无好坏之分，应诚实回答，且以目前的情况为准进行反应。

MMPI的操作有两种形式：一种为卡片式，即将550个题目分别印在卡片上，让被试根据自己的情况，将卡片分别投入贴有“是”“否”“无法回答”标签的盒内；第二种为问卷式，将566个题目印在问卷上，让被试在另一张纸上作答，根据自己的情况在相应题号后“是”或“否”下面划记号，无法回答时则不划。卡片式适合于个别施测；问卷式可个别施测，也可团体施测。此外，还有供特殊被试用的录音带式、先进的计算机式及各种简略式。1966年发表了MMPI的修订版（R式），对题目次序作了一些改变，内容无改变，与临床量表、效度量表有关的题目集中在1～399个题目内，400～566题与另外一些研究量表有关。当前，566题及399题的问卷使用很广泛。

MMPI的测验无时间限制，正常成人一般在45分钟左右可以完成，很少有超过90分钟的。如果一个人焦虑或情绪不稳定，经常表现出不耐烦，可将测验分几次完成。

记分方法有两种。一种为机器记分，将答题卡放入光电阅读器内，自动计算出结果来，这种方法需要指定硬度的铅笔及固定型号的作答纸。另一种方法是模板记分，需借助14张模板（每个量表一章，Mf量表男女各一张），每张模板上均有一定数量的与题号相应的记分圆洞，具体步骤如下。

第一步：将答卷纸按被试者性别分开。

第二步：将答卷纸上同一题划有“是”“否”两种答卷的题号用

颜色笔划去，将划去数目与未答数目相加，作为？量表的原始分数，如超过30分则答卷无效，此外，如重复题答案前后不一致超过6个，则应考虑此答卷的可靠性。

第三步：将每个量表的模板依次在答卷纸上对准，数好模板上有多少圆洞里划了记号，这个数目就是该量表原始分数。

第四步：在Hs、Pd、Pt、Sc、Ma的原始分数上分别加上一定比例的K分，即Hs+0.5K、Pd+0.4K、Pt+1.0K、Sc+1.0K、Ma+0.2K，作为对分数的校正。

第五步：将各量表的原始分数登记在剖析图上（Hs、Pd、Pt、Sc、Ma为加K后的分数），并将各点相连，即为该被试人格特征的剖析图。应当注意的是剖析图分为男女两个版本，此外剖析图上标注了原始分数和标准分数两种分数，因此在登记时应格外小心。

第六步：由于每个量表的题目数量不同，得分的基数也不一样，各分量表原始分数无法比较，因此需要转化为标准T分数，换算公式为：

$$T=50+\frac{10\ (X-M)}{S}$$

其中X为在某一量表上所得的原始分数，M与S为常模正常组团体在该量表上所得原始分数的平均数及标准差。一般在测验指导书上都附有原始分数和标准T分数的转换表，可直接查表得到T分数。从公式可见，T分50分为MMPI常模正常组平均分，T分60分为大于平均数一个标准差，T分70分为大于平均数两个标准差，常被视为异常范围。

MMPI对分数的解释也是其特点之一，通常有两种方法。

①简单的分量表分析：如某个分量表的T分数大于70，则表明该被试存在某种心理问题。然而，这种方法并不十分可靠。研究发现，在某一量表上得分高，并不意味着一定存在该量表所称的那种疾病，其他患者也会在此量表上得分高；同时，量表间有许多相互

重复的题目，一个量表上得分高，在另一个量表上得分也会很高。因此，只是简单地分析单个量表是没有太大意义的，科学的方法应当是将各临床量表、效度量表结合起来进行分析。

②编码系统：为了将多个量表结合起来考虑，心理学家把各分量表名称都用数字代替，这在前文已有介绍。编码系统来源于哈萨威和迈金利所提出的对MMPI剖析图作完形分析的思想。早期，往往是将所有量表都加入编码系统。这种编码很复杂，而且在临床用处并不大，现在更通行的是采用简单的两点编码。临床发现，患者的MMPI剖析图往往出现两个或两个以上的高峰，因此可以用两点编码进行描述和解释。两点编码即将出现最高分的两个量表的数字符号连结起来，分数稍高的写在前面。12组合表示1量表得分高于2量表得分；21表示2量表得分高于1量表得分。两点编码具有可对换性。12/21的组合具有同一型的特征，1、2均为高峰。通过大量临床研究，目前已具备了较为完备的编码集，列出了编码的解释。如48/84：具有这种编码的个体行为好像很怪，很特殊，行为飘忽不定、不可捉摸，亦可能干出一些反社会行为。

两点编码系统使用广泛，较为复杂的还有四点编码，即将3个高分和1个低分联合编码。总之，MMPI的解释复杂，最好的方法应当是分析剖析图，在两点编码基础上考虑各分量表的得分形态。

（三）对MMPI的评价

MMPI的再测信度分布从0.50到0.90，同能力测验相比较低。其效标团体来自精神病人，样本较小，所以预测效度只供参考。

总的来说，MMPI是目前应用最广泛的人格测验之一，对临床确实有效。采用经验标准编制测验、使用效度量表以及分数解释的编码法等都给以后的测验编制提供了思路，从MMPI的大量题目中还发展了许多新的人格量表。但MMPI也有一定的缺陷，首先是它的常模由700名明尼苏达的正常成人得到，代表性差；其次，MMPI过多使用病理名词，对正常人使用难免会带来不便；另外，MMPI

的题量过大，施测比较费时。

二、卡特尔16种人格因素问卷

卡特尔16种人格因素问卷（Sixteen Personality Factor Questionnaire，简称16PF）是美国伊利诺伊州立大学及能力测验研究所R. B. 卡特尔编制的，是用因素分析法编制问卷的典范。具体的编制方法在前面已作过介绍。16PF的主要功能是对个体的人格因素作出分析，从16个方面描述个体的人格特征。这16个因素分别为：乐群性（A）、聪慧性（B）、稳定性（C）、持强性（E）、兴奋性（F）、有恒性（G）、敢为性（H）、敏感性（I）、怀疑性（L）、幻想性（M）、世故性（N）、忧虑性（O）、实验性（Q_1）、独立性（Q_2）、自律性（Q_3）、紧张性（Q_4）。有关这16个因素的说明可详见测验指导书。

16PF适用于16岁以上的青年和成人，现有5种版本：A、B本为全版本，各有187个项目；C、D本为缩减本，各有106个项目；E本适用于文化水平较低的被试，有128个项目。我国现在通用的是美籍华人刘永和博士在R. B. 卡特尔的赞助下，与伊利诺伊大学人格及能力研究所的研究员梅瑞狄斯（G. M. Meredith）博士合作，于1970年发表的中文修订本，其常模是由两千多名港台地区的中国学生得到的。

该问卷中16个人格因素的题目按顺序轮流排列，便于记分并能保持被试作答的兴趣。值得赞扬的是16PF各因素题目尽量采用中性的题目，且题目的表面效度都不是很高，许多题目表面上看起来与某一人格特质有关，实际与另一人格特质有关。每一题目有a、b、c三种答案，分别记为0分、1分及2分。记分可用计算机或模板，模板共两张，每张包括8个因素。在得到各量表的原始分数后，还需通过常模表将原始分数转化为标准拾分，并按标准拾分在剖析图上找到相应圆点，最后将各点连成曲线，即可得到一个人的人格轮廓图（见图7-1）。

人格因素	原分	标准分	低分者特征	标准拾 1 2 3 4 5 6 7 8 9 10	高分者特征
A			缄默孤独	· · · · · A · · · · ·	乐群外向
B			迟钝、学识浅薄	· · · · · B · · · · ·	聪慧、富有才识
C			情绪激动	· · · · · C · · · · ·	情绪稳定
E			谦逊顺从	· · · · · E · · · · ·	好强固执
F			严肃审慎	· · · · · F · · · · ·	轻松兴奋
G			权宜敷衍	· · · · · G · · · · ·	有恒负责
H			畏怯退缩	· · · · · H · · · · ·	冒险敢为
I			理智、着重实际	· · · · · I · · · · ·	敏感、感情用事
L			信赖随和	· · · · · L · · · · ·	怀疑、刚愎
M			现实、合乎成规	· · · · · M · · · · ·	幻想、狂放不羁
N			坦白直率、天真	· · · · · N · · · · ·	精明能干、世故
O			安详沉着、有自信心	· · · · · O · · · · ·	忧虑抑郁 烦恼多端
Q_1			保守、服从传统	· · · · · Q_1 · · · · ·	自由，批评激进
Q_2			依赖、随群附众	· · · · · Q_2 · · · · ·	自立、当机立断
Q_3			矛盾冲突、不明大体	· · · · · Q_3 · · · · ·	知己知彼、自律谨严
Q_4			心平气和	· · · · · Q_4 · · · · ·	紧张困扰

卡氏16PF。AB种修订合订本 修订者：刘永和 梅吉瑞	标准分	1	2	3	4	5	6	7	8	9	10	依统计之成人
	约等于	2.3%	4.4%	9.2%	15.0%	19.1%	19.1%	15.0%	9.2%	4.4%	2.3%	

图7-1 16PF轮廓图
(选自16PF测验指导说明书)

测验结果不仅能明确描绘16种基本人格特征，还能根据公式进一步推算人格类型的次元因素。

次元因素分别是：

适应与焦虑性= $(38+2L+3O+4Q_4-2C-2H-2Q_3)$

内向与外向性= $(2A+3E+4F+5H-2Q_2-11)\div10$

感情用事与安详机警性= $(77+2C+2E+2F+2N-4A-6I-2M)\div10$

怯懦与果断性= $(4E+3M+4Q_1+4Q_2-3A-2G)\div10$

这四个次元因素是在16个因素基础上对更抽象的因素特征进行推断得到的，以上的字母分别代表相应量表的标准分数。

R. B. 卡特尔及其同事搜集了7 500名从事80多种职业及5 000名有各种行为问题和精神症状的人对16PF的答卷，详细分析其人格特征及类型，除推出以上次元因素公式外，还拟定了另外一些演算公式，用于心理咨询及升学就业指导。

三、艾森克人格问卷

艾森克人格问卷（Eysenck Personality Questionaire,简称EPQ）是英国伦敦大学心理系和精神病研究所的艾森克教授（H. J. Eysenck）编制的。艾森克认为人格是由一系列可测量的特质构成的。他提出人格特质可用两个独立的基本维度描述：情绪稳定—神经过敏、内向—外向，这两种维度都是连续的，如图7-2所示。

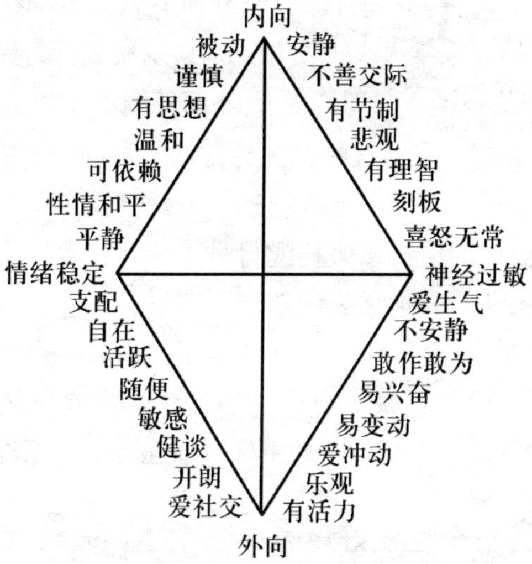

图7-2 艾森克人格问卷维度

（选自宋维真《心理测验》，235页）

以后艾森克又补充了精神质（又称心理变态倾向）这一维度。EPQ就是测查这三种人格维度的工具，它是由1952、1959、1964年的莫斯莱医学问卷修订而成的，1975年正式命名为艾森克人格问卷。EPQ有成人和青少年两种问卷。成人问卷有90题，青少年问卷有81题。每种问卷皆包括4个分量表（即E、N、P、L），E、N、P分别测量三个人格维度，L是效度量表，测量说谎和掩饰。

E：内外倾性。高分表示人格外向，特点是好交际，渴望刺激和冒险，情感易于冲动。低分表示人格内向，特点是好静，富于内省，除了亲密的朋友外，对一般人缄默冷淡，不喜欢刺激，喜欢有秩序的生活方式，情绪比较稳定。

N：情绪性。反映的是正常行为，并非病症。分数高者可能焦虑、担忧，郁郁不乐，忧心忡忡，常有强烈的情绪反应，以致于出现不理智行为。分数低则可能情绪反应缓慢且轻微，易恢复平静，稳重，性情温和，善于自我控制。

P：精神质。并非有精神病，它在所有人身上都存在，只是程度不同而已。但如果某人表现明显，则易发展成行为异常。高分者可能孤独，不关心他人，难以适应外部环境，不近人情，感觉迟钝，与别人不友好，喜欢寻衅搅扰，喜欢干奇特的事情，且不顾危险。

L：测定被试的掩饰、假托或自身隐蔽，或者测定其社会性朴实幼稚的水平。L与其他量表的功能有联系，但它本身代表一种稳定的人格功能。

EPQ的理论结构已被大量研究所证实。它实施简便，信度较高。当前我国普遍使用的有陈仲庚修订本和龚耀先修订本。

四、爱德华个性偏好量表

爱德华个性偏好量表（Edwards′ Personal Prefrence Schedule,简称EPPS）是美国心理学家爱德华于1953年编制的。它以莫瑞的人类需要理论作为编制的理论基础，主要测量个体在15种不同的心理需要上的反应倾向。EPPS可作为心理咨询的工具，在职业指导和人员选拔中应用广泛。

EPPS所测的15种需要为成就（ach）、顺从（def）、秩序（ord）、表现（exh）、自主（aut）、亲和（aff）、省察（int）、求助（suc）、支配（dom）、谦逊（aba）、慈善（nur）、变异（chg）、坚毅（end）、性爱（het）、攻击（agg）。EPPS由这15种需要分量表和1个稳定性量表组成，共包括255个题目，平均分配到15个量表中，其中有15个重复题目，用以检查反应的一致性。每个题目都由一对以第一人称叙述的句子组成，两个句子分别隶属于不同的需要分量表，要求被试根据自己的个性偏好从二者选一。最后，通过特殊的记分方法得到被试在15个分量表上的分数，根据这15个分数绘制的剖析图（图7-3），了解被试的个性偏好。

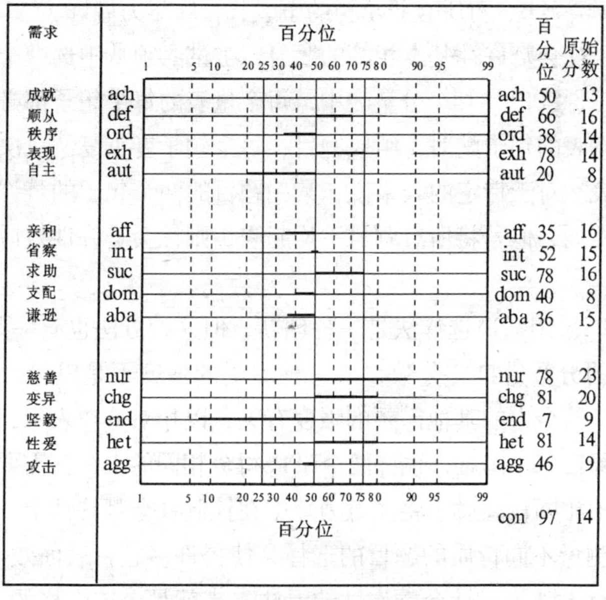

图7-3 EPPS剖析图

（选自郑日昌《心理测量》，449页）

EPPS的主要特点在于采用强迫选择法来控制社会赞许性。所谓社会赞许性指的是题目内容受社会舆论赞许和反对的程度。被试往往倾向于对那些受社会赞许的题目作肯定回答，对不受社会赞许的题目作否定回答。例如，"我喜欢对我的朋友忠实"一题，大多数被试会作肯定回答，因为这符合社会规范，社会赞许性较高。这种社会赞许性可能会使被试隐瞒内心的真实想法去迎合社会道德，而不真实地作答。为了控制社会赞许性的影响以提高测验的有效性，爱德华采用了强迫选择法来编制问卷。强迫选择法即要求被试在两个(或多个)具有相同社会赞许性而又测不同特质的题目(陈述、短语或词汇)之间作一个选择，每对题目可能是同样受称许的，也可能是同样不受称许的，二者不可兼选，必须将最符合自己情况的陈述选出来。例如，对于上例，EPPS做如下处理：

A、我喜欢对我的朋友忠实。

B、对所有我承担的事，我喜欢尽力做好。

对这两个社会赞许性基本相等的题目，被试必须从中选一个。根据这种思路，EPPS的15个分量表中，每个量表的每个句子都必须轮流与其他量表的句子配对，组成题目，每个句子皆重复两三次，构成整个量表。对于特定的人来说，某一题目的两个句子的赞许性不见得完全相同，但若将所有题目平均起来，则社会赞许性效应便基本抵消了。

EPPS采用强迫选择法是一种创新，但这种方法也有一些局限：①得到的分数是自比分数，即每种需要的强度不是以绝对分数表示，而是与个人的其他需要的强度有关，以相对分数表示，这给分数的解释带来了困难，也许两个EPPS得分相同的人，其需要的绝对强度并不相同；②过于将注意力集中在控制社会赞许性上，必然会影响对测量不同特质的题目的选择，使得许多题目表面效度很高，另外，有人认为对社会赞许性的看法本来就是个体人格的一部分，会影响个体的行为，因此排除赞许性也许并不恰当；③EPPS并没有完全排除社会赞许性的影响，因为由代表性团体得到的平均赞许性，在用于其他团体或服务于特殊的测验目的时，本来相同的赞许性也会变得不同；④由于题目编制采用反复轮流配对的方式，因此被试极易厌倦和疲劳。

五、加州心理问卷

加州心理问卷（California Psychological Inventory,简称CPI）是由美国加州大学心理学教授高夫1948年编制，1951年出版的。它是以MMPI为基础编制的。MMPI主要服务于临床精神病领域，而CPI则更看重对正常人格的测查。当今，CPI在美国是使用最广泛的测查正常人人格特点的量表之一。

CPI的编制目的主要有两个，一是力图发展出一套能描述人的正常社交行为的量表，二是企图通过测验预测一个人在某些特殊场合下做出什么反应。

CPI由480个题目组成，其中178个来自于MMPI，另一些则反映正常青少年和成人的人格。CPI共分18个量表，其中3个为效度量表。这18个量表皆包含人际关系的重要方面，现将分量表内容介绍如下。

第一类：自在性、优越性、自信心以及人际关系适应能力测量

①支配性（Do, Dominance）：领导能力及主动积极、支配性。

②上进心（Sc, Capacity for Status）：进取心及潜能。

③社交性（Sy, Sociability）：活动能力与人际关系。

④自在性（Sp, Social Presence）：自信能力。

⑤自尊性（Sa, Self-Acceptance）：自我价值感与独立思考能力。

⑥幸福感（Wb, Sense of Well Being）：测定一个人烦恼与抱怨的程度。

第二类：社会化、成熟程度、责任心及价值观念的测量

⑦责任心（Re, Responsibility）：责任心、可靠性。

⑧社会化（So, Soccialization）：社会成熟程度及正直性程度。

⑨自制力（Sc, Self-Control）：自我调节、自我控制的程度。

⑩宽容性（To, Tolerance）：对人宽容、接纳的程度。

⑪好印象（Gi, Good impression）：努力创造良好印象，并关心别人对其反应的程度。

⑫从众性（Cm, Communality）：个人与量表常模符合的程度。

第三类：获得成就潜能及智能效率的测量

⑬遵从成就（Ac, Achievement Via Conformance）：在集体创造活动中能起促进作用的那些兴趣与动机。

⑭独立成就（Ai, Achievement Via Independence）：在独立自立创造活动中能起积极促进作用的那些兴趣与动机。

⑮智能效率（Ie, Intellectual Efficiency）：智能水平。

第四类：个人兴趣、生活态度的测量

⑯心理性（Py, Psychological-Mindedness）：了解别人、同情别人的能力。

⑰灵活性（Fx, Flexibility）：思维、气质的适应程度。

⑱女性化（Fe, Feminity）：兴趣男性化、女性化的程度。

CPI的效度量表主要体现在Gi、Wb、Cm三个量表上。Gi过高、Wb过低、Cm过分都说明受测者回答的可靠性值得怀疑。

CPI的再测信度为0.57~0.77（Py和Cm除外），它的单个量表效度不高，但可以作多个量表组合预测行为的尝试。

六、詹金斯活动性调查表

詹金斯活动性调查表（Jenkins Activity Survey,简称JAS）是由詹金斯（C. D. Jenkins）等人编制的，主要是为了评价A型行为。对冠心病患者的研究表明，这类患者在行为上具有一定的模式，即A型行为，它的特征是：对成就关注并努力，强烈的竞争性和攻击性，性急，时间的紧迫感，强烈的责任感，雄心勃勃。而与之相反的则是B型行为的人，他们不易犯冠心病，轻松，随和，有耐心，说话、做事皆很平稳。A型和B型性格还可进一步分为四种亚型，即A1、A2、B3、B4。A1型和B4型的人分别表示出明显的A型行为和B型行为，A2和B3型的人则介于A1和B4之间。

JAS从1964年编制以来共修订过四次，有了很大改变。在对A型行为的探索过程中，通过因素分析确立了冠状动脉性倾向行为（即A型行为）的三个因素：S——速度和性急因素，J——对工作献身的因素，H——刻苦和竞争的因素，并且采用判别函数的方法确立了这三个因素的加权分数。直至第五版，JAS才正式发表。

JAS包括52个题目，构成4个量表。1个A型量表作为从整体评价个体的A型行为程度的指标，另外3个分量表是分别从S因素、J因素、H因素上对A型行为的3种特征因素作描述，4个分量表的题目有重复。

（一）A型量表（Type A）

由21个项目构成，用以评定冠状动脉性倾向的行为模式。

（二）S量表（Speed and Impatience Scale-Factor S）

由21个项目构成。S量表体现了A型行为的特征——速度和性急因素。量表得分高者，时间紧迫感强，有爱催逼他人、性急的倾向。

（三）J量表（Job Involvement Scale-Factor J）

由24个项目组成。J量表体现了A型行为的职业背景，特别是对工作的献身程度。量表得分高者，对工作的态度是挑战性，埋头于工作，常感到精神上的重压，业余时间也工作，与增加工资相比他们更希望升职。

（四）H量表（Hard-Driving and Competitive Scale-Factor H）

由20个项目构成。H量表体现了与A型行为相连的性格特征和价值观，是刻苦及竞争因素。高分者精力充沛、诚实、刻苦努力，是竞争性的。这一特征被认为是非常社会性的，同时表现出精力过于旺盛的倾向。

JAS的施测无时间限制，一般只需15～20分钟就能完成。记分比较复杂，由于采用判别函数的方法得到每道题的分数，因此不同于一般的人格测验。JAS每题有若干个选择，每个选择分数皆不同，例如：第三题在被当做J量表题目时，如选1得24分，选2得26分，选3得2分，选4得9分，不选得17分；若当作H量表的题目时，如选1得8分，选2得9分，选3得1分，选4得6分，不选得6分。记分后，得到4个分量表分数，可转化为标准分及百分位分进行解释。需要注意的是，JAS得分不能单独作为预言患者引起心脏病发作的依据，因为许多因素都与心脏病有关。只能说当结合其他危险因素考虑时，JAS得分高的个体得心脏病的可能性较大。

第三节 评 定 量 表

一、莱氏品质评定量表

莱氏品质评定量表（Scale for Measuring Introversion Extroversion Qualities）又叫内外向品质量表，是莱德（D. A. Laird）编制的评定他人内向还是外向的量表。在我国常见的是肖孝嵘先生的修订本，共有40个问题，每个问题后面有5个不同的描述短句，短句有的是按外倾到内倾的顺序排列，有的则相反。例如：

他的社交如何?

常处领袖地位；善于交际；交流有限；常回避；害羞、不易与人交流。

他和别人的谈论如何?

只回答别人的问题；沉默寡言；语至则谈；语言流利；好多言。

评定者必须观察被试最近数月内的思想行为，逐题评定，在每一题后面的5个短句中，选择与被试最相符或相近的一个。评定时间不加限制，记分时应先查明每题从外向到内向的顺序，然后以5等记分，依次为1、2、3、4、5分。总分可与常模比较，高分为内向，低分为外向。

二、猜人测验

猜人测验（Guess-Who Test）是一种标准评定量表，主要目的是利用同班同学的长时间相处，互相评定一群学生的各种人格特质。猜人测验最初是哈特松（H. Hartshorne）、梅（M. A. May）及马勒（J. B. Maller）在从事品格教育研究时首先应用的，后经特莱隆（C. M. Tryon）等的研究，发展为两种不同的形式，以下是其中一种。

猜人测验

姓名 ______________　　性别 ______________

下列横线上有12对性质相反的形容词，横线下面的词语是用来解释或补充这些形容词的含义的。当你看到每一个形容词时，同时请你仔细想一想，在你的同班同学中，谁的日常行为表现和这个形容词的含义最接近，就把他的姓名填在这个形容词旁边的括号里，顺着填下去，每个形容词旁边只填写一个人的姓名，不要空下不填。

热情		孤独
(　　)——————	←→	——————(　　)
情感外露，坦白热诚		态度保留，寡言，冷淡
聪慧		鲁钝
(　　)——————	←→	——————(　　)
伶俐，有决断		笨拙，愚蠢
宁静		敏感
(　　)——————	←→	——————(　　)
无神经过敏之症候，生活注意现实		有各种神经过敏之症候，容易激动

（　）	倔强 意志坚强，自信，进取	←→	驯良 温驯，犹豫，殷勤，礼让	（　）
（　）	乐观 高兴，愉快，幽默，诙谐	←→	悲观 沮丧，抑郁，颓唐	（　）
（　）	坚定 积极，支持社会活动	←→	多变 易变动，忽视社会之细节	（　）
（　）	活泼 爱交际，对异性有强烈兴趣	←→	拘谨 羞怯，对异性之兴趣甚少	（　）
（　）	依赖 好群，寻找照顾	←→	独立 好独立，能自我满足	（　）
（　）	文雅 沉静，内省，注意仪态	←→	粗野 粗鲁，不圆滑，生硬	（　）
（　）	通达 可信任，能谅解他人	←→	偏执 有偏见，多疑，善妒嫉	（　）
（　）	放荡 不合习俗，古怪，间歇失常，表现急躁，烦躁	←→	自制 合乎习俗，不受情绪影响	（　）
（　）	巧辩 善掩饰，冷静，缺乏同情心	←→	爽直 不掩饰，对人宽厚	（　）

把全班同学的表格收回后，在热情一项被提名的次数最多的人，就是比较热情的；在孤独一项被提名的次数最多的人，就是比较孤僻的。如果有人在热情上被提名10次，在孤独上被提名1次，抵消后等于在热情上被提名9次，依此类推。

第四节　投 射 测 验

一、罗夏墨迹测验

罗夏墨迹测验是由瑞士精神病学家罗夏 (H. Rorschach) 于1921年编制的，是非常有代表性并在当今世界上广为使用的投射测验。它主要是通过观察被试对一些标准化的墨迹图形的自由反应，评估被试所投射出来的个性特征。该测验最初制作时，是先在一张纸的中央滴一些墨汁，然后将纸对折，用力挤压，使墨汁向四面八方流动，形成两边对称但形状不定的墨迹图形。按此方法，罗氏制作了多张墨迹图形。对精神病患者进行试验，发现不同类型的病人，对墨迹图形有不同的反应。然后再和低能者、正常人和艺术家等的反应作比较，最后选定其中10张作为测验材料，逐步确定记分方法和解释被试反应的原则。最后在1921年以《精神诊断》 (Psychodiagnostics) 的书名发表。

罗夏墨迹测验基于知觉与人格之间有某种关系的基本假说，即个人对刺激的知觉反应投射出该人的人格。由于它采用非文字的墨迹图形刺激，因此适合不同国家和种族使用。当前，主要用于临床诊断。以下就对罗夏墨迹测验作具体介绍。

(一) 测验材料及实施过程

此套测验共有10张以一定顺序排列的墨迹图，其中5张 (第1、4、5、6、7) 为黑白图片，墨迹深浅不一；2张 (2、3) 主要是黑白图片，但加了红色斑点；另3张 (8、9、10) 为彩色图片。这10张图片皆为对称图形，且内容皆毫无意义 (如图7-4)。

在测验开始前，应有一个标准指导语，要求被试诚实回答。测验的实施分为四个阶段。

第一阶段为自由反应阶段。主试按规定顺序和方位将图片递交

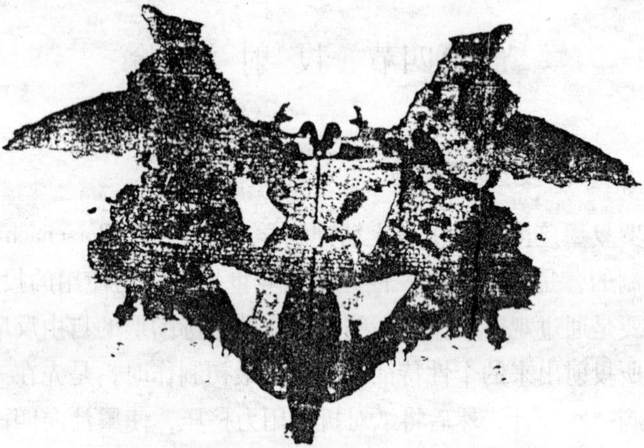

图7-4　罗夏墨迹测验

(引自R. M. Kaplan, *Psychological Testing*)

给被试，同时问被试："你看这像什么？这使你想到什么？"在该阶段，主试应避免采用诱导性的提问，而应让被试对每个图片自由联想。主试要逐字逐句记录下被试的每一句话、呈现每张图片到第一次反应所需时间、各反应之间较长停顿的时间、每张图片反应所需的总时间、受试者的情绪表现、附带的动作及其他行为等。

第二阶段为提问阶段。罗夏墨迹测验的一个特别的技术在于，施测时必须对被试的反应作出标记，即用英文字母对各个反应分类，使资料处理简单化。分类按反应区位、反映决定因子和反应内容三个维度来进行。它的具体内容在记分部分将有介绍。在提问阶段，主试再次将图片逐一递给被试，并根据需要按分类的维度提问。与分类维度相对应，询问包括：每一反应是根据图片中的哪一部分作出的？引起该反应的决定因子是什么（例如是否根据墨迹的形状、颜色、阴影作出反应）？自由反应阶段和提问阶段的资料使主试得以将反应用英文字母进行分类。

第三阶段为类比阶段，是对提问阶段尚不能充分明了的问题作补充说明。如果提问阶段已作出了明确记号，就不必经过这一阶段了。

第四阶段为极限试探阶段。该阶段主要是确定被试是否能从图片中看到某种具体的事物，是否使用的是某个反应领域及决定因子。主试在该阶段往往采用构造化的直接提问方式，使那些在前阶段回答含糊的被试能给出充分的信息。当然，在前三个阶段记录越丰富，极限试探法的必要性就越小。但这一阶段是必需的，因为它对澄清主试自身的疑问很有效。

(二) 记分及解释

罗夏墨迹测验得到的是被试质的回答，因此必须通过分类、记分的过程将质的回答数量化。其数量化的方法是按记号类别计算反应的次数，即计算某种反应类别的频数、百分数、绝对数等统计量，画出心理图像，进行解释和分析。

1. 记分

对该测验的记分方法尚存在不同意见，但记分一般都包括以下几个方面。

①反应区位：即被试对墨迹图的反应着重什么部位，是注重整体还是某一局部。主要反应类别及解释如下。

W (整体反应) 指被试对整个墨迹或几乎整个墨迹作出反应，表示概括倾向。W的次数或百分数 (W%) 过低或没有，表示被试缺乏综合能力。W%过高则表示过分概括倾向或愿望过高。

D (普通大部分反应) 指被试根据墨迹上一些寻常或普通的部分反应。例如对空白、浓淡、色彩等墨迹图像的形态性质所隔开的较大部分进行反应。较多数量的D表示此人具有良好的常识水平。

d (普通小部分反应) 指被试只对空白、浓淡、色彩等墨迹图像的形态性质所隔开的小部分进行反应。

Dd (异常部分反应) 指被试对墨迹的不寻常部分 (如轮廓线、极小部位、内部浓淡部位) 进行反应，Dd数量多意味有刻板或不依习俗的思维。

②反应决定因子：指被试反应时的主要依据，墨迹的什么因素（形状、颜色、浓淡等）决定了被试的反应，决定因子有以下四种。

F（形状）：仅以墨迹的形状特性作为反应决定因子，即被试由于墨迹的形状像某个东西而引起反应。良好的形状答案（即墨迹看上去很像被试所描述的物体，用F+表示）表示被试的现实性思维，其适应良好，智能效率较高；拙劣的形状答案（F–表示）意味着思维过程的混乱。

M（动作）：被试给墨迹以活动性，认为在墨迹中看到人或动物的运动，这通常是想象和移情的作用。M多意味着情感丰富，M少意味着人际关系差。此外，M也是内倾性符号。

C（彩色）：被试的反应由色彩所决定。C是外倾性符号，代表感情作用和内在冲动。纯粹的C反应是情绪控制的病态欠缺，爆发性的，一触即发的情绪性指标，在正常人中少见。

K（阴影、浓淡）：表示被试的反应是由墨迹的阴影所导致的印象决定的。K是一种无形扩散的反应，将墨迹看做没有形状的雾或霞。K可看做焦虑的指标，意味着对情爱的欲求不满足，有模糊不清和蔓延浮动的焦虑。

③反应内容：指被试回答的内容是什么。被试经常回答的反应见表7–4。

④反应的创意性：指反应是一般人常有的还是特殊的。

P（普遍性）：表示多数人共有的反应。

O（特殊性）：表示比较特殊的反应，可能表示创造性联想，也可能是病态思维。

以上是对记分主要维度的介绍，在涉及记分时还更为复杂，每种反应都能更细地再做记号。例如对全体反应记为W，可更细分为切断整体反应（W，即想对墨迹全体进行反应，但却将细小部分忽略了），编造主体（DW，根据墨迹一部分的意义来解释墨迹全体），黑白全体（WS，对整个墨迹和空白部分进行反应）。反应决定因子中也不单单使用上述技术符号，存在主要决定因子与附加决定因子。如果被试对墨迹的反应不仅仅由一个因子决定，便可以使用附加决定因子的方法（详见测验指导说明书）。

2. 解释

罗夏墨迹测验的解释也比较复杂，需要有专门经验的人执行，它主要包括量的分析和系列分析两个过程。

量的分析首先是将各决定因子的主要或附加记号的次数用心理图像表示出来，其次对整体的记号的次数进行宏观解释（如整体反应中，C的出现次数及意义），最后是计算各记号的比率及关系，对被试做出量化的解释。例如，FC<(CF+C) 则代表对情绪性的控制较弱，这种人往往将其反应表现于外在行动中。

系列分析是对每个图版及每个反应的分析，因此是具体的分析。在这种分析中，先把各反应替换成量的分析所得到的概念，再与序列中的其他反应建立关系。因此序列分析必须要了解整个测验中各图片的常见反应、各种反应的意义等多种丰富知识。

罗夏墨迹测验发表后曾风行一时，40年代到60年代为其全盛时期。它开创了人格测验的新途径，同时还可用于跨文化的研究，直到今天，在临床上仍是和MMPI相媲美的测验。但是，该测验记分和解释十分复杂，必须由专业人员执行，同时主观性较大。因此，后来的心理学家致力于编制更为客观精确的墨迹测验，比较有代表性的是赫兹曼（W. H. Holtzman）与其同事编制的赫兹曼墨迹测验（HIT），在评分方面和图片材料上皆变得更简便、更标准，使测验信度提高。

表7–4 罗夏墨迹测验的反应内容及意义

符号	内容	意义
H	人	表示对人的态度，H 过少表示缺乏对他人的理解，缺少与他人的共鸣及好的人际关系
(H)	非现实性的人，如怪物、仙女	
Hd	栩栩如生的人体的一部分	Hd 反应过多表示对他人敏感，过于批评性的倾向
(Hd)	虚构人物的部分	
AH	半人半兽	
At	解剖学意义的人体部分（内部器官或X 光照片)	At 代表意识固着于自己身体，有焦虑反应，At%在 10%以下为正常
Sex	与性器官及性行为有关的东西	Sex 反应了人格病态倾向性，表示对性的关心、亢进及与社会的脱离
A	动物	A 反应是正常，A%在某种程度上是刻板性指标，正常人 A%在 25%～40%范围，A%过低或过高，其社会成熟度皆有问题
(A)	非现实的动物	
Ad	动物的部分	
Aobj	动物制品	
A,At	动物解剖学概念（切断面、X 光照片等)	At 代表意识固着于身体、有焦虑反应，A%在 10%以下正常。
P1	植物	
N	自然	表示对自身内部某种基本力量的态度
Obj	人所制造的物体	表示被试的定像物

续表

Arch	建筑物	表示人的身体或人的业绩
Art	艺术	
Abst	抽象概念	
Cl	云	
Bl	血	与不安定的色彩使用有联系，表示不能
Fire	火	控制的感情反应

二、主题统觉测验

主题统觉测验（Thematic Apperception Test,简称TAT）是投射测验中与罗夏墨迹测验齐名的人格测验，由莫瑞与摩根（C. D. Morgan）于1938年在哈佛大学编制的，主要任务是让被试根据所呈现图片自由联想编造故事。

TAT的理论基础是莫瑞的需要—压力理论。TAT假定：个人面对图画情境所编造的故事与其生活经验有密切的关系。故事内容中有一部分固然受当时知觉的影响，但其想象部分却包含着个人有意识及潜意识的反应，即被试在编造故事时，常是不自觉地把隐藏在内心的冲突和欲望等穿插在故事的情节中，借故事中的人物的行为宣泄出来，亦即把个人的心理历程投射在故事之中。基于这一设想，主试便能够通过分析被试的故事，了解个人心理的需求。

TAT由30张内容暧昧不明的黑白图片组成，另附一张空白卡片。图片的内容多为人物，兼有部分景物（见图7–5）。

实施时，对每一被试只从30张图片中选取20张（包括1张空白的在内），选取标准依被试的性别及年龄而定（一般TAT包括成年男性、成年女性、男孩、女孩4类被试及图片组合）。每次给被试一张图片，要求他编一个故事，说明图中所表现的情景、事情发生的

图7-5　主题统觉测验图形示例

(选自主题统觉测验指导书)

原因、可能的结果及个人的感想。要求故事越生动、越戏剧化越好。每张图片约5分钟，采用个别实施的方式。主试需详细记录被试的反应。为节省时间，许多人都不使用整套TAT图片，而是依被试问题的性质选 10 至 12 张实施。

TAT 的解释同所有投射测验一样，主观性很强，因此最好由两三位主试共同评估。主试需根据所编故事的内容特质 (故事格局、明确的内容、省略情节等) 和形式特质 (长度、种类、故事的组织、内容描述的恒定性) 对被试的需要、情感、冲突、压力作了解。

TAT同罗夏墨迹测验相比，结构性更强一些，但也必须由经验丰富的临床专家来进行记分、解释。统觉测验除了TAT之外，还有密歇根图片测验、密西西比TAT等。

三、其他重要的投射测验

(一) 完成句子测验

完成句子测验是投射测验中较接近自陈问卷的测验，实施同罗夏墨迹测验、TAT相比更简便。它一般有两种形式：限制选择式——在一句未完成的句子后列数个短句，由被试从其中选择一个能表达其情感的短句作答；自由作答式——由被试将未完成的句子自由补充为一个完整的句子。

罗特（J. B. Rotter）1950年编制的完成句子测验（The Rotter Incomplete Sentence Blank）是一种在评分和解释方面都较标准化的自由作答测验。该测验包括40个未完成的句子，题干十分简单，要求被试自由联想加以完成。根据被试的反应，将其情感、态度、观念等投射出来。例题如：我喜欢__________，读书__________，我恨__________，大部分的女孩__________。

根据被试所补充的句子，按标准记分，分为C反应（冲突或不健康的反应，如我恨……所有的人）；P反应（积极的或健全的反应，如我喜欢……一切美好的事物）；N反应（缺乏情调的中性反应，凡不属于C、P的皆属于N反应，如我想要知道……你的名字和籍贯）。各个项目的分数总和，表示其不良适应的程度。

语句完成测验也可根据经验标准来编制。

（二）绘画测验

1. 画人测验

画人测验在智力测验一章中已有介绍，需要补充的是，画人测验既可作为智力评估的工具，也用于评估人格。评估人格的基本假设是：被试在同性的人像上投射自己能接受的冲动，在异性的人像上投射自己不能接受的冲动。此外，人像的特征也投射出个体的性格特点。例如，长长的睫毛代表具有癔病的倾向，过大的人像表明冲动外露……这种解释往往并不能使人信服。

2. 画树测验

由瑞士心理学家设计。施测的方法是让被试随意画一棵树，将画好的树和事先订好的20种标准相比较，便可解释被试的人格特征。卡氏所订的标准举例如下：树有根，表示被试执着于尘世，稳重，不投机，不作轻率之举；树干的左边有阴影，表示性格内向，拘谨；树叶由同心圆组成，表示具有神秘性，缺乏活动，自足自满，性格内向；树倾向右边，表示好交际，易激动，对于将来具有信心，擅长表现、活动。画树测验具有一定的效度，曾有人研究表明，画树特征所显示的性格与被试自评结果完全符合者为44%，部分符合者为41%，完全不符合者为15%。

3. 逆境对话测验

本测验由罗森韦格（S. Rosenzweig）于1941年编制。原名为挫折图片研究，广泛应用于研究挫折，分为成人用和儿童用两种。测验由一些图片组成，通常画中有两位人物，其中一人说了几句足以引起另一人生气或陷入挫折情境的话，被试需根据后者当时的感受，写下他将回答的话（见图7–6）。该测验假定，被试在反应时，是将自己的想法投射到图片中受挫人物身上，“替”他回答，因此从回答的性质便可预测被试在遭遇挫折时的反应倾向。

作答后，根据被试答案的“攻击方向”和所表达的攻击类型记分。攻击方向包括外向攻击（朝向他人或环境）、内向攻击（朝向受挫者本身）和免于攻击（设法避免攻击或不表达攻击）。攻击类型包

图7–6 逆境对话测验图例
（选自郑日昌《心理测量》，466页）

括强调障碍（简称O—D，反应重点在强调障碍或困难）、自我防御（E—D，反应重点在为自身辩解或解脱责任）、需求为主（N—P，反应重点在提供解决问题的途径及克服障碍）。因此，被试共有九类反应，可依据常模作出解释。

第五节　其他人格测量方法

一、情境测验

情境测验法属于行为观察法的一种，是将被试置于特定情境下，由主试观察被试行为反应，从而判定人格的方法。该方法常用于教育及军事等领域或特殊人才的选拔。

（一）品格教育测验

品格教育测验（Character Education Inquiry，简称CEI）是由哈特松和梅于20年代末设计的最著名的情境测验。CEI采用的情境是学龄儿童生活或学习中所熟悉的实际生活情境，用来测量诸如诚实、自我控制及利他主义等品格或行为的特点。例如，主试故意安排一种学生在考试时可抄袭答案的机会，或者安排在考试后学生自行批改考卷的机会，考查学生是否能诚实作答或批改自己考卷。

哈、梅的诚实测验的另一种方法叫做“不可信的成绩”，包括曲线迷、周迷、方迷三种测验。以下以周迷测验为例介绍，如图7-7所示。

被试先将铅笔尖端放在椭圆形下面的“X”处，当听到主试说“做”时，即刻闭上眼睛，按顺序在每一圆圈中做一记号，连做三次，划中一个得一分。

由于主试事先通过多次试验确定了诚实分数常模，即在不偷看的情况下，各种团体的被试所能获得的最高分数。由常模分数减去被试实得分数，即个人诚实分数，分数越大，说明越不诚实。

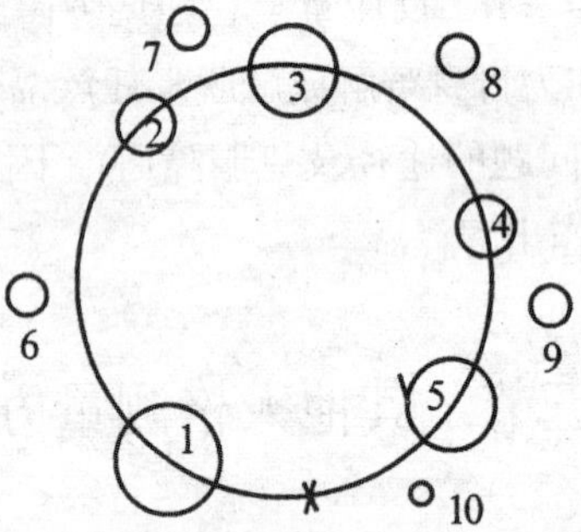

图7-7 周迷测验图例

(选自郑日昌《心理测量》，470页)

（二）情境压力测验

情境压力测验主要应用于军事或领导人才的选拔上。通常采用设计好的情境，使被试产生情绪上的压力，然后观察被试如何应付情境，从而了解其人格特征。有代表性的情境压力测验有军事情境测验及无领导团体讨论。前者要求被试和其他人完成一项军事行动，主试制造挫折情境，如他人消极抵抗被试，有人捣蛋，从而观察被试的反应。后者主要是安排数名并不相识的被试，讨论某一问题或完成某项任务，观察每个人的表现及是否有人主动承担起领导者的责任，从而进行人才选拔。

情境测验的优点在于从实际情境中观察被试行为，更真实、自然，不易作假；缺点在于费时、昂贵，且必须由受过训练的主试进行观察评价，因此很不方便。此外，被试在不同的情境下会有不同的反应，因此仅在一个情境下观察被试得到的结论并不一定可靠。

二、人格的客观测量方法

人格的客观测量方法指的是通过测量个体的认知、知觉、生理学的特征来评估人格的方法。研究表明，情绪等人格特征往往与一定的生理反应相联系，例如恐惧、兴奋会导致生理上的变化。对情绪的研究也表明，具体的情绪表现是生理唤醒状态、过去经历的类似情境的记忆以及对现实情境的知觉交互作用的结果。以上这些研究表明，人格特征可通过客观测量的方法进行评估。该方法的代表性测验是场独立性—依存性测验，即镶嵌图形测验（Embedded Figures Test）。

镶嵌图形测验是威特金（H. Vitkin）编制的测查个体场独立性、场依存性认知方式的测验。所谓场独立性、场依存性认知能力，即从复杂的整体中区分部分的能力。场独立性的认知方式意味着个体能不依靠外界线索和环境的作用，根据自身的内在标准和线索认知事物，而场依存性则恰恰相反。

镶嵌图形测验如图7-8所示，要求被试能够在复杂的整体图形中找出并描出小部分隐蔽于其中的图形。测验的分数反映了被试克

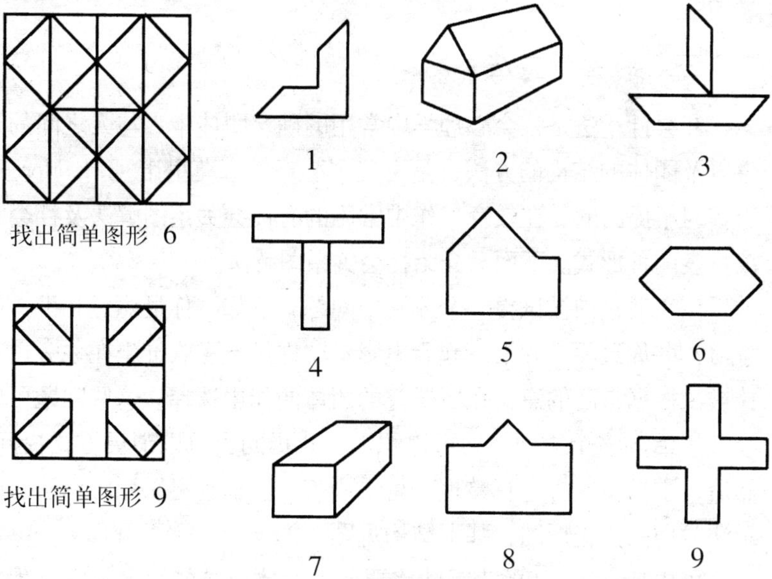

图7-8　镶嵌图形

(选自镶嵌图形测验题本)

服隐蔽的知觉能力，即空间改组能力。因此，那些能够相当准确并迅速地发现镶嵌图形的被试，其认知方式属于场独立性强，而比较困难的被试则属于场依存性强。

威特金后来发现，场独立性、依存性并不只是简单地反映个体的认知方式，还反映了个体的人格特点。典型的场独立性的人独立性强，心理更成熟，能自我接纳，主动地应付环境，以理智思维作为防御机制，明了自己的内部经验；而典型的场依存性的人心理不成熟，依赖性强，内部经验也不协调，被动，倾向于以压抑和否定作为防御机制。男性比女性场独立性更强，随着年龄的增长场独立性也会增强，因此场独立性、依存性是一种人格特质。

根据这一研究，隐蔽图形测验逐渐成为测量场独立性—依存性的人格测验，它实质是通过测量个体的认知特点来解释、评估人格特性。

三、社会计量法

社会计量法是社会心理学中常用的确定团体中人与人之间的关系以及团体的结构的方法，是由美国心理学家莫里诺 (J. L. Moreno) 于1934年提出的。在教育工作中常用的有社会关系图解法及社会距离量表两种形式。下面只介绍社会关系图解法。

该法通过向被试提一个或几个问题，例如“你最愿意和谁一起学习？”“你最愿意和谁一起看电影？”“你最不喜欢谁坐在你旁边?”让被试根据自己的意愿在所研究的团体同伴中选择。这些问题可以涉及生活的多个方面，即可以积极方式提问也可以消极方式提问。然后，主试将回答进行整理，可采用表列法，也可采用图示法。图示法常用的为靶形图，基本结构见图7–9。

可以依据图7–9的表示法将要研究团体成员的社会关系呈现在一个图中，直观地分析每个人的地位及相互关系。此外，还可以通过统计分析，得到有关个人地位及团体性质的各种指数，如：

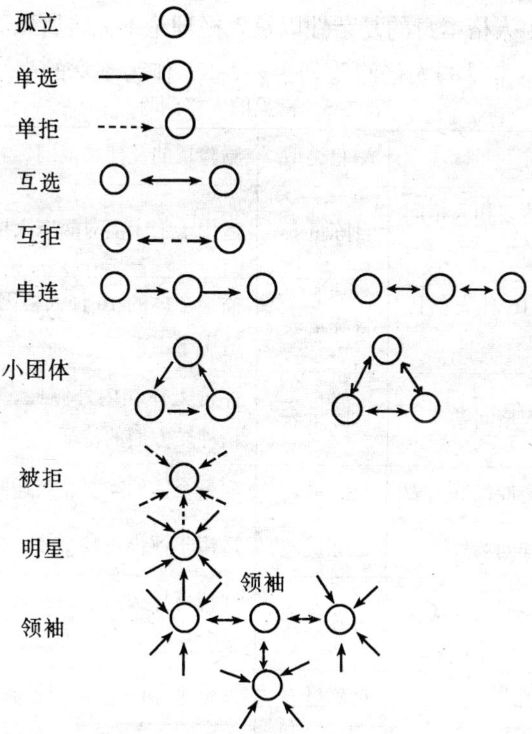

图7-9　社会关系图解法示图

$$个人受选地位指数=\frac{受选总数}{团体人数-1}$$

$$团体吸引率=\frac{总选择数}{总选择数+总拒斥数}$$

评估人格的方法还有许多。例如最传统的晤谈法，每个人在不知不觉使用的观察法，还有用于了解“自我”的Q分类技术，测量态度的态度量表，等等。总体来说，人格测验的方法思路很多，但好的人格测量方法却很少。人格测量最大的问题在于难以确定信度和效度，同时主观性很大，解释和评分也比较困难。正如前面所述，这是由人格本身的复杂性以及人格理论不完善所致。

下面将常见的人格测验列于表7–5，作为本章的小结。

表 7–5　常见的人格测验

测验名称	测验类型	测验目的及使用范围
明尼苏达多相人格问卷	自陈量表	适用于临床上对病态人格的诊断
卡特尔 16 种人格因素问卷	自陈量表	描绘个体的 16 种人格因素特征，适用于正常人
艾森克人格问卷	自陈量表	评价人体在内外倾性、情绪性、精神质方面的特征
爱德华个性偏好量表	自陈量表	测量个体的需要、兴趣倾向
加州心理问卷	自陈量表	适用于评价正常个体人格特征
詹金斯活动性调查表	自陈量表	评价可导致冠心病的 A 型行为特征
控制点问卷	自陈量表	评价个体内控及外控特征
米伦临床多项问卷	自陈量表	临床精神病诊断
儿童人格问卷	评定量表	鉴别需要进行心理治疗的儿童
莱氏品质评定量表	评定量表	评定他人内外向特征
猜人测验	评定量表	教育情境中品质评定
形容词检核表	评定量表	评价他人人格特征
罗夏墨迹测验	投射测验	临床精神病的人格评估
主题统觉测验	投射测验	临床精神病的人格评估
完成句子测验	投射测验	评价人格特征及适应状态
画树测验、画人测验、屋—树—人测验	投射测验	评价人格特征

续表

品格教育测验	情境测验	中学生品格评估
情境压力测验	情境测验	军事或特殊人才选拔
镶嵌图形测验	客观测量方法	评价场独立性、依存性认知方式
社会关系图解法	社会计量法	评价团体中人际关系、个人地位
社会距离量表	社会计量法	评价团体中成员关系亲疏、远近
瑟斯顿量表	态度量表	对事物的态度评价
Q 分类技术*	评定量表	了解“自我”理解及一致性

*Q 分类技术类似于评定量表，也有检核表的特征。

第八章 成就测验

第一节 成就测验概述

成就测验又称教育测验、学绩测验，是测验实践和应用中最常见到的。几乎所有的测验都可用于教育领域，但有些测验是专门为教育情境而设计的，这些测验通常用于测量被试对某种知识、技能掌握的水平。成就测验一般都是团体测验。

一、成就测验的性质

一般认为成就测验、智力测验和特殊能力测验都是测量人的最高作为的测验。成就测验区别于所有其他类型测验（智力、人格等测验）的不同之处在于，它是一种相对直接的测量，而智力或其他心理特质只能通过间接方法测量，即通过对被试的某种表现或成绩来进行推测。

人的能力分为实际能力和潜在能力。成就测验测的是实际能力，即一个人知道什么（知识）和能干什么（技能）。潜在能力指的是学习能力或从事某种活动成功的可能性，又称做性向或能力倾向。无论成就测验还是性向测验，测量的都是某种学习的结果。其区别主要表现在两个方面：一是它们与经验的一致性程度不同，成就测验测量的是相对标准或规范化经验的影响，如某种课程、训练程序对个人的影响，而性向测验反映的是广泛的学习经验的影响；另一方面是它们的用途不同，性向测验经常用于预测将来的成就，如估计被试在将来某种训练中获益的程度以及预测他们在某种新情境中的表现等，而成就测验一般评估被试在已完成的训练中的情况，强调的是被试此时的作为。性向测验偏重于预测效度的分析，而成就测验却偏重于内容效度的分析。

但是，上述这种划分是相对的，实际上这些测验之间并不存在本质的区别。性向测验不可能排除正规学习、训练及知识经验的影响；某些成就测验也包含了较为广泛和不规范的教育经验的作用。成就测验也可以用来预测将来的学习，特别是在预测学校的学习成绩方面有时还要优于性向测验或智力测验。

在区分这两种测验时，尤其应该注意不要把性向测验当做是测量遗传潜能的，而成就测验是测学习效果的，这种观点在心理测验的早期发展阶段是非常普遍的。但现代心理测验理论认为，所有心理测验测量的都是被试现在的行为，是个人已经学会的东西，是一种已经发展的能力。每种测验结果都或多或少地受到特殊知识经验的影响，图8-1表明了不同测验受特殊知识经验影响的程度，从图中可以看出，每种测验受特殊知识经验影响的程度只有大小之别，不存在明显的界限，经验对它们的影响形成一个连续体。

特殊性 ———————— 一般性

课程取向的成就测验	广泛性的成就测验	语言类的智力及性向测验	非语言及实作测验	文化公平性测验

图8-1　测量能力的测验：以经验的特殊性为连续向度

二、成就测验的用途

成就测验主要用于教育领域。概括地说，成就测验在教育上的用途分为四种，即反馈、评价、科研和选拔安置。

（一）反馈功能

成就测验的得分可以作为反馈信息，调节教师的教学活动。在某一教学阶段开始前的成就测验，能使教师了解学生对完成本阶段学习任务的智力、知识和技能的准备情况，为修改教育目标和教学计划提供依据。在教学过程中的检查测验，能使教师了解学生对有关知识、技能的掌握情况，诊断出学生的学习困难之所在，以便及时发现教和学中的问题，从而调整教学内容，改进教学方法。在某一教学阶段终了后的总结测验，能使教师了解教育目标是否达到，了解学生综合应用和迁移知识、技能的能力，同时为制定新的教育目标提供依据。图8–2表明了在教学的各个环节中测验的反馈功能。

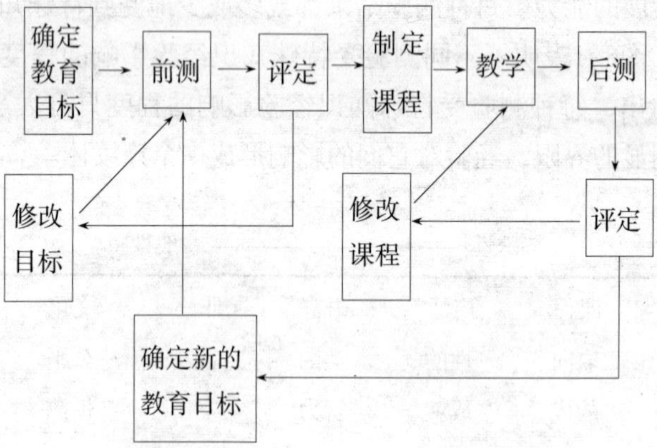

图8–2　测验的反馈功能图解

（引自郑日昌《心理测量》，291页）

测验的反馈信息还可促进学生的学习活动。考试结果能使学生明了自己的学习情况，作出自我评价，找出薄弱环节，调整自己的学习方法，并确定新的努力目标；考试的气氛及对分数的正负强化，在一定程度上具有动机激发作用，能引起或满足学生渴望成功、得到社会承认的需要，从而提高学习活动的积极性。

(二) 评价功能

成就测验不但可用于评价学生，还可用于评价教师，评价一所学校或一个地区的教学质量；不但可作跨区域的横向比较，还可作跨年代的纵向比较。但我们要注意，在评价时一定要参照许多其他信息，不能单看测验分数。

(三) 研究工具

测验对教育理论的研究和发展具有重要作用。好的教育体制、教材和教法，要通过教育效果来体现，而教育效果在一定程度上又要通过测验成绩来检查。很多教改实践的效果都要通过一定的成就测验来检验。

(四) 人才选拔与安置

学绩测验经常用来作为选人的工具，例如各种升学考试、招工考试等；也可用来确定一个人是否达到了从事某项活动所需要的最低熟练水平；还可对人员进行分类，把每个人安置到适当的位置上去。

三、成就测验的种类

成就测验根据不同分类方式可以分成不同的种类。

(一) 按反应方式分

成就测验从反应方式上，可分为实作测验和纸笔测验。这与我们前面介绍的概念是一致的。实作测验需要具体操作，如表演体操、调整机器等。纸笔测验又可分为再认式和回忆式两类。再认式题目是把若干学习过的内容，重新呈现在被试面前，让被试辨认或排列组合，如是非题、多选题、匹配题、顺序题等。回忆式题目是所学过的内容不在眼前，要被试回忆，写出一个答案来，如填空题、简答题、论文题等。

(二) 按编制方法分

从编制方法上可分为标准化成就测验和教师自编测验。标准化成就测验是由专门机构编制的，测验内容和常模样本较为普遍，而教师自编测验通常因教师、课程、班级或教学单元的不同而有所更换，其内容范围和常模样本较为狭窄。

(三) 从用途上分

从总的用途上看可分为形成性测验和总结性测验。成就测验的传统用途是在学习单元或全部课程结束后实施测验，以测量学生是否已达到教学目标。从技术上讲，这种用途称为总结性评估，它以测验成绩作为最终产物，目的是对学生的学习作一终结性的评价，如好坏、过关还是不过关。另一类是形成性评估，这种评估是把教育过程和评估结合起来，在教学进行过程中测量学生的进步情况。形成性测验是教学活动中的一个有机部分，通过对学习者在学习过程中的表现进行评估，可以指导学生决定是复习还是继续学习下一个单元。

(四) 按解释分数的方法分

根据解释分数的方法的不同，可分为标准参照测验和常模参照测验。这两种测验前面已经讨论过。在实际应用中，许多成就测验既可以是常模参照测验，也可以是标准参照测验，了解一个人已经学了多少（标准参照测验的功能）和把一个人的成绩与其他人作比较（常模参照测验的功能），有时可以由同一个测验来完成。

(五) 从测验的功能上分

从测验的功能上可分为检查测验、水平测验、预测性测验、诊断性测验和准备性测验。

检查测验主要用来考察被试对某种知识、技能总的掌握情况，而不是被试所具有的长处和不足。

水平测验是一种标准参照测验，是用来考察学生是否达到某种要求的能力水平的一种测试。它不是用来确定被试在人群中的位置，而是用来对被试达标情况进行判断。这种测验又可称为基本技能最低限度测验。

预测性测验通常用来预测被试未来的学习成就。一般它所包含的题目比相同学科的一般成就测验复杂，在预测今后是否成功方面，其作用与性向测验相类似。预测性测验有阅读测验、算术测验和外语测验等等。

诊断性测验能鉴别被试在学习功课方面的困难。编制这种测验必须把被试在各个学科上的成绩分解成在各种技能上的成绩，再分别设计出测量这些技能的题目。一般成就测验只可用于比较被试在人群中的相对位置，却不知道对具体技能的掌握情况，而诊断性测验可以了解被试在几个基本技能上的优劣，从而提供改进的依据。诊断性测验包括的题目差别很大，施测时间比相同学科检查测验长，有时还要用到特殊仪器，如眼动仪等。在使用时，一般成就测验通常是第一步，它给出被试在各个课程中表现的具体情况，如需要评估被试在特定领域的成就，可以实施单科检查测验，最后如果需要仔细分析个体在阅读、算术等方面的困难及其原因时，可以实施诊断性测验。

准备性测验主要考查学生在一个特定的教育任务上是否做好了准备，其效度由对有关领域的教学做好准备的学生同没有做好准备的学生之间的有效区分决定。

(六) 从测验的内容范围分

从测验的内容范围上，可分为成套成就测验和单科测验。成套成就测验是包括不同内容范围的一套测验，每个分测验包括某种学科的知识，各分测验得分可互相比较。当然分测验也可以单独使用，但这样做比单科测验的信度和效度低。单科测验包括特殊领域的知识，适合于确定被试在该领域的成就大小。

四、成就测验的选用

前面介绍的各种不同的成就测验，其分类可以是重叠的。例如，单科检查测验既可以是总结性评估式的也可以是形成性评估式的，既可以是标准参照的也可以是常模参照的。我们必须根据自己的目的，合理选用不同的成就测验。

选择标准化成就测验与编制随堂测验的基本原理一样，主要是选择与具体组织、班级、学校或教育系统的教育目标相匹配的内容及难度适宜的测验。在决定所用测验之前，必须先确定被试的知识或能力水平、教学内容和目标、分数的应用方式等，具体来说就是先确定使用测验的目的和实际条件，如你是用来对学生进行评估、安置、诊断学习困难、安排学习计划，还是用来评估教学进展情况。在使用测验前应该认真阅读测验手册，看测验的目的是否符合自己的要求，施测条件是否能满足等。

确定目的和实际条件后还需要了解测验的信度、效度和常模等情况，这些内容在前面基本理论部分已经介绍过，这里只讨论成就测验特殊的地方。对于成就测验来说，一般信度系数应在0.80～0.90之间，复本信度应比内部一致性信度高。内容效度一般最为重要，但如果是预测性测验，还需要提供预测效度的证据。常模资料也应满足测验的目的。

第二节　标准化成就测验

一、标准化成就测验的历史

标准化测验的编制开始于本世纪初，但标准化测量的观念由来已久。1845年，美国波士顿城第一次进行了全城范围的书面考试，从而拉开了现代标准化测验运动的序幕。同年，美国大教育家曼

(Horace Mann) 在论述口试与笔试的利弊时提出：

①统一的笔试比个别的口试公平些，因为应试儿童可接受同样的试题，不至有难易的不均；

②统一的笔试比个别的口试可靠些，因为笔试题多，受偶然因素影响小；

③统一的笔试比个别的口试在时间上经济些；

④口试容易引起临场的慌乱。

这些论述虽然对于测验运动的发展没有产生太大影响，但与后来标准化测验的观念极为吻合。

1864年，美国的费希尔 (George Fisher) 曾广泛搜集学生的书法、拼字、算术、文法、作文、历史、自然、图画、法文等作业样本编成量表集，作为评量各科成绩的标准。书中备有各科学生作品的不同水平的样本，并为每一样本评定一种分数，以示优劣。在评定某学生某个作品时，可将其作品与量表集中的各样本相互比较，以求得与其作品优劣相等的样本，此样本的分数即为该生应得的分数。这种评定分数的方法有标准可循，应该说比较客观和一致。但费希尔在编量表集时，仅凭个人的主观判断来评定样本分数，因而也就影响了其客观性和精确性。费希尔的这种方法与后来的书法量表、作文量表的编制方法是大体相同的。

19世纪末20世纪初，美国兴起了教育改革运动，亦称进步教育或新教育运动，其宗旨是反对当时形式主义占统治地位的传统学校教育，主张改革学制、课程、教学方法和教学组织。有人主张对学校里只注重练习与背诵的教学方法进行改革，增加实用学科，遭到守旧派的反对。守旧派认为，新的功课一加入，学生就没有功夫学习旧的有用的基本科目了。1894年，莱斯 (J. M. Rice) 选定50个字作为拼法测验，测量各校学生的拼字能力，并调查各校每周讲授拼法的时数。结果表明，讲授时间的多少与成绩优劣没有多大关系。8年之中每天用15分钟学习拼法的学生，其成绩并不次于每天用40

分钟学习拼法的学生。莱斯的工作虽然受到许多人的怀疑，但也获得了少数有思想的教育家的注意与赞同。他采用客观方法来研究教育问题，对测验运动的贡献是不可磨灭的。

这场运动对传统的考试制度进行改革，主张：①考试主要不是同别人比分数而是看学生的进步程度，使学生看到自己的进步和不足，以激励他们作自我努力；②学校教育实行单轨制，放宽招生考试，使同一年龄的学生进入同一类学校，反对传统的竞争考试，使学生接受教育的机会均等；③通过智力测验，根据学生智力水平的差异分班、分组，以根据学生的个别差异进行教育；④提倡标准化测验。这些主张推动了教育测验运动的发展。

教育测验运动的中心人物是桑代克。艾尔斯 (L. P. Ayres) 曾说过："我们既称莱斯为教育测验的创始者，则对桑代克应称之为教育测验运动的鼻祖。"[①] 1904年桑代克出版了《心理与社会测量》一书，介绍了心理统计方法及编制测验的基本原理。这是世界上第一本社会科学方面的测量学专著。1908年，在桑代克指导下，斯腾编制了一个算术推理测验，这是一种最早的标准化测验。1909年，桑代克发表书法量表，这是世界上第一个用科学方法编制的教育测量工具，是测验运动中极重要的事件。自此以后，各种标准化测验和量表日渐增多，由单科测验发展到成套的一般成就测验，由小学扩展到中学、大学，由用于调查和选人发展到用于诊断和促进教学。直到现在，教育测验一直是心理测验中数量最多、用途最广的一种测验。

我国的标准化测验，应以1918年俞子夷编制的小学国文毛笔书法量表为起点。20年代初，在美国教育测验专家麦柯尔的帮助下，北京师范大学、北京大学等校的教授和学生编成测验四十余种。当时，中华教育改进社还组织人力用测验进行了大规模的小学调查。

① 转引自郑日昌：《心理测量》，湖南教育出版社，294页，1987。

随后，艾伟和其他人士编制了小学各科测验和诊断测验，后来这种研究被中断。虽然我国最早使用测量的方法选拔人才，但在教育测验方面还远落后于发达国家。

二、标准化成就测验的编制

（一）标准化成就测验的编制程序

标准化成就测验是由专门的测验机构编制的。以美国教育测验中心（ETS）为例，在那里，测验的编制工作是在一个由学科和测量专家组成的顾问委员会指导下进行的。他们提出一般的原则：需要哪种类型的测验？用于什么目的？测量哪些知识和技能？相对重点是什么？适用于哪个年龄范围？需要多少题目？本测验和成套测验中别的测验以及市面上流行的测验的关系是什么？采用哪种形式的题目？需要几种分数或分测验？等等。他们对这些问题的决定，便成为编制测验的总纲和准则。

测验的实际编制工作，是由学科专家与测验编制专家共同完成的，其步骤与一般心理测验的编制程序相同。

首先，根据测验目的，由许多人共同拟定测验计划，集中各种观点，使其具有广泛的代表性。具体的编题计划通常采用内容和行为目标双向细目表。接下来是编题，由学科专家和测验专家进行评论、修改、再评论，如此反复，直至得到一套满意的题目为止。编写的题目应比需要的多出几倍（通常为三四倍），然后通过试测进行项目分析。项目分析可以用经典测量理论方法，也可用项目反应理论方法。成就测验一般多用复本信度和分半信度作信度指标，以年级为样本的测验应该给出各年级的单独的信度。成就测验的效度指标主要是内容效度。用于预测的成就测验，实证效度很重要。除常模分数外，有时还需要提供内容参照分数。最后是编写测验说明书（测验手册），并制作各种辅助材料（如作答纸格式、剖析图、记分键等），必要时还要为学生编写测验指南并提供一些模拟试题，这些对测验的有效使用是必不可少的。

对大规模使用的标准化成就测验，最好建立题库。建立题库应注意：

①测验的要求、内容、题型、格式必须定型；

②放在题库里的题目必须在与将来被试情况相一致的样本里试测过，而且难度和区分度等指标符合要求，同时要根据双向细目表做好分类、归档，以备随时检索、调用；

③题库要有一套好的管理和检索系统，题目可用题卡或电脑储存，并将题目的变化、使用情况、试测结果都记录在案。

(二) 教育目标的分类与测量

近几十年来，心理学家和教育学家对教育目标问题作了许多研究。一般认为，教育的目标可以分为认知性的、情感性的和心理运动三大领域。认知领域包括与知识和认识能力的发展有关的目标；情感领域指一定的态度、价值和情感；而心理运动领域主要指有关的动作技能目标。

教育的认知目标分类法通常有四种，如表8-1。

表8-1　教育的认知目标分类

布鲁姆和克拉斯沃 (D. R. Krathwohl) (1956)
知识
理解
应用
分析
综合
评价
格拉赫 (V. S. Gerlach) 和沙利文 (H. J. Sullivan) (1967)
识别
命名

续表

描述
建构
分级
演示
教育测验中心
记忆
理解
思维
伊贝尔 (1979)
术语 (或词汇) 的理解
事实和原则 (或普遍性) 的理解
解释或演示的能力 (关系的理解)
计算能力 (数学问题)
预测能力 (在何种情况下最可能发生什么)
选择最合适的活动 (或某种具体实际问题的情况) 的能力
作出评价判断的能力

第一种分类方法也是最流行的为布鲁姆和克拉斯沃编著的《教育目标分类学：认知维度》 (1956) 一书中提出的系统。这种分类从简到繁有六个级别，这六个类型不是相互排斥的，较高级的类中包含较低级类型的内容。例如“知识” (1级类) 和“理解” (2级类) 都是“应用” (3级类) 的基础而且包含在第三种类型中。

布鲁姆对教学目标的六个级别类型有明确的定义，并提供了试题范例，供编制测验参考。

①记忆 (知识)：对具体事实的回忆，方法或过程的回忆，模式、结构或背景的回忆等。例如：“请列举所有的惰性元素。”

②理解：理解事物的意义或目的。这一层次的一般行为是转

译、解释或推论。测量理解的题目常用的词汇是：转换表达方式、解释、总结等。例如："请解释测验不可靠的含意。"

③应用：将知识和想法应用到新的具体情境中。测量应用的题目常用词汇是：计算、确定、解决等。例如："计算下面一组分数的平均数和标准差。"

④分析：将事物分解成不同部分以揭示其结构和各部分之间的关系。这类题目常用的词汇是：分析、区别、关系。例如："分析性向测验和成就测验的不同。"

⑤综合：将各种不同元素或部分组合成一个整体结构。测量综合题目的常用词汇是：设计、归纳、设想、计划等。例如："设计一个项目分析课程测验的双向细目表。"

⑥评价：在推理的基础上对事物的价值作出判断。测量判断的题目常用词汇是：比较、评价、判断、评论等。例如："评价使用智力测验的后果。"

情感和心理动力的教育目标还没有令人满意的分类方法。

第二种分类方法是由格拉赫和沙利文提出的，它是完全由被试通过学习应该达到的行为要求所定义的，例如：识别能力要求被试能够指出题目属于何种特定类型；命名能力则要求被试以正确的词汇来表达或表示某种知识或概念；描述能力要求能报告物体的确切类别、事件、所有物或相对物；建构能力要求能根据特殊要求完成任务，作出成绩；分级能力要求被试能对两个或更多的参照物划分具体的等级；应用能力要求学习者能够根据要求演示完成某项专门任务的行为。

其他两种分类方法，这里就不详加介绍了。

(三) 客观题和论文题的争议

标准化测验诞生后不久，就出现了客观题和论文题的争议，这种争议一直持续到今天。虽然有些学者认为，可以通过测量技术使客观题测到论文题所测的能力，但对于各种语言考试，如中文、英文等，论文题一直是考试内容不可缺少的一部分，很难用客观题来代替。因此，有必要讨论一下客观题和论文题的特点，从而在编制测验时正确使用。

1. 客观题

据罗斯（C. C. Ross）的考证，客观题的兴起比标准化成就测验晚了约十年。从历史来看，最早的传统学校考试主要是用一些论文题。本世纪初，许多研究考试方法的文章相继发表，批评论文式考试结果不可靠，心理学家开始提倡用客观测验。

客观题的形式很多，主要有再认式，如是非题、多选题、匹配题、排列题等。有时也采用回忆式题目，但答案很简单，一般只有一两个字或一两句话，如填空题、简答题、改错题等，记分较为客观。

客观题有许多优点，最主要的优点是它在每道题目上所花费的时间要比典型的论文题少得多。因此客观题能够包含较完全的内容，从而大大降低了因题目取样所造成的误差，减少了个人在测验得分上的不公平。一些早期的研究显示，一个测验中包含的题目越多，则机会、运气对总分的影响也就越小。

客观题的另一个得到大家公认且已被详尽研究的优点是记分容易、迅速且一致。客观题可用机器阅卷，对于大规模的施测计划，尤其是对需要及时反馈的测验，用处极大。

客观题的评分客观，试题形式变化多，学生作答感到有兴趣，而作答方法简易，适合中、小学生的作答能力。这些特点使客观题在标准化测验中已在很大程度上取代了论文题。

当然，客观题也有缺点。客观题中的是非题、多选题、匹配题等，由于答案在选项之中，被试可能凭猜测而侥幸得分。例如，对于二择一的是非题，猜对的概率为50%，对于四择一的题目，猜对的机遇有25%，这样就会影响成绩的真实性。对于这个缺点，测量学家已仔细研究，提出了校正公式，如麦柯尔提出以下校正公式：

$$S=\left(R-\frac{W}{N-1}\right)\times 每题应占分数$$

式中R=答对的题数，W=答错的题数，N=备选答案数目，S=校正机遇影响后的分数。对大多数客观题，每题只占1分，所以式中最后一项可以省略。对于只有两个选择的是非题，校正公式可以简化为S=R-W。注意在这个公式中，对未答项目不加考虑。

对猜测的校正是否必要是个有争议的问题。赞成者的理由有两点：一是对猜测加以校正可使分数更好地反映学生真实成绩；二是对于胡乱猜答给予惩戒，可培养学生实事求是的态度和谨慎思考的习惯。反对者的理由：一是学生答错题目，并非都是存心投机取巧，有些学生是诚实作答的，但可能因记忆错误或其他原因答错，结果连累答对的题目，实在冤枉；二是根据统计学原理，凭猜测得高分的可能性是很小的；三是对猜测校正与不校正，其分数的相关很高，因为大家猜测机会相等，扣分只能使分数普遍降低，但每人成绩位置（名次）很少改变；四是一个学生如果答对的题数等于或少于答错的题数，校正后便会得到零分甚至负分，这是难以解释的；五是在不能肯定的情况下，进行合理的猜测是值得培养的习惯，对于猜测给予惩罚，会使儿童谨小慎微，泯灭创造精神；六是通过对错误选择的分析，可以判定学生混乱或误解的原因，倘若扣分，便得不到此种信息；七是应用校正公式计算分数很麻烦。

上述两种意见都言之成理，我们不妨采取一个折中的办法。

①是非题凭猜测得分的机遇较大，有必要加以校正。多选题（答案在四个以上）猜测机会很小，可不校正。

②当题数过多、时间不够或题目太难时，学生乱猜的现象增加，可采用校正公式，但事先要对考生说明。

客观题的另一不足是使用范围有一定限制。客观题容易出得死板，只考查学生对零碎、琐屑知识的机械记忆，忽略对知识的理解、组织和应用等能力的测量。当然，通过改进编题技巧，例如通过针对教学目标命题，使试题代表教材中重要部分，尽量少出事实性题目（如人名、地名、年代、数字记忆等），多出思考性题目，叙述情境要求学生进行分析等，可以克服这些毛病，在一定程度上扩大其使用范围。但是，无论通过什么技术改进，客观题也不能完全代替论文题的功能。

2. 论文题

论文题是一种用于衡量较高级的思维过程的测试方法，如果命题得当，可以测量学生组织材料的能力、综合能力和文字表达能力，有时甚至可以测量评价能力和创造能力，而这些能力是客观测验难以测量的。另外，这种题目出起来比较容易，并且不允许被试通过随机猜测回答。考夫曼（W. E. Coffman）的研究结果表明，如果采用论文题，学生则会比较注意整体教材的综合和应用能力，对写作会有积极影响。

论文题也存在缺点，第一是题量太少，取样不广且不均，不能代表全部教材，很容易影响分数的可靠性，也可能滋长学生投机取巧的心理。图8-3是论文题取样不完备影响得分的极端例子。甲、乙、丙、丁四位学生，每人都只掌握了教材的50%，图中阴影代表他们掌握的部分，空白代表他们没有掌握的部分；1、2、3、4代表四个题目，考试结果分数差距竟达100分。

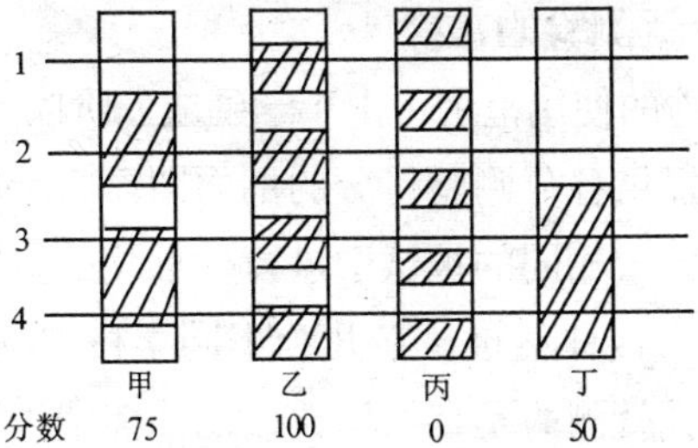

图8-3 论文式试题取样不当影响得分的例子

论文题的另一个缺点是没有固定答案，尽管采用各种评分技巧，评分还是难以客观。1983年高考评分前，郑日昌曾从北京市随机抽取语文、政治、物理、数学4科各5份考卷，复印后请全国除西藏、台湾外的28个省、市、自治区阅卷组分头评分。尽管高考组织工作比较严密，阅卷时集中了一大批有经验的大、中学教师，命题组统一制定了评分细则，阅卷时又可集体讨论，也还是难以做到完全客观。如语文试卷，作文题议论文部分，满分为30分，对某份考卷28个省、市阅卷组给出了十几种分数，最高为26分，最低为8分，相差18分之多。整份考卷分数全距为50～83，相差33分。

总之，论文题和客观题各有利弊，只要运用得当，两者都很有价值。

三、成套成就测验

成套成就测验有时也称做一般教育发展测验（General Educational Development Test），测量内容包括阅读、数学、语言等方面的基本技能以及相应年龄水平的学习能力。这种测验涉及的学科广泛，适用于各个不同的学校，便于了解学生的教育发展的一般状况。它主要用于学生分班（安置）、教学计划评估及安排、特殊学生鉴别等，对教师、家长、教育管理人员及学生都有用。但成套成就测验可能与各个学校具体的教学目标不很一致，这是它的不足之处。

（一）成套成就测验的常模

成套成就测验的使用范围可由小学到成人阶段。在典型情况下，这些测验组可以提供各分测验得分的剖面图。由于成套成就测验中各分测验都是在大致相同的被试中进行标准化的，因此这是一套统一的常模，可以直接评估被试在几个不同学科中的相对成绩高低。同样，由于成套成就测验是在可以比较的团体中进行标准化的，因而可以通过比较学生在几年内的成绩来反映他们的学业发展。

（二）成套成就测验的内容和范围

在小学阶段，各个学校在教学方面的一致性较大，成套成就测验通常实施于这一年龄阶段。这一阶段的成套测验包括测量词汇、阅读理解、语言使用、拼读、算术运算及算术理解等。这种测验有时还包括学习能力、自然科学和社会科学知识的测量，但在小学水平通常更强调基本言语和数量技能的测量。

在中学阶段，各个学校在教学进度上的差异增大，成套成就测验的使用相对减少。虽然继续重视阅读、语言和算术方面的基本技能，但在其他方面的知识和技能的测量越来越普遍，如读书技能、书籍参考技能、资源利用技能（如字典）或研究技能。

成套成就测验为了解一般的教育发展而编制，因而很多这种测验都包含了不同的年级范围。有些测验是为小学范围设计的，有些以高中为主，但大部分的测验均有较大的年级范围，我们在表8–2中列出了一些代表性的例子以及它们包含的年级范围。

表8–2　有代表性的综合成就测验

综合测验	适用年级												
	幼儿	1	2	3	4	5	6	7	8	9	10	11	12
加利福尼亚成就测验		×	×	×	×	×	×	×	×	×	×	×	×
艾奥瓦基本技能测验		×	×	×	×	×	×	×	×	×			
艾奥瓦基本发展测验										×	×	×	×
都市成就测验		×	×	×	×	×	×	×	×	×	×	×	×
科学研究协会成就测验		×	×	×	×	×	×	×	×	×	×	×	×
教育进步系列测验——第III册						×	×	×	×	×	×	×	×
斯坦福成就测验			×	×	×	×	×	×	×	×			
斯坦福学习技能测验									×	×	×	×	×
成就和水平测验										×	×	×	×

(三) 常见的综合成就测验

目前我国还没有理想的标准化成就测验，以下所举的是在心理测验文献中经常涉及的几个在内容和统计上较好的测验样例。

1. 都市成就测验 (Metroplitan Achievement Test,简称MAT)

都市成就测验是一套在美国广泛使用的成套测验。初版于30年代，第五版由贝罗 (I. H. Balow) 等人编制 (1978)。这个版本的测验使用范围由幼儿园延续到高三，总共由8个重叠的测验组组成，所有的测验组都有两个平行的版本可供使用，并有一份含有例题的练习手册，在正式施测前数天使用。下面以测验组的初级层次 (包括3年级中到4年级末的范围) 为例，来说明MAT的内容。在此层次的测验组包含10个分测验，可以得到5个内容领域的分数。

阅读

①字词：了解文章里的字词的意义。

②字的辨识：包括字形、字音 (元音及辅音) 以及以字的一部分为线索。

③阅读理解：由按难度分等级的文章段落组成，利用一些问题来评估对文章的细节及前后因果的理解、文章的推论、原因及影响、中心大意、角色分析以及归纳结论等方面的能力。

数学

①概念：评估数字、几何及度量概念，包括千位以上的数字、小数及分数、形状、金钱、时间及惯用度量与公制度量。

②问题解决：回答口述的问题，有些题目要求解出数学问题并选择正确答案，有些仅要求选出正确的数学表达式。

③计算：要求做整数、小数及分数的加、减、乘、除运算。

语言

①拼字：要求选出口述的句子里某个字的正确拼法。

②语言：选出正确的标点符号、大小写或文法格式，辨认出句型的各个结构部分，按字母顺序排列及查字典的技能。

科学

用来测验知识、理解力、询问技巧以及对物理、地球与太空及生命科学问题的分析能力。

社会研究

将上面“科学”一项所列的四个认知技巧运用于地理、经济、历史、政治科学及人类行为（人类学、社会学、心理学）上。

本测验组还可求出一项“研究技能”分数，它的题目藏在这10个分测验内。在小学层次题本里，书籍参考、字母排序及字典使用技能被安排在语言分测验；图表及统计技能安排在问题解决分测验；询问及科学分析技能则在科学及社会研究分测验里均有包括。不论在哪一个年级层次，这整份调查测验组被分在几个时段里施测。以小学层次而言，它在8个35～50分钟的时段施测。

MAT包括8个常模参照水平，还有“教育阅读水平”中所有检查测验的参照标准的解释方法。基本型包括阅读理解、算术、语言测验；复杂型除包括这3个测验外，再加上社会研究和科学测验。其常模建立于70年代后期，80年代重新进行了标准化。表示方法有年级当量、百分位数、量表分数和标准九分等。该测验的信度、效度指标都较完备。在内容效度方面，MAT手册还提供所有题目所包含的每一项教学目标，查阅这份手册里有关各测验层次及主题的概要说明，可帮助各级学校就他们的使用目标来判断测验的内容效度。

MAT测题举例：

阅读：字词

选出最适合下面句子中空格的词

Terry_______to the park today.

①likes　　　　③home

②teaches　　　④fast

阅读：字的辨识

选出最适合下面句子中空格的词

Mrs. King is our reading ________.

①teaching ③teacher

②teaches ④teach

数学：问题解决

挑出能表示以下问题的数学表达式

美玲有3枝铅笔，她送给朋友1枝，请从下面的式子中选出能显示美玲剩多少枝笔的表示式。

①3−1=□ ③4−1=□

②3+1=□ ④1+1=□

科学：

选出最佳解答

You are most likely to find a battery in a ________.

①thermometer ③flashlight

②refrigerator ④toaster

2. 基本技能综合测验（Comprehensive Tests of Basic Skills,简称CTBS）

这是一个发展较早的综合成就测验，第三版于1981年出版，主要测量广泛领域的技能。

阅读测验：包括词汇和阅读理解两类题目。

拼读测验：主要测量英语中元音、辅音及其结构形式的规则应用。

语言测验：主要测量语法和语言表达的基本技能。

数学测验：测量运算技能和概念应用与转换。

自然科学测验：主要测量自然科学知识（如植物、动物、物理、化学、生态学）以及自然科学语言、概念和方法的理解。

社会科学测验：主要包括地理、经济、历史、政治和社会学等方面的概念。

整个测验分10个水平，U和V两种形式。在测验编制和标准化过程中，曾应用项目反应模型，并在美国全国范围内取样，测验时间是1～4学时。

测题举例：

测验1：阅读词汇测验，要求被试选出与给定的词汇意思相同或相近的词汇。

测验3：语言—语法测验，要求被试找出错误之处。

测验5：语言—拼读测验，要求被试找出拼错的单词。

测验7：算术概念测验，例如：

水平1 (2.5～4年级)

①方格中该填哪个数？

5+4=10-□

0 1 9 10

水平2 (4～6年级)

②系列中最后该是哪个数？

57，64，71，76，___？

F. 79

G. 81

H. 85

J. 88

水平3 (6～8年级)

③5 963.427这个数的百分之一位是多少？

A. 2

B. 5

C. 6

D. 7

水平4 (8～12年级)

④如果R<S，而且S<T，则：

F. R=T

G. R>T

H. R<T

J. R+S=T

测验9：学习技能测验，测量被试利用参考材料的能力。例如：

水平1（2.5～4年级）

①下列哪个词如果按a b c 系列排列，将排在第一位？

pair paint polish point ____

水平2（4～6年级）

②如果需要“世界造船史”的材料，你将找哪本参考书？

A. 年鉴

B. 词典

C. 百科全书

D. 地图集

水平3（6～8年级）

③如果需要寻找心理学图书，该在哪个图书分类中寻找？

A. A——ALK

B. ALL——ANH

C. ANI——ANS

D. ARO——BAH

水平4（8～12年级）

④如果要写一篇关于某位现代诗人的论文，哪一种将是你的主要材料来源？

F. 该诗人的作品集

G. 有关诗人的作品评论集

H. 访问诗人的亲朋好友

J. 诗人的自传

3. 艾奥瓦基本技能测验（Iowa Tests of Basic Skills）

由黑尔洛尼姆斯 (A. N. Hieronymus) 和林得魁斯特 (E. F. Lindquist) 于1982年编制，用来评价各种学校活动中的基本技能，包括基本型和复杂型两种形式。

4. SRA教育成就系列测验 (Sequential Test of Educational Progress)

由科学研究协会 (Science Research Associates) 编制，1978年出版。该测验测量广泛的知识、一般技能和应用能力。初级水平(幼儿园到3年级) 包括阅读、算术测验 (A、B、C、D水平) 和语言艺术 (C、D水平)。较高水平 (E、F、G、H，4～12年级) 的测验，除包括以上内容外，再加上自然科学知识、社会科学知识以及使用参考材料的能力。水平H还包括生活技能的测量。除此8个水平的成就测验外，还有一个30分钟的教育能力系列测验 (Educational Ability Series,简称EAS) 可供选择。整个测验时间从2小时到4小时不等。

SRA成就系列测验于1978年春在美国采用全国取样方法，得到83 000人的样本；1978年秋再得121 000人样本，并由此建立了各种形式的常模 (年级、百分位、标准九等)。

5. 斯坦福成就测验系列 (Stanford Achievement Series)

这是最早的综合成就测验，于1923年出版。以后经过数次修订，编制者为加德纳 (E. F. Gardner) 等人。其编制的目的是测量“公认为中、小学课程所达到的结果”，即那些重要的知识和技能。该测验包括斯坦福学习技能测验 (SESAT，第二版)、斯坦福成就测验 (第七版) 和斯坦福学习技能测验 (TASK，第二版)，测量阅读、语言、数学等领域的基本技能，年龄范围从幼儿园到高中毕业生。SESAT有两个水平，适用于不同年龄的幼儿园儿童。斯坦福成就测验有六个水平，分为初级1型 (1.5～2.9年级)、初级2型 (2.5～3.9年级)、初级3型 (3.5～4.9年级)、中级1型 (4.5～5.9年级)、中级2型(5.5～7.9年级) 和高级型 (7.0～9.9年级)。TASK有两个水平，分别为8.0～12.9年级 (TASK1) 和9.0～13年级 (TASK2)。由此可见，该测验适合于任何年级的被试，即使学校教学计划难度高于或低于平均水平时，也有相应的测验内容。

在不同水平，分测验的数目从5到11不等。大多数水平包含的分测验有学习技能、阅读理解、词汇、听力理解、拼读、语言、数概念、数学运算和数学应用等。施测时间为2～5学时。在1981年秋和1982年春对40万名学校儿童进行了施测，取得了标准化样本资料。该测验能提供量表分数、全国百分等级和个体与特定学校、班级的各能力的比较，其信度、效度均达到有关的心理测量学标准。

(四) 基础教育及基本技能最低限度测验

70年代末期到80年代初期，美国心理学家开始高度关注高中毕业生在阅读、写作及算术方面能力水平的高低，针对不同用途，为小孩或成人所编制的很多基本技能测验被开发出来。许多成套测验开始应用于测量成人应该掌握的高中毕业生的基本技能，其中较为著名的是基本技能评定（Basic Skills Assessment)、USES基本能力读写测验（Basic Occupational Literacy Test,简称BOLT）和成人基本学习测验（Adult Basic Learning Examination,简称 ABLE)。

1. 基本技能评定

专为初一至高三学生设计，由美国教育测验中心与全国各区域的学校、协会联合编制。整个测验组包含四部分，一份模拟真实情况的写作样本，要求一些实际的写作，如填一份表格，写一封求职信等，另外还有三份关于阅读、写作技巧以及数学方面的选择题。该测验的测量学指标均达到极高的水准。

测验举例：

阅读：

以下①～③题与下面的药品标签有关

雷密妥： 可暂时解除您轻微的喉咙痛 剂量：3～6岁，每6小时1/4茶匙 　　　6～12岁，每6小时1/2茶匙 　　　12岁以上，每4小时1茶匙 注意：严重及持续的喉咙痛，或是喉咙痛伴随着发烧、头痛、反胃、恶心、呕吐等症状，请立刻找医生，若发生出疹或兴奋等现象，停止使用并找医生。

①根据以上提示，如果您现在喉咙痛、发烧和头痛，您应该

A. 使用雷密妥两天以上　　C. 增加雷密妥的药量

B. 尽快找医生　　D. 使用其他药物以消除痛苦

②7岁小孩该服用多少剂量的雷密妥

A. 每6小时1/4茶匙

B. 每6小时1/2茶匙

C. 每4小时1/2茶匙

D. 每4小时1茶匙

③如果您有下列那种情形便应立刻停止使用雷密妥

A. 头痛　B. 发烧　C. 出疹　D. 喉咙痛

写作技能：

第⑨题说明：请根据下列问题选出最佳答案

⑨在下列应征申请表中，David Albert Woods应如何填写画线部分？

应征人员申请表		
姓名：		
(last)	(first)	(middle initial)

A. Woods David A.　　B. D.A. Woods

C. Woods D.A.　　D. David Albert Woods

第⑩~⑫题说明：选择最佳的句子填入以下空白处

⑩Whenever Hackie rides her bicycle,________ beside her.

A. and her dog runs

B. her running dog

C. her dog runs

D. then her dog running

⑪My music teacher thinks that Marian Anderson sings______ any other contralto he has ever heard.

A. more well than

B. better than

C. the most good of

D. more better over

⑫Never use cleaning fluids of polish on a television screen because____________

A. of this harming the glass

B. the glass can suffer from it

C. of the reason of injury to the glass

D. they can damage the glass

数学：

⑱王小姐必须在8点45分开始工作，如果她花1小时20分才能到达工作场所，她最迟可在什么时候离家出发？

A. 7点45分　　　B. 8点5分

C. 7点30分　　　D. 7点25分

大拍卖 超大型电视每台400元，免付现金，只需一个星期缴1元。

⑲如果你买这台电视机，你必须付款几年？

A. 1　B. 2　C. 4　D. 8

⑳如果州政府的税率是5%，那么一台价值400元的洗衣机要缴多少税？

A. $2　B. $5　C. $20　D. $50

2. USES基本职业读写能力测验

USES基本职业读写能力测验是特别为受教育程度较低的成人设计的求职时使用的基本技能测验之一，是由美国就业服务中心(U.S. Employment Service) 编制的。它包含字词、阅读理解、数学计算及算术推理4个部分，并分为4个层次。被试先接受一份简短的、包含能力范围较广的基本测验，以决定用哪一个适当层次施测。BOLT的分数用它与斯坦福成就测验分数的关系以年级当量表示，也可用它与职业名称字典中所描述的“一般教育发展”水平的关系以职业听写能力等级表示。但这些等级范围太广，难以确切区分出某特定职业所需听、写能力的等级。同时，BOLT分数与实际职业成就之间是否有直接关系难以证实，因此在使用BOLT的结果作解释或安置咨询时必须谨慎。

3. 成人基本学习测验

成人基本学习测验是供成人教育课程、刑事机构执行教育计划以及工作训练计划用的成就测验。共有三个层次，分别相当于小学一至四年级 (层次1)、小学五年级至初中二年级 (层次2) 及初中三年级至高三（层次3），每一层次有两份平行题本。ABLE的题目大多取材于成人日常生活中的实际问题，包括字词、阅读理解、拼字、语言、数字运算及问题解决等分测验。除了阅读测验外，其他测验大多以口述方式呈现题目。在拼写测验里，单字是出现在有上下文的句子里。各分测验分数以年级当量、标准九及百分位数表示。各分测验的分半信度和库-理信度在成人团体中为0.80～0.96之间，各层次样本与斯坦福成就测验的相应分测验的相关为0.60～0.80。

四、单科成就测验

成套成就测验包含广泛的学科领域，但当我们对某一学科领域的成就感兴趣时，成套成就测验就不能很好地满足这种需要，因此，很有必要发展单科成就测验。单科成就测验相对于成套测验中类似的分测验，有许多优点，例如，它们所包含的题目较多，学科内容更全面。这些测验有阅读、数学、语言、自然科学、社会科学、商业、专业课程等，此外，还有书法、健康、家政、工业技术、图书查阅、音乐、演讲、拼读等方面的标准化成就测验。美国心理测量年鉴相当完备地收集了这些测验，并按各种主题做了适当的分类。值得注意的是，最近一些年来，有很多使用录音带来测量读、写及听的能力的现代外语测验开始发行。

单科成就测验也有很多不足，主要反映在它只测量被试学习某种科目或接受某项专门训练的成效，被试在各科目间的成就不易互相比较，难以了解被试的长处和短处。

成就测验旨在考查学生的学业成效，所以成就测验的编制必须配合学校的课程。我国从本世纪初就开始编制配合小学课程的成就测验，至今为止已有相当丰富的这类测验。我们将分别介绍标准参照的水平考试、语文学科测验、算术学科测验和其他专业测验，其中以介绍我国的语文学科测验、算术学科测验为主。

（一）标准参照的水平考试

水平考试又称基本限度测验。近年来，西方出现了强调对高中毕业生能力最低限度进行评估的趋势。在这种力量的推动下，各种具体学科领域的标准参照测验发展起来，例如，对高、初中学生的阅读、写作和数学知识及技能进行评定的“熟练测验”，各种大学同等学力的鉴定考试，大学程度鉴定计划（College-level Examination Program,简称CLEP）等都属于这种测验。

最近几年，我国的各种水平考试也发展很快，最有影响的是国家公派出国人员的英语水平考试（WSK），大学生的英语四、六级考试，计算机考试，汉语水平考试，中学毕业会考和成人自学考试等。

（二）语文学科测验

语文测验其实是一门综合的学科测验，它可以细分为阅读测验、词汇测验、语句测验、语法测验、作文测验、书法测验。前三种考查学生的阅读能力，后三种考查学生的表达能力。

这些测验又可分为三大类：检查测验（数量最多）、诊断测验和准备性测验。

中国的语文有其独特的语法、文字意符、语音和音调等多种特点，很有研究价值，同时为配合教育的实际需要，也很有必要探讨语文测验的编制，下面就介绍我国的语文测验。

1. 阅读测验

阅读测验可分为朗读测验（Oral Reading Test）和默读测验（Silent Reading Test），朗读测验多用于小学低年级，用来了解学生认字的能力，诊断阅读的困难，以及检查儿童对内容了解的程度。这类测验在我国编制较少，下面只介绍默读测验。

（1）艾伟、王金桂合编的小学国语默读测验

艾伟是我国研究儿童阅读问题的先驱，他对小学儿童对语文的阅读、理解及其测量做过多年系统研究，用20年时间完成了《阅读心理：国语问题》（1948）一书。

艾伟、王金桂合编的小学国语默读测验分低、中、高三组。低组测验适用于二年级上至三年级上，中组测验适用于三年级下至四年级下，高组测验适用于五年级上至六年级下。每组有复份三至四个。

它的选题原则是：①测验材料包括故事、时事、通讯以及各种叙事的文章，不包括诗歌等韵文；②每组文字是逐渐加长，低组从十几个字至五十几个字，中组从七十余字到二百多字，高组从二百多字到四百多字；③每段文章，自成一段，有头有尾；④不适于小学生阅读的材料，均设法避免。

测题的格式为四择一选择题。每类测验有10～20段，每段后面有3～5个问题。每类测验共有50个问题，测验时间为35分钟。现以中组第一类的一个测题为例来说明。

一个秋天的早上，陈儿同着父亲到乡村去玩。那里虽然没有什么名胜，但是有山有水，风景倒也很好。尤其是看着碧油油的水，倒映着带有秋色的山峰，真有一个说不出的美丽。

①陈儿游玩的地方是__________。

(A) 山上　(B) 乡村　(C) 水里　(D) 名胜

②水里倒映着__________。

(A) 树木　(B) 小船　(C) 小屋　(D) 山峰

③碧油油的是__________。

(A) 水色　(B) 山色　(C) 秋色　(D) 景色

(2) 艾伟、杨清编的小学国语诊断测验

该测验分为四种，每一种代表一种默读能力。

测验一：测量学生迅速浏览以获得大意的能力。

测验二：测量学生细心阅读并记住细节的能力，即精读能力。

测验三：测量学生纵览全章提纲挈领的能力，即学生能从错综复杂的文章里找出要领或因果关系的能力。

测验四：测量学生推敲文字、了解寓意的能力。该测验可适用于四、五、六年级学生。通过使用该测验，教师可以发现学生阅读能力的缺陷在何处。

每个测验有12篇短文，每篇短文后有1～4个测题，皆采用选择题。

例如，测验一的题目是：

乌鸦飞到田里，要吃麦。农人做了一面旗，插在田里赶乌鸦。乌鸦不怕旗，还要飞来吃。农人做了一个草人，插在田里赶乌鸦。乌鸦不怕草人，还要来吃。农人在草人的手里，挂了两把扇子。扇子趁着风飘来飘去，乌鸦当是真人，不再飞来了。　(问题) 这个农人：①真聪明 ②真糊涂 ③真顽皮 ④真愚蠢

2. 语句测验

语句测验主要测量小学生的语句组织能力和理解能力，其中较有名的是艾伟所编的两个测验。

(1) 艾伟、丁祖荫合编的语顺测验

该测验是测量小学生的语句组织能力。它分为三种程度：低组(二年级上至三年级上)、中组 (三年级下至四年级下)、高组 (五年级上至六年级下)。每组有3～4类难度大致相等的测题，以便交替使用。每类测验中有50个句子，每句中的字的排列是散乱的，读起来不成句。例如：

想可简法无直 (排顺后，应为：简直无法可想)

类似这样的句子共50句，要求学生在35分钟内做完。

(2) 艾伟编的四言辞句测验

主要测量学生对成语和语句的意义了解的程度。共有三类，第一类适合五年级，第二类适合六年级，第三类适合初中一年级。用四选一的格式，要学生找出正确的词句。例如：

①同心协力 ②同心胁力 ③同心洽力 ④同心惜力

3. 语法测验

语法测验主要测量学生在文字和语言组织上辨别错误的能力。

以陈鹤琴小学语法测验为例，该测验共有50个题目，每个题目里有一个字是不符合语法的，需要改正。测验时间为20分钟。

测验举例：

①皮鞋是牛皮做得（的）。

②那个地方我从外（来）没有走过。

③这件事我觉可（得）非常奇怪。

④先生的话我没好（有）一句不明白。

语法测验是每题1分，算出总分后，再从测验说明书的转换表查出T分数。

（三）算术学科测验

数字的计算和应用是心理能力中一项重要的能力。算术测验很多，一般可分为：准备性测验、检查测验和诊断性测验，下面主要介绍检查测验和诊断性测验。

1. 检查测验

检查测验又可细分为四则测验和应用测验。

(1) 四则测验

这类测验是测量加、减、乘、除四种基本能力的。它包括速度和正确两个方面，就是既要计算得快，又要正确。测验材料的取样应包括各种计算方法。

(2) 应用测验

该种测验的目的在于测量学生能否应用算术知识解决实际问题。在编制算术应用题时，应注意：①测题内容要切合实际生活情境；②测题的文字要简易通俗，成绩一般的学生都能理解。

2. 诊断性测验

我们以四则运算方面的内容为例来说明诊断性测验的编制。

该种测验应包括四则运算的各种类型和难点。四则运算有各种难易不同的步骤，称为算术上的难易阶梯，诊断性测验就是要把这些难易阶梯全部包括在内，并按难易的阶梯排列测题。

(1) 加法的难易阶梯

①两数相加，例如1+2=?，6+7=?

②三数相加，例如6+7+6=?

③两位数相加，如48+7=?

④七个数的直行（竖式）相加，例如79，11，37，84，75，42，93相加。

⑤三位数相加。

⑥十三个数的直行（竖式）相加。

⑦位数不等的数目相加。

(2) 减法中的难易阶梯

①一位数相减，例如7−5=?

②从两位数内减去个位数（不借位），例如 19−9=?

③数中含有零的直行（竖式）相减，例如

$$\begin{array}{r} 30 \\ -\ 5 \\ \hline \end{array}$$

④借位的减法，如

$$\begin{array}{r} 276 \\ -\ 148 \\ \hline \end{array}$$

⑤借位的减法（借位两次或三次），如

$$\begin{array}{r} 340 \\ -\ 171 \\ \hline \end{array}$$

3. 乘法的难易阶梯

①一位数相乘，例如4×5。

②一位数与两位数相乘，不要进位，例如23×2。

③一位数与两位数相乘，需要进位，例如49×8。

④多位数相乘，但不需进位，例如 31 233×132。

⑤乘数或被乘数中有0，有四种表现形式。

A、0在被乘数的个位位置，例如560×47。

B. 0在被乘数的某一中间位置，例如807×59。

C. 0在乘数的个位位置，例如753×60。

D. 0在乘数的某一中间位置，例如617×508。

⑥多位数相乘，需要进位，例如29 704×675。

(4) 除法的难易阶梯

①一位数的除法，例如4÷2。

②简单除法而每一位数都能整除，例如48÷2。

③简单除法而某位数不能整除，需将余数带到下一位，例如 962÷2。

④多位数相除且能整除的，例如 183÷61。

⑤至⑥有0的困难，有两种方式，如：

$$\begin{array}{r} 690 \\ 71\overline{)48\,990} \end{array} \qquad \begin{array}{r} 302 \\ 31\overline{)9\,362} \end{array}$$

⑦至⑩各种多位数相除，而须借位的，如：

$$\begin{array}{r} 72 \\ 63\overline{)4\,536} \end{array} \qquad \begin{array}{r} 63 \\ 49\overline{)3\,087} \end{array} \qquad \begin{array}{r} 89 \\ 63\overline{)5\,607} \end{array} \qquad \begin{array}{r} 79 \\ 36\overline{)2\,844} \end{array}$$

如欲编制四则运算诊断性测验，可参照上述的难度阶梯进行。

五、预测性测验

成套成就测验和单科成就测验都可用于对学生的成就进行评价，单科测验还可用于找出学生学习困难之所在。现在我们介绍的一类测验是用来预测学生未来学业成就的测验，这类测验在功能上接近于性向测验，但其内容又与成就测验非常类似，它通常用来预测学生的学业表现，或考查被试对于完成某种学习任务是否做好了知识或技能的准备。下面介绍几种国外的预测性测验。

(一) 美国大学招生测验

美国大学录取新生完全由大学自己决定。由于美国中、小学由地方自办，教材极其多样化，为了对学生的学习能力有一个共同的衡量标准，1926年，由大学入学考试委员会首次编制了学能测验(SAT)，1948年后移交给教育测验中心主持。该测验每年举行五次，在全国乃至全世界各地同时举行。

测验不分科目，而只分语言和数学两部分。语言部分测词汇和理解能力，数学部分测运算代数和几何解题的能力，每次测验3小时，800分为满分。每份考卷分6段 (每段30分钟)，语言2段共85题，数学2段共60题，标准书面英语测验1段，调查性测验1段。后两测验不记入SAT成绩。标准书面英语旨在预测入大学后的阅读和书写能力，以便帮助学生决定入学后应修哪些语言课。调查性测验旨在为测验中心今后拟定试题提供统计资料。

SAT均为多重选择题，每题有4或5个选项。题目的难易程度差别很大，有的90%的学生都能答对，有的则只有10%的学生答得出。整个测验只提供语言和数学两个分数，没有合成分。SAT的心理测量学指标很完善。

大学招生用的另一个测验是美国大学测验 (ACT)，从1959年开始使用。ACT成套测验包括四个方面：英文运用、数学运用、自然科学阅读、社会科学阅读。每个分测验报告一个分数，四个分测验分数的平均为合成分数。ACT介于能力倾向测验与成就测验之间，SAT则更接近于能力倾向测验。

(二) 美国的研究生入学考试

美国教育测验中心主持的研究生入学考试 (GRE)，第一部分属于学能测验，主要测量语言、数学推理和逻辑分析能力，第二部分属于成就测验，共分20个专业，其中9个专业还有分科 (如心理学专业分为实验心理和社会心理)。

(三) 美国都市准备测验（MAT）

准备性测验也是一种预测性测验，用在学生学习某种课程之前，考查儿童是否具有完成特定的教育任务所必须的技能。

编制这种测验的第一步是确定能预示成功的能力，有人认为它们包括普通智力、体力以及必要的知识、技能准备等，也有人把动机、态度、兴趣等人格特征看做是准备的重要方面。但一般来说，接受前一种观点的人多，例如，对于幼儿来说，进入小学所必须具备的条件有视、听分辨能力，运动控制能力，听觉理解能力以及词汇、数概念和一般知识的掌握。

由于准备性测验主要用于未学会阅读的儿童，因此大多使用非文字材料 (图画和符号等)，用口语指导施测。

美国都市准备测验的1976年版本有两个水平，一个适用于幼儿园小班和中班的儿童，另一个适用于幼儿园大班和小学一年级的儿童。第二个水平包括下面8个分测验：

①语言辨别：每一个题目有四张画，主试说出每张画的名称，并另外说出一个词，然后让儿童找出一张画，其名称的读音与这个词的读音开头部分相同。

②发音 — 字母匹配：每一题目包括一张画和四个字母，主试说出每张画的名字，让儿童找出与这张画的名称的第一个音相同的字母。

③视觉比较：让儿童看一行符号的开头，然后让他说出这些符号是下列哪一种：字母系列 (不是词)，词，数字，与字母类似的形状 (人工字母)。

④找图式：让儿童在一个较大的结构中找出一个指定的字母组合、词、数字或人工字母。

⑤学校语言：检验儿童对学校教学中常用语言的一些基本的和较为复杂的语法结构与概念的理解。

⑥听力：测验儿童对用口头呈现的短文中词汇的结构的理解力，有些题目要求儿童进行推理并得出结论。

⑦ 数概念 (选做)：检验儿童对大小、形状、方位、数量等数学基本概念的理解。

⑧ 数运算 (选做)：检验儿童对计数和简单数字运算的掌握情况。

前面介绍的都是标准化测验，这些测验是由测验专家根据测验原理编制的，具有高信度和高效度。但在很多情况下，难以找到适合特定地区、特定学校、特定班级的标准化成就测验，因此，在教育工作中大量使用的测验多是教师自编的测验。我国学校进行的各种考试大多属于教师自编测验。

我国的大学招生和研究生招生考试属于预测性的成就测验，只是标准化程度还不够高，主要问题是：题目少，取样缺乏代表性；内容偏重知识，忽视能力；采用较多非客观性题目，评分带有一定的主观性；题目没有进行预测和项目分析，试题的测量学指标难以保证；合成分数的方法过于简单，没有考虑预测效度的要求；对分数的微小差异做出有意义的解释。

近几年我国在高考标准化方面进行了大量的工作，我国教育部考试中心组织有关专家就高考的命题、评分、分数转化和分数等值等方面进行了大量研究，取得了一定的成效。

第九章 职业测验

心理测验常用于协助做职业决策，这种职业上的决策包括个人对职业及学业的选择以及企事业单位、机关团体对人员的选拔与安置。在发达国家，工商界常常用心理测验来挑选公司各级职员。许多部门不但用心理测验来挑选雇员，而且用心理测验来评定在职人员的能力和人格。几乎所有的测验都有助于职业上的决策，但也有些测验是专门为职业上的需要发展起来的。当测验应用于职业指导以及选拔、评估程序时，我们便称其为职业测验。职业测验大多可以团体施测。

第一节 职业测验概述

一、职业测验的产生

在19世纪，西方社会经历了工业的突飞猛进的发展，这种发展促进了对各类专业人员的需求，同时由于行业的不断分化，使得人们在进入工作领域时，有了更大的选择性，这一切都从客观上推动了职业测验的产生和职业指导、职业选拔的发展。从1850年开始，美国开展了职业指导运动。系统的科学的职业指导开始于美国的帕森斯 (Frank Parsons)，他在1909年出版的《选择职业》一书中系统论述了他的指导理论及程序。1927年，斯特朗 (E. K. Strong) 出版了第一个兴趣测验，即斯特朗职业兴趣问卷，使测验结果与具体职业直接对应。1928年，哈尔（C. L. Hull）出版了能力倾向测验，他强调人类特质与职业要求的匹配，提倡将能力倾向测验即性向测验用于职业指导。二次大战后，应用心理学的许多分支如工业心理学、管理心理学、教育心理学、社会心理学、咨询心理学等，都加强了测验在本领域中的应用研究。测验工具与测验手段的开发使接受指导的各类人群获益匪浅，同时也使得职业测验越来越受到重视。

二次大战后，美国大学的生源猛增，这使得各种心理与教育测验得到更广泛的应用，这些测验既可用来预测学生的成绩，也可帮助学生选择自己感兴趣、能胜任的专业和职业。1958年美国通过的《全国义务教育法》鼓励将心理测验与职业指导紧密结合起来，促进了职业指导运动的进一步发展。一些大型的测验机构相继成立，教育测验中心始建于1947年，美国大学测验中心成立于1959年，其他一些职业指导机构也不断出现。时至今日，职业指导和咨询在各发达国家都已相当活跃，职业测验已成为心理测验中不可缺少的一个领域。

职业测验的产生与发展，离不开因素分析这一数学方法。由于因素分析，对人的各种特质的确认、分类及定义成为可能，才有可能编制对各种特质或因素进行最佳测量的代表性测验。

二、职业测验的应用

职业测验在职业决策中的应用大体可分为三个方面，即为人择事的职业指导、为事择人的职业选拔和安置及各种执照和资格的授予。

为人择事的职业指导是一种发展性的指导，主要用于针对不同人的特点，给以选择何种职业或专业的建议。在职业指导中，对个人能力倾向的区分并不是唯一重要的，兴趣、价值观和经历等因素在指导中也很受重视，因为大多数心理学家认为，职业的成功是一种综合效应，很难判断是能力的作用还是其他人格因素的作用。

为事择人的职业选拔和安置，主要用来挑选合适的人从事某一工作。这种测验对人的能力有严格的要求，应用于工业和军事的各种人员选拔与安置测验、各类机关团体的人员选拔测验等都属于这一种情况。其中，对管理者的选拔和评价还强调对人格特质的测量。

各种专业资格的鉴定，主要是用来确定个人是否具有从事某专业所需要的知识和能力，以鉴定他从事该专业的资格，并发给证书或执照，如用于不同行业的各种资格考试等。在评定专业知识、技能时，常常要用到有关的成就测验。

三、职业测验的效度

对职业测验来说，能否有效地测量出个人的特质以做到人尽其才、才尽其用，是检验其效度的根本。有效的选拔和安置，意味着与一特定工作无关的特质不应该影响到职业决策。如果某项工种并不需要高水平的阅读理解能力，但与此工种有关的机械能力测验却包含了较深的阅读内容，那么这个测验就不能为该工作获取理想的人选。一个无效的测验或者说一个包括了与工作无关因素的测验将会漏选一些能够成功完成该工作的优秀人员。

职业测验主要涉及到的效度有两种：预测效度和内容效度。当然构想效度也不能忽视，但职业测验的预测效度和内容效度显得更为重要。

(一) 预测效度

在工业情境中，制订一套测验计划要涉及以下四个主要步骤：

第一步，进行工作分析，确定主要的工作内容及完成该工作所必需的具体技能、知识和其他条件；

第二步，挑选或编制一系列测验，以评价和衡量第一步确定的那些工作所需要的特质；

第三步，求出各测验与工作作为的适当效标之间的相关，挑出相关高的测验组成最后的组套；

第四步，说明在人事决策中该测验的用法，即确定在实际决策中如何使用和解释测验分数。

上述第三步是确定测验的预测效度。求预测效度的理想方法是，在一段特定时间内给所有的求职者一个心理测验，然后不管这些求职者的测验分数如何，都把他们雇用下来。过一段时间后，对每个雇员的工作表现进行评定，然后计算测验分数与工作评定等级之间的相关。这样就可看出那个心理测验的实际预测性如何。很明显，这种全面的、追踪的效度研究对于大多数的企业是不现实的，因为，不管求职者分数高低一概录用，如果他们之中有些人工作表现很差，那么企业的损失就会很大。

在实际中，常用在职人员代替求职者建立同时效度。即给在职人员一个心理测验，然后计算测验分数与工作表现的相关。这种方法的主要缺点是，用在职人员作为受测者，他们都已具有一定的工作经验，这有可能影响他们的测验表现，从而使测验分数和效标之间的关系变得复杂，很难说清楚是被试的能力倾向的作用，还是工作经验的作用。同时，当在职人员知道测验仅仅是为了研究，他们的动机或对测验的态度就会和那些求职者大不一样，这也将影响到他们的测验表现。

职业测验的预测效度是一个非常棘手的问题，但也是个不可回避的问题。

(二) 内容效度

内容效度在职业测验中日益受到重视。前面已经介绍过内容效度的概念，它评价一个心理测验的内容是否是所有应该测量的内容的代表样本。在工业和组织情境中，内容效度依赖于彻底和系统的工作分析。工作分析的目的在于根据完成工作所需要的行为对每一种工作作出明确规定，它包括两方面的内容：对工作本身作出规定；确定工作对工作人员的行为有什么要求。

工作分析必须具体、明确，应当确定某种工作所需要的一切条件。内容效度就是通过分析工作的要求和确定测验是否包括从事该项工作所需要的能力和知识来考查的。例如，在雇用秘书时，打字和速写等技能是该工作所必须具备的能力，而机械能力与此工作无关，则测验就应该包括前两种能力，后一种能力不应包括在内。

具体说来，工作分析的内容包括对工作的描述和对从事工作的人的要求两方面。工作描述规定工作的责任和任务，对人员的要求规定完成某一工作必须具备的知识、能力和其他个人特性。进行工作分析必须收集各种有关资料，如已有的印刷资料，包括工作入门或操作、练习手册等，工作表现的记录，特别是有关质量的描述，如常犯的错误、学习难点或工作失败的原因等。与有经验的职工、部门主管、车间主任及技师面谈也能获得有用的资料。在分析销售工作时，顾客的意见是很有用的。一般收集工作信息的方法有以下几种。

①直接观察和工作表演：对在职者进行观察或者让在职者进行实际的工作表演。这种方法不适于要求许多智力活动和集中注意力的工作。

②谈话：谈话有利于确定各种工作所需要的任务、责任和行为。

③调查表：这是一种标准化的方法。典型的调查表是任务清单。任务清单是工作分析人员依据每一条检查项目或评定项目，列出任务或工作活动评鉴表，其内容包括所要完成的任务、判断的难易程度、学习时间、与整体的关系等。其中有一种特殊的任务清单包括了从学徒工到熟练工、从低级管理人员到高级管理人员的所有的工作等级，必须靠复杂的计算机程序分析处理，称为职业资料全面分析计划（简称ODAP）。在美国，除了国防部，所有的军事机构和某些民用职业都利用职业资料全面分析计划进行工作分析。

任务清单基本上运用于对工作本身的统计分析，难以确定对行为的要求。另一些调查表更注意对工作人员的行为作出一般概括，职位分析调查表是这种方法之一，它以对人员定向的工作要素的统计分析为基础。麦考密克（E. J. McCormick）、詹纳雷特（P. R. Jeanneret）和米查姆（R. C. Mecham）1972年制定了这种调查表。该表由194个项目或工作要素构成，分为下列几种范畴：信息输入（工作人员在何处如何得到工作信息）、心理过程（工作所要求的推理、计划、决策等）、工作输出（工作人员的体力活动、所运用的工具或设备）、与其他人的关系、与工作有关的因素（物质条件和社会条件）。个人可依据此表检查是否运用某种工作要素，并就其重要性、时间、困难程度等方面作出适当评定。

职位分析调查表的信度是由26对个人（工作分析人员、主管人和现职者的各种组合）分别对62种工作进行分析来确定的，总信度系数平均为0.80。

研究结果表明，职位分析调查表的内容比较适合于制造工作，而不太适用于专业工作、管理工作或某些技术工作。同时职位分析调查表存在两个方面的限制：首先，它没有描述具体的工作活动，行为方面的相似性有可能掩盖各种工作中存在的任务差别；其次，职位分析调查表要求具备较高学历才能全面理解调查项目，可读性低，任职者和主管人如果没有受过10～12年的教育就难以使用这种表格。

班克斯（M. H. Banks）等人（1983）在英国制订了一种适用于分析要求有限技能的工作构成调查表，它主要包括五项基本内容：工具和设备（从手工工具到锅炉列出了220种工具和设备）、知觉和身体要求（有23个项目，包括力量、灵巧、反应时间等）、方法要求（包括机械、代数、三角等127种方法）、沟通要求（有22个项目，包括起草报告、写信、使用编码系统、处理不满情绪等）、决策和责任（有9个项目，包括有关方法、工作指令、标准等方面的决策）。

科尼利厄斯（E. T. Cornelius）等人（1983）制订了职业分析调查表，包括617个项目，适用于职业指导和职业考查。除了要求填表人描述与工作有关的内容外，还允许他将自己的个人偏好和需要同各种职业特点和职业需要联系起来。

总之，工作分析对职业测验建立效度是非常重要的。《美国联邦雇员选择程序统一准则》（1978）规定，任何效度研究都要对所有工作进行工作分析。

当然，工作分析本身也存在是否有效的问题，这需要从两个角度进行检查：一是工作描述可以准确地说明工作内容、工作环境和雇用条件；二是具有对于取得成功的工作绩效不可缺少的个人特性的人实际上确实比缺少这种特性的人工作效率高，然而在这方面取得的成效不大。

在进行工作分析之后，如何得到有关的职业测验的内容效度呢？内容效度一般不能用统计方法获得，可以采用专家评定的方式来确定测验和测验项目对工作是否适合，若采用试用、工作样本评估、模拟法、评价中心技术等综合评估法，则能得到较好的内容效度。

第二节 智力测验在职业决策中的应用

用于职业决策的测验种类繁多，根据不同的目的可以选用不同的测验。例如，评价一般能力时可用智力测验；评价专业知识技能时，可参考成就测验和特殊能力测验；评价求职者的能力以进行职业指导时，可用多元性向测验和兴趣问卷；选拔管理者时可用性向测验和有关的个性测验。

很多智力测验可用于各行各业的人事挑选，主要是作为初选手段。一般用于职业决策的智力测验都是团体测验，测验内容往往不多，用很少时间即可完成，可以对众多的人同时施测。记分可由专人或者机器迅速给出。

智力测验之所以能用于职业决策，是由于它具有以下三个特点：

①它直接测量了大多数重要工作所必须具备的智力技能；

②它测量了许多职业所必须具备的有关的知识储备；

③它为受试者业已形成的学习策略、问题解决方式和工作习惯提供了一个间接的指标。

至少在这三方面，智力测验提供了被试今后学习、解决问题和有关活动的线索。

常用的这类测验有以下几种。

一、韦斯曼人员分类测验（Wesman Personnel Classification Test）

这是特别为企业设计的，是一个简短的测验，大约需要三十分钟。和当前大多数智力测验一样，该测验可得到言语分数、数字分数和总分数。言语部分是一个在18分钟内完成的言语类比测验，每一题中有两个空格，如下所示：

找出适当的词完成句子，使之意义确切。为句首挑一个数字后面的词，为句尾挑一个字母后面的词。

例1：________对水的关系好比人对____的关系一样。

① 继续 ② 喝 ③脚 ④女孩

A. 驾驶 B. 敌人 C. 食物 D. 工业

例2：________对报纸的关系好比经理对____的关系一样。

① 记者 ② 报纸专栏 ③ 广告 ④ 编辑

A. 总经理 B. 出版人 C. 商店 D. 雇主

数字部分包括10分钟的算术测验，其中的题目都是测量有关理解数字关系的能力和创造力的。

这一测验似乎适用于一些较高级人员的挑选，如推销员、文书、生产监工和管理人员等。

二、工业人事测验 (Personnel Tests for Industry，简称PTI)

该测验比韦斯曼测验应用得更广泛一些。这一测验组套包括一个5分钟的言语测验、一个20分钟的数字测验、一个15分钟的口头说明测验。这三个测验可以一起用，也可单独用。整套测验适用于筛选不需要很高智力水平的工作的求职者，如流水线操作工、服务员或邮递员。

三、韦克斯勒成人智力量表

这是一种需时很长的个别测验，在职业决策中应用不十分广泛，主要用于高级经理人员的挑选工作。测验的施测、记分和结果解释要求测验者训练有素、经验丰富。量表的组成可参阅第六章。

第三节　多重能力倾向测验

多重能力倾向测验又称多元性向测验，本节先介绍其概念、性质和使用，然后，再列举一些用于职业决策的多重能力倾向测验。

一、能力倾向、智力和成就

对能力倾向 (性向)，很多心理学家作出了不同的解释。但他们都强调同一点，这就是能力倾向是一个人的潜在能力，此种潜能予以训练后，容易使个人获得某种知识和技能。

能力倾向不同于受教育影响的学业成就。学业成就涉及的是特定的学习经验，是以过去或当前为标准；能力倾向涉及广泛的学习经验，是在一定遗传素质基础上各种经验累积的结果。能力倾向测验只预测一个人将来在某方面的“可能”成就，并不保证他在该方面的“必然”成就，因为，一个人的能力倾向能否获得充分的发展与他的性格、兴趣、学习态度、技巧、机会等条件都有关联。

一般能力倾向可等同于普通智力，概括的是人类能力的共同方面，不涉及人和人之间在能力构成上的差异，即各种特殊能力。萨金特 (S. S. Sargent) 曾说：“人们除了具有普通智力之外，还有某些特殊的性向，这些性向足以影响人们的事业和生活。这些特殊能力和智商的关系很小。一个人具有高度的普通能力，通常都会有一些特殊的才能，但是也可能缺乏某些如机械的、音乐的或美术的特殊能力。而大部分具有美术、音乐才能的人其智力都在平均之上，但也可能在平均之下。所以我们不能从一个人的特殊能力来推测他的普通智力，同样也不能从他的普通智力来推测他的特殊能力。”①

能力倾向测验又可以进一步区分为多重能力倾向测验和特殊能力倾向测验。多重能力倾向测验是由测各种不同能力的分测验组成，可以一般地了解人的潜能方向，而特殊能力测验只能了解能力的某一特殊方面的情况。

二、多重能力倾向测验的特点

多重能力倾向测验可以说是多种能力倾向测验的复合体，包含着几个不同性质的分测验。它在理论上是以多因论为依据，以因素分析为基础。这类测验发展较晚，大体上说都是1945年以后编制的。它具有以下几个特点。

①典型的多重能力倾向测验，大约包含4～9种分测验，各分测验分别测不同的能力。测验结果除总分外还有各个分测验的分数，对一个人的能力可提供多方面的说明。

②多重能力倾向测验的常模通常根据一个标准化的团体建立，

---

① Sargent, S. S., *Basic Teachings of the Great Psychologists*, Bornes & Noble Inc. p.25, 1965.

因此测验结果的各分测验得分可以直接相互比较，以判定每个人在能力上的所长和所短。由于要在个人内部做比较，此种测验必须有较高的信度和较小的标准误。

③多重能力倾向测验在测验时间及材料上，都比特殊能力倾向测验经济。因为特殊能力倾向测验只能测量某一种能力，并且各个特殊能力倾向测验都是各自独立编制的，各种不同测验的结果缺乏统一的统计学标准，不能直接比较和解释；相反，多重能力倾向测验则在施测上可合可分，并可对各分测验成绩进行比较。

三、多重能力倾向测验的应用

多重能力倾向测验主要是纸笔形式的测验，一般不使用仪器，因而可以同时施测大量的学生及各种申请者。

在美国，通常在中学8或9年级实施这种测验，以便进行选修何种职业课程的决策。在小学，心理能力没有特异化，成熟或经验可能造成的差异很大，因此没有必要实施这类测验。

多重能力倾向测验主要用于预测。在理论上，任何职业行为都可由有关因素的适当组合得到预测，而实际的问题是如何确定这些因素（即分测验分数）的理想权数。应用多重回归模式可以使每个预测源获得适当的加权，但在预测不同职业行为时，每个分测验的权重应有不同。

四、多重能力倾向测验举例

这里所介绍的几种多重能力倾向测验，都是美国当前最著名的测验，有的测验在我国已修订并建立常模。

（一）学业能力倾向成套测验

学业能力倾向测验多以学生为对象进行标准化和实施，用以预测学业成就。

1. 吉尔福德—齐默尔曼能力倾向检查（Guilford-Zimmerman

Aptitude Survey,简称GZAS)

在二次大战中及战后，吉尔福德等对能力倾向测验进行研究，产生了GZAS。它主要测量言语和抽象智力、数概念的熟练掌握、知觉的速度和准确性。该测验包括6个分测验：言语理解、一般推理、数学运算、知觉速度、空间定向和空间形象。

2. 区分能力倾向测验 (Differential Aptitude Tests,简称DAT)

DAT由本纳特 (G. K. Bennett) 等人编制，是应用最为广泛的多元性向成套测验。该测验初版于1947年，1962年、1972年和1981年分别修订、再版。整套测验由8个分测验组成，提供9个分数，即言语推理、数学能力、抽象推理、空间关系、文书速度和准确性、机械推理、拼写、言语应用、言语推理加数学能力。最后一项分数，可作为学业能力的指标。1972年的修订本包括S型和T型两个复本。1981年版包括V型和W型两个复本。

DAT测验常模来自32个州的64所公立和私立学校的6.1万名学生。标准化样本的选取是采用分层取样以确保能代表美国初二至高三的学生母群，同时还考虑了社会地位、学校所在行政区及学校的规模。指导手册提供了初二到高三男女学生的百分位数及标准九常模，也可分别根据同性别或男女混合性别常模画出测验分数的剖面图。

台湾的宗亮东及徐正稳曾根据1966年版的M型修订成中学综合性向测验，北京的谢小庆等人根据1981年版的V型编制了BEC职业能力倾向测验II型。

DAT具有数量惊人的效度资料，包括数千种效度系数，大部分的资料是推测以后学业及职业课程表现的预测效度，有不少系数的值相当高，然而在差异的预测上结果不太理想。至于职业效标，有若干证据显示个别的DAT分测验具有预测效度，但资料相当贫乏。一些追踪研究的结果表明：

①在某一特定的职业领域中，DAT中有关分测验的得分与工作的成就水平之间有明显的相关，例如，工程师在数字能力、机械推

理和空间关系三项分测验中的成绩高，技术专科学校毕业生的这三项成绩较低；

②读学位的大学生的DAT平均分高于那些不读学位的大学生，后者的平均分数又高于不读大学而就业的人；

③在某些课程上表现突出的大学生，他们相应的DAT分测验成绩也较高；

④大学生的言语运用和词汇分测验的平均成绩高于未读大学的人。

DAT的8个分测验是单独施测、单独记分的，这8个分测验是：

言语推理（VR）——测量普通智能，采用文字形式的类比题目；

数字能力（NA）——测量普通智力，采用计算题，不用文字题，以避免受到其他无关能力的干扰；

抽象推理（AR）——测量非言语推理能力（亦属普通智力）；

文书速度和准确性（CSA）——测量完成一件简单知觉任务的速度；

机械推理（MR）——测量对表现于熟悉情境中的机械和物理原理的理解力；

空间关系（SR）——测量想象和在心理上操作有形材料的能力；

拼写（SP）——指出拼写正误，测量英文水平；

语言运用（LU）——找出语法或惯用法错误，测量语文水平。

DAT各测验题目范例见图9-1（引自郑日昌《心理测量》，395～397页）。

言语推理

选择一对适当的词填空以使句子完整合理。

……对于晚上，相当于早饭对于……

A. 晚饭——角落
B. 文雅——早晨
C. 门——角落
D. 花——欣赏
E. 晚饭——早晨

正确答案为E

数字能力

选择正确答案。

30 减去 20

A. 15

B. 26

C. 16

D. 8

E. 以上皆非

正确答案为E

抽象推理

每一行的四个问题图形组成一个连续系列。在答案图形中找出此系列的下一个图形。

问题图形

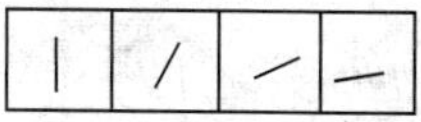

答案图形

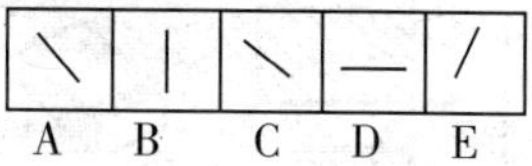

正确答案为D

文书速度和准确性

在测验项目中有些字母组合的下面划了线，在答案纸上找到同样组合并标记出来。

测验项目

V.	<u>AB</u>	AC	AD	AE	AF
W.	aA	aB	BA	Ba	<u>Bb</u>
X.	A7	7A	B7	<u>7B</u>	AB
Y.	Aa	Ba	<u>bA</u>	BA	bB
Z.	3A	3B	<u>33</u>	B3	BB

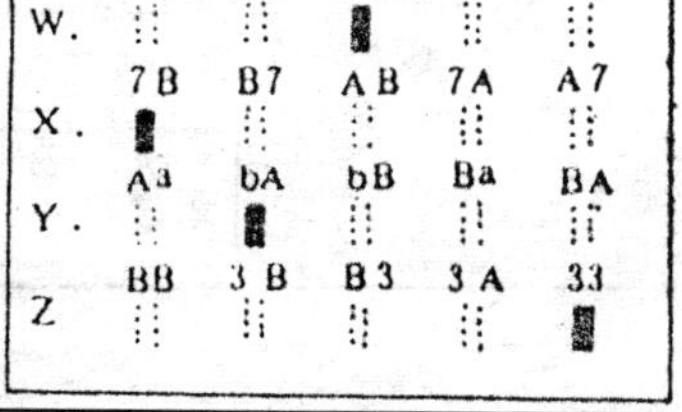

机械推理

这两人谁的负担重（如果相等，标上C）

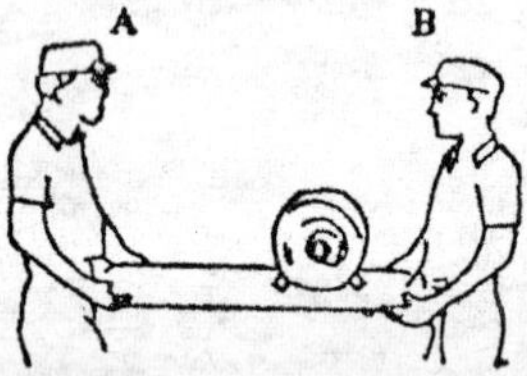

正确答案为B

空间关系

下面哪个图可由左边的纸样折成？

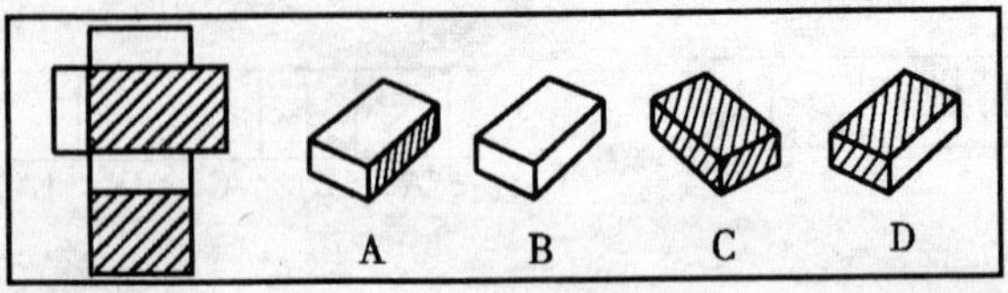

正确答案为D

拼字

指出下边一些词的拼法是否正确

W. man

X. gurl

	对	错
W.	▮	⁞
X.	⁞	▮

语言运用

指出句子哪个字母标示的部分有错误，在作答纸的相应字母上标明。如果无错误，标明 N.

X. Ain′t we/going to/the office/next week?
A B C D

	A	B	C	D	N
X.	▮	⁞	⁞	⁞	⁞

图 9–1　区分能力倾向测验项目举例

(二) 工业能力倾向成套测验

工业能力倾向成套测验多用于商业和工业从业人员的选拔与安置。其中最早的是30年代由明尼苏达职业安定研究所的研究人员编制的包括一般智力、数字、知觉、机械和心理运动能力的测验。由职员、机械工人、商人和其他职业团体的平均分数绘制的剖析图可以作为供比较的职业能力模式。这类测验还有以下一些。

1. 一般能力倾向成套测验 (General Aptitude Test Battery,简称GATB)

GATB最初由美国劳工部自1934年起花了多年时间研究制订，专为国家就业服务机构的顾问们使用，可用来为中学生的专业定向和成功谋职提供帮助。这套测验因对各国有影响而出名。目前全套测验包括12个分测验，总共可得到9个因素的分数，这9个因素是：

G. 一般学习能力 (智力)：把测量V、N、S因素的三个测验 (词汇、类比推理、三维空间) 的分数相加得到；

V. 言语能力倾向：由要求被试指出每一组词中哪两个词意义相同或相反的词汇测验来测量；

N. 数字能力倾向：由计算和算术推理两个测验测量；

S. 空间能力倾向：由三维空间测验来测量，包括理解三维物体的二维表示及想象三维运动的结果；

P. 形状知觉：由两个测验测量，一个是匹配画有同样工具的图画，另一个是匹配同样的几何形状；

Q. 文书知觉：与P类似，但要求匹配名称，而不是匹配图画或形状；

K. 运动协调：由一个简单的纸笔测验测量，要求被试在一系列方格中用铅笔作出特定的记号；

F. 手指灵巧：由装配和拆卸铆钉与垫圈的两个测验来测量；

M. 手的敏捷：由在一个木板上传递和翻转木桩的两个测验来测量。

测量F和M的4个分测验需要简单的用具，其他几个都是纸笔测验，前面7个测验有替换的复本，整套测验组的施测大约需两个小时。

GATB的9个因素的得分被转换成平均值为100、标准差为20的标准分数。常模是依据4 000个个案所构成的样本建立的，该样本无论在年龄、性别、教育程度、行业、地理分布上均代表了40年代全美国的劳工母群。依据对不同职业的工作人员、应征者、受训人员的施测所得的分数形态，可以得到各行各业中关键的性向种类以及最起码的标准分数数值。

美国就业服务中心（USES）将某特定职业所需的性向（及其适当的分界分数）组合起来，称为特殊性向测验组（SATB）。当然SATB要经过工作分析，选择合适的效标资料（生产记录、主管的评定、训练表现等），并将GATB的12个分测验予以施测。关键性向的选择是根据这些性向与效标的相关、每个性向的平均值和标准差、工作性质的分析资料而定。例如，某行业从业人员在某特殊性向上平均分显著高于常态样本，则无论其与效标的相关高或低，都作为该行业的特殊性向。

为了便于咨询，GATB将具有同类性向要求的行业归为有限的几个“工作家族”，每个家族最重要的三个性向有分界分数，因此而得到的职业能力类型（OAPs）到1977年为止已有66种，涵盖了数千种职业。

经过USES及其他公立机构的推动，有关GATB的研究资料已累积到相当可观的程度。GATB总的复本信度和再测信度均在0.80～0.90，只有关于运动的几个分测验的信度略低。GATB的手册中提供了关于SATB和OAPs效度的大量资料，但大部分的研究只使用同时效度程序。大部分SATB的合成效度在0.40左右。

GATB的每个分测验都非常讲究速度，而且它所包含的性向有限，没有测量机械理解能力和良好的推理能力的测验，并且各分测验之间的相关太高。

GATB的另一值得改进的地方是它完全采用多元分界分数而不使用回归方程式。虽然有可能某些职业需要几项关键技能，并且这些技能的不足无法由其他能力倾向来弥补，但没有任何证据显示所有的职业都需要所有的这些技能。

日本劳动省将GATB修订制成了一般职业适应性检查（1969年修订版），上海戴忠恒等根据日本1983年的修订本修订出中国GATB。

2. 弗兰那根能力倾向分类测验（Flanagan Aptitude Classification Tests,简称FACT）和弗兰那根工业测验（Flanagan Industrial Tests,简称FIT）

由弗兰那根（J. C. Flanagan）编制的FACT和FIT也是比较有效的测验。FACT是根据二次大战中使用的飞行学员成套测验（Aviation Cadet Classification Battery）研究的结果而编制的。弗氏根据工作分析发现，有14种特殊工作技能影响许多种职业的成功，于是设计了包括14个分测验的性向测验。该测验已由台湾孙敬婉女士主持修订。FACT的14个分测验是：

①检验测验：测量被试是否具有能迅速准确地指出一系列细小物件的缺点和瑕疵的能力；

②代号测验：测量被试把各种名称变换为代号的速度及正确性；

③记忆测验：测量被试记忆上一代号测验中各种代号的能力；

④精确性测验：测量被试以单手或双手合作，从事绕细小圆圈的细密动作的速度与正确性，也就是测量被试精密处理细小物体的能力；

⑤装配测验：测量被试无须根据实际模型，仅凭想象力去组合机械零件的能力，目的在于测量被试由一物体的许多分散部分看出其全貌的能力；

⑥坐标测验：测量被试阅读和了解坐标与图表的速度及正确

性；

⑦协调能力测验：测量被试协调其手与手臂的运动的能力，看是否能维持手与手臂的运动，是否能维持手与手臂动作的平稳性；

⑧判断和理解能力测验：测量被试能否根据某一情况作逻辑推理、正确判断；

⑨算术测验：测量被试迅速而正确地从事数字计算的能力；

⑩图样模仿能力测验：测量被试能否精细并正确地模仿绘制已有的图样的能力；

⑪组成测验：测量被试是否能由一个复杂的图形中辨认出各重要的组成部分；

⑫表格阅读能力测验：测量被试阅读表格的速度与正确性，一种为纯数字的，另一种表格以文字为主；

⑬机械测验：测量被试了解机械原理和分析机械运动的能力；

⑭表达能力测验：测量被试用字及词组句的能力以及对各种正误句的直觉和认识，其中一部分是确定每一句话是否合乎语法习惯或有别字，另一部分是采用三种不同结构的语句来表达同一事件，按其通顺简洁的程度，指出哪句最优，哪句最差。

被试要了解自己的职业能力倾向可以接受全体14种分测验，也可接受其中几种职业所需的因素测验。测验的结果是将几种分测验的分数综合起来，以判断被试所具有的能力适于从事哪一类职业。不同职业所需要的能力不同，因此所需要施测的分测验种类也不同。

测验的结果要转化成标准九分。测验的信度较高，但有关的效度资料还不够。孙敬婉女士修订的该测验，根据435～1 031人的统计，内部一致性系数在0.38～0.98间，均非常显著；效度资料来自工程师、管子工等9组人员，人数是62～239人，效标为工作能力的评判，所得同时效度为0.236～0.471，除管子工组外，其余8组均非常显著。FACT的最大缺点是费时，整个测验需要6小时施测。

FIT包括18个分测验，它对FACT作了部分修改，建立在与FACT相同的工作分析之上，并且测量相同的工作元素。施测时间较少，但其常模相对小，各测验的信度系数是从0.50到0.90，效度资料不足。

(三) 军事能力倾向测验

在陆军甲种测验和陆军乙种测验用于军队的选拔与分类后，各种用于军队的职业测验相继诞生，有军队一般分类测验（Army General Classification Test,简称AGCT）、飞行学员成套测验（简称ACCT）、军队职业能力成套测验（Armed Services Vocational Aptitude Battery,简称ASVAB）。其中ASVAB是由各军种联合发展出来的以供所有军种使用的综合选拔与分类测验组。ASVAB最新的版本包含10个分测验，各军种选用各自适宜的分测验，形成适合该军种的特殊人员分类需要的能力倾向组合。例如，有军事文书、行政职业专长的能力倾向组合，也有电子修理及监视、通讯职业专长的能力倾向组合等。

ASVAB的4个分测验组成了目前的陆军资格测验，该测验可作所有军种所共有的能力倾向测验之用。80年代，美国国防部以ASVAB的现行题目对全国12 000名18～23岁的男性及女性样本施测，这些人包括一般公民、军人，无论在年龄分配、性别比例、种族比例、乡村—都市居民比例及主要地理区域上都能代表全国的青年团体。另外，ASVAB也建立了高中团体的常模资料。ASVAB的信度符合严格的心理测量学标准。个别分测验的库德—理查逊信度系数集中在0.80附近；能力倾向组合的库德—理查逊信度系数则集中在0.90附近。ASVAB在各种适当效标上的预测效度也相当显著。从1986年起，美国军方设计以ASVAB为工具研究陆军军职人员的选拔、分类的长期计划，称“A计划”，这是一个长期追踪程序。在1986～1987年间有近5万名士兵接受了实验性质的预测性测验，此后，收集1万名被试的工作表现资料，并对其中部分人进行工作表现测量。ASVAB所采取的编制技术路线是编制测验的典范。

ASVAB的内容包括算术推理、数字运算、文章理解、字词知识、编码速度、一般科学、数学知识、电子知识、机械理解、自动化及工厂知识。

(四) 行政职业能力考试

行政职业能力考试是我国用于录用政府机关工作人员的多重能力倾向测验，是为了适应我国公务员制度建立的需要，由人事部考试录用司委托有关专家编制的一个职业能力测验。迄今为止，已经应用于几十个部委的干部录用，并已被若干省用于政府机关工作人员的考试录用。其内容包括言语理解、知觉速度与准确性、判断推理、数量关系、资料分析5个部分，共180题，测试时间为90分钟。

考试的内容、题目数量和时限如表9-1：

表9-1 《行政职业能力考试》(VI) 的构成

<table>
<tr><th>部分</th><th colspan="2">测 试 内 容</th><th>题数（道）</th><th>参考时间（分钟）</th></tr>
<tr><td>一</td><td colspan="2">知觉速度与准确性</td><td>60</td><td>10</td></tr>
<tr><td rowspan="5">二</td><td rowspan="5">判断推理</td><td>事件排序</td><td>10</td><td rowspan="5">45</td></tr>
<tr><td>常识判断</td><td>10</td></tr>
<tr><td>图形推理</td><td>10</td></tr>
<tr><td>数字推理</td><td>10</td></tr>
<tr><td>演绎推理</td><td>10</td></tr>
<tr><td rowspan="3">三</td><td rowspan="3">言语理解</td><td>词语替换</td><td>10</td><td rowspan="3">15</td></tr>
<tr><td>选词填空</td><td>10</td></tr>
<tr><td>阅读理解</td><td>10</td></tr>
<tr><td>四</td><td colspan="2">资料分析</td><td>10</td><td>10</td></tr>
<tr><td>五</td><td colspan="2">数量关系</td><td>10</td><td>10</td></tr>
<tr><td>合计</td><td colspan="2"></td><td>160</td><td>90</td></tr>
</table>

现在，人事部正组织有关专家进行该测验题库的开发研究。

第四节 特殊能力倾向测验

特殊能力倾向测验是鉴别个体在某一方面是否具有特殊潜能的一种工具。这类测验最初是为了弥补智力测验的不足而编制和使用的，最早出现的特殊能力倾向测验是机械能力倾向测验。由于职业选拔与咨询的需要，各种机械、文书、音乐及艺术能力倾向测验纷纷出现，同时视力、听力、运动灵敏度方面的测验也广泛应用于工业、军事上的人事选拔与分类。

特殊能力倾向是相对于一般智力而言的，一些传统的特殊能力倾向，如机械和文书，现在都已并入某些多重能力倾向测验中。但特殊能力倾向测验还是很有必要的，原因有两个：一是多重能力倾向测验很少涉及视力、听力、运动技能及艺术才能等领域，因为它们的情况较特别，即使在多重能力倾向测验中包含有特殊能力倾向，如机械、文书等，有时也需要与学业能力倾向测验、特殊能力倾向测验结合使用，因为特殊能力倾向测验有广泛的常模和效度资料；二是特殊能力倾向测验具有很大的弹性，既可以结合使用，也可以单独使用。

一、感知觉和心理运动能力测验

一般说来，感知觉和心理运动能力测验不属于心理测验，但这些测验能提供给我们有关个体机能的重要信息，当工作成绩的高低依赖于感知觉和心理运动能力时，这种测验也是人员筛选、安置、咨询及诊断的重要依据。

（一）感知觉测验

某些学校或工作部门的成绩受个体听觉和视觉的影响，在这种情况下，可采用感知觉测验筛选出视力或听力不足的人，作为其他测量工具的补充。

感知觉测验又分为单一目的的测验和多重目的的测验。前者指每种测验只测量一种功能，后者指测量综合的感知觉能力的测验。单一目的的测验包括：视觉敏度测验、听觉敏度测验和颜色视觉测验。这些在普通心理学里都有介绍，这里不再赘述，我们只介绍综合的感知觉能力测验。

综合的感知觉能力测验通常是给成套刺激以确定视觉能力，需要大约三至六分钟。例如，B-L视觉测验共分四类：双眼肌肉平衡、左右眼和双眼视敏度、深度知觉（立体感）和颜色辨别。弗劳斯蒂格（M. Frostig）编制的视知觉发展测验（Frostig Developmental Test of Visual Perception,简称DTVP），是测量幼儿感知觉发展的一套纸笔测验，特别适合于有学习困难或有神经障碍的儿童。DTVP已在全球范围内施测了三亿多儿童。DTVP包括五个领域：眼动协调、图案背景恒定性、形状知觉、空间位置和空间关系，分数以知觉商数表示。

（二）**心理运动能力测验**

心理运动能力测验测量的是受个体意识支配的精细动作能力。这类测验专门测量速度、协调和运动反应等特性，大多与手的灵巧性有关，也有一些涉及腿或脚的运动。这是一种比较早的特殊能力测验，在20年代和30年代，这种测验广泛应用在工作和职业成绩的预测上。后来，美国空军人事和训练研究中心设计了心理运动能力的综合分析方法，并把有些技能容纳到飞行员训练和空战模拟中。从50～70年代，弗莱西曼（E. A. Flishman）及其助手对心理运动能力测验进行了认真的研究。结果表明，心理运动能力很特殊，这种能力的操作测验和纸笔测验之间的相关、运动的速度和质量之间的相关都很低。从各种测验的相关分析中，弗莱西曼发现了11种心理运动因素，它们是：瞄准，手、臂稳定，准确控制，手指敏捷，手工操作敏捷，四肢协调，速度控制，反应时，反应倾向，手臂运动速度，腕、手的速度。他还发现心理运动能力测验的信度低于其他特殊能力测验（0.70到0.87之间），原因可能是这种成绩较易受练习或实践的影响。此外，从初级练习到被试基本熟练的过程中，这种测验在心理运动因素上的负荷是显著变化的。可见，心理运动测验的分数及意义都要受到练习的影响。

心理运动能力测验的效度比机械和文书能力测验的效度低。对于预测训练计划中的成绩比对于预测工作成就效果好，同时对预测重复性工作的成功也更有效。但在预测某些需要较高级的认知和知觉能力的复杂工作的成功上相对较差。一般来讲，综合的运动能力测验效度比简单运动测验的效度高。

心理运动能力测验又分为大幅度运动测验、精细运动测验及二者结合的测验。大多数这类测验是速度测验，其分数与完成任务的时间有关，且对于青少年和成人都适用。一般这种测验都要借助于仪器，但也有纸笔形式的。有些纸笔测验的预测效度较好，但目前有证据表明，用来测同一种运动能力的纸笔测验和仪器测验之间几乎没有相关。

1. 大动作运动测验

测量手指、手和手臂大幅度运动速度及准确性的测验。常见的有斯特龙伯格敏捷测验（Stromberg Dexterity Test, E. L. Stromberg编制），该测验要求被试尽可能迅速地将54个饼干大小的彩色圆盘按指定顺序排列；另一个常见的测验是明尼苏达操作速度测验（Minnesota Rate of Manupulation），这是一种手工敏捷测验，包括一个有60个孔且有红、黄两色木块的木板，分成5种分测验，即安装测验、翻转测验、撤换测验、单手翻转和安放测验、双手翻转和安放测验。在这些分测验中分别要求将木块按指定方式翻转、移动和安放，例如安放测验要求被试将木块放在孔中。记分要考虑完成的时间。

2. 小动作运动测验

测量被试小动作的运动速度及准确性。常见的有奥康纳手指灵活测验和镊子灵活测验（O'Connor Finger and Tweezer Dexterity Test)。测验要求被试用手指或一对镊子将很小的铜钉放入一个纤维板的小孔中。另外还有克劳福德小部件灵活测验（Crawford Small Parts Dexterity Test)。如图9-2，在测验的第一部分，被试用小镊子将钉子插入孔中，并给每个钉子套一小环；第二部分，将小螺丝放入螺纹孔内并用改锥拧紧。测验成绩以完成每个部分的时间来计算。测验的分半信度为0.85左右，但第一和第二部分之间的相关只有0.40。虽然可以预估测验分数会与某些要求精细动作敏捷性的职业（如刻字等）业绩有关，但还没有这些效度证据的报告。

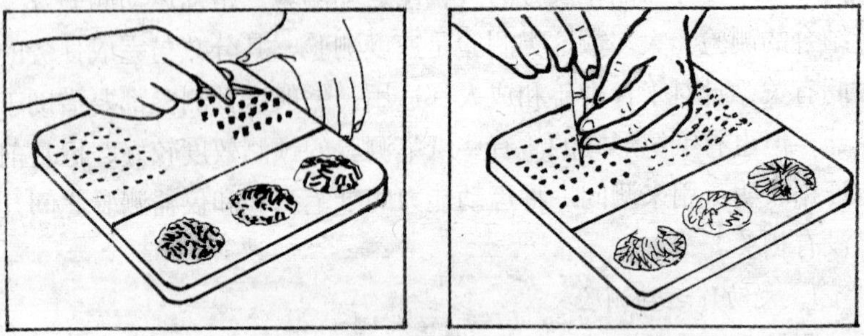

图9-2　克劳福德小部件手指灵巧测验
(引自A. Anastasi，*Psychological Testing*, p.462.)

3. 大小动作运动测验

同时测量手和手的大小动作运动及手指敏捷性两个方面的能力。常见的有普渡木钉板测验（Purdue Pegboard)，这个测验不使用工具。第一部分要求被试用右手、左手和两手把钉子插到孔中；第二部分要求把钉子、铜圈一起放在孔中，可以同时用两手。另外还有宾夕法尼亚双重动作工作样本（Pennsylvania Bi-manual Worksample,由J. R. Robert编制）和本纳特手—工具敏捷性测验（Bennet

Hand-Tool Dexterity Test,由G. K. Bennett编制)。这两个测验都要使用螺母和螺栓，前者要被试将100个螺母拧在100个螺栓上，然后将它们插入孔中；后者要求被试先将工具箱左板上的三种不同规格的12个螺母从螺栓上拧下，然后把它们安装到右板上。分数以完成测验的时间计算。

二、机械能力测验

机械能力测验是最早和最经常用于工业或军事测验中的特殊能力倾向测验。有证据表明，存在着一种不明显的机械能力的一般因素，但大多数机械能力测验测量的能力很广泛，例如视—动协调因素、知觉及空间关系能力、机械推理和机械知识等。组成分测验的各种机械能力彼此的相关都较低，但不同的机械能力分测验和总分之间具有较高的正相关。

在机械能力测验上存在性别差异，男性通常在空间和机械理解题上得高分，而女性在手部灵巧度与知觉辨别测验上较好，且这种差异与年龄成正比，这可能有文化因素的作用。

(一) 空间关系测验

在20年代后期，帕特森 (D. G. Paterson) 及其同事在明尼苏达大学对机械能力作了严格的分析，结果产生了三个测验：明尼苏达机械拼合测验 (Minnesota Mechanical Assembly Test)、明尼苏达空间关系测验 (Minnesota Spatial Relations Test) 和明尼苏达书面形状测验 (Minnesota Paper Formboard Test)。第一个是工作样本测验，要求被试拼排随机排放的机械物体，测量动作敏捷性、空间知觉和机械理解，后两种测验为空间知觉测验。在机械职业中已经发现，空间知觉是非常重要的因素，这种因素主要测量立体视觉及空间操作产生某种具体形状的能力。

1. 明尼苏达空间关系测验

由特拉布 (M. R. Trabue) 等修订，包括A、B、C、D四块板，

两套几何形状的木块，一套插在A板和B板的凹陷处，另一套插在C板和D板的凹陷处。测验开始时，这些木块是零散摆放的，被试的任务是捡起木块并尽可能快地放入板中的特定凹陷处。完成所有木块所需时间为10～20分钟，成绩按时间和错误次数记分。测验信度高达0.80，测验与特定工作的相关在0.50左右。

2. 明尼苏达书面形状测验

由里克特（R. Likirt）和夸沙（W. H. Quasha）修订，为明尼苏达空间关系测验的纸笔形式。题目采用多重选择形式，每题包括一个分解几何图案题和五个拼凑成整体的选项图案（如图9–3所示），要求被试在五个选项图案中选择一个图案，正好是分解图案拼凑成整体的形状。测验的复本信度为0.80～0.89。研究表明，在测三维空间的立体视觉和操作能力时，这个测验是有效和有用的工具之一，在预测工厂工作和工程等技术课程成绩、上级评定及在检验、包装、机械操作等工业职业的实际成就方面很有用处。虽然编者原意是设计出一个比明尼苏达空间关系测验更有效实施的一种修订形式，但结果发现二者的相关相对于它们自身的复本信度要低。

（二）其他机械能力的纸笔测验

另一种主要的机械能力测验是以机械知识、机械理解或机械推理为主。所谓机械理解是指被试理解实际生活情境中的机械原理的能力。早期的这类测验是给被试一堆零件，要求他们拼成常见的物体。但为一般目的而用的该类测验，目前大多采用纸笔形式。

1. 本纳特机械理解测验（Bennet Mechanical Comprehension Test,简称BMCT）

由本纳特等人编制，是较为著名的机械能力测验。BMCT测量对实际情境中的机械关系和物理定律的理解能力。测验题目包括一些有关这种关系和定律应用的图画和问题（见图9–4）。这个测验可用于军事和民用方面。现行修订版有两个复本，即S式和T式。题目的难度范围大，适用于高中生、工业与机械工作的应征者和在职者

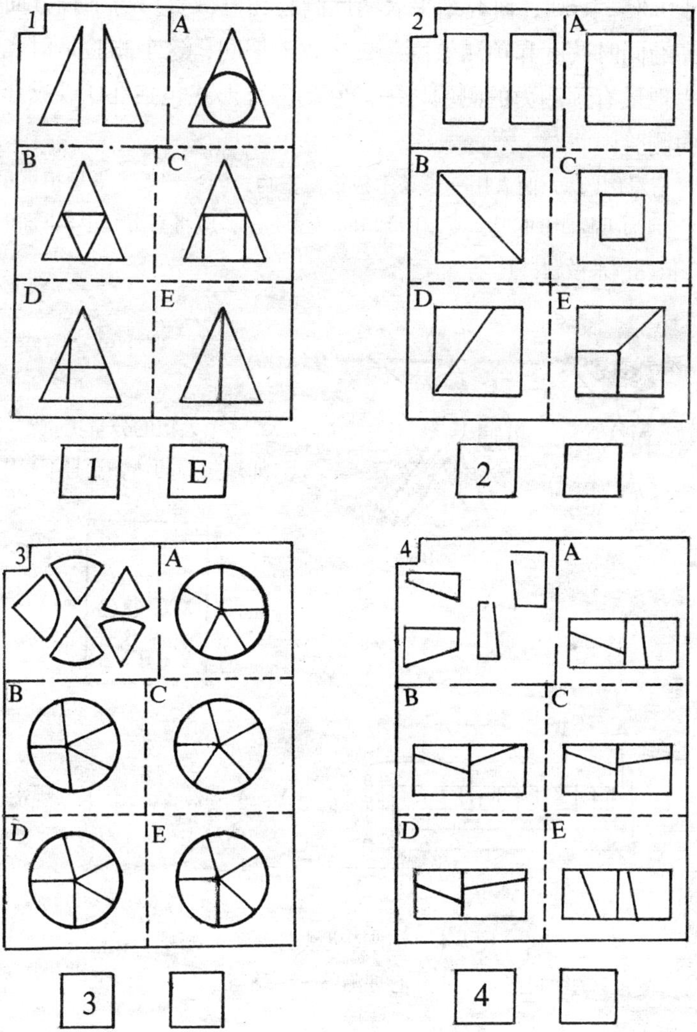

图9-3　明尼苏达书面形状测验题例

及欲进职业学校的人。常模资料根据教育程度、专业训练或工作类别各有不同。奇偶信度为0.81～0.93，BMCT的效度居中（大约2/3

介于0.30～0.60)，研究结果表明此测验在机械贸易与工程方面具有很高的同时效度和预测效度。二次大战期间，这个测验是对飞行员的表现最有预测力的测验之一。它的一种形式包括在DAT成套能力倾向测验中。

请看例题X，两人用一长条木板抬一重物，问：“哪个人承担更重的分量？”因为重物距B更近，所以B承担的分量更重，应将答案纸上B下面的圆涂黑。依此例来做题目Y。

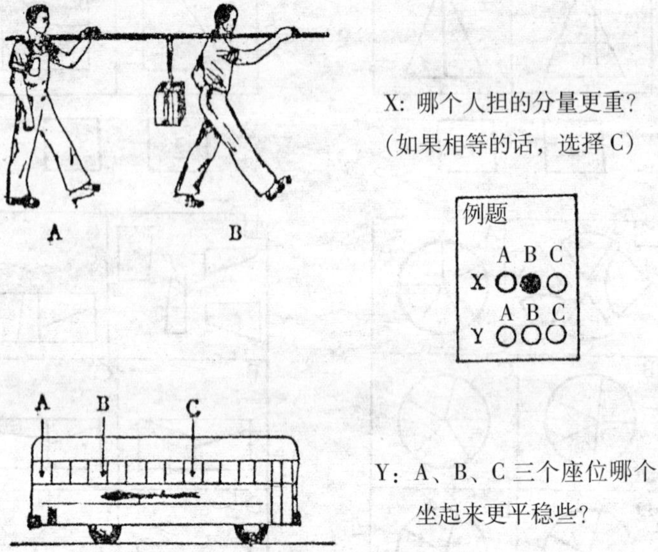

图9–4　本纳特机械理解测验题例

(引自彭凯平：《心理测验—原理与实践》，314页)

2. SRA机械概念测验 (SRA Test of Mechanical Concept)

由斯坦纳德 (S. S. Stanard) 和鲍德 (K. A. Bode) 编制。包括三个分测验：机械关系、机械工具及使用、空间关系。测验有A、B两种形式，无时间限制。小样本的研究发现测验对机械操作员、机器维修员和其他机械操作的学员是有效的。

三、文书能力测验

文书能力测验的特点是强调知觉速度和动作的敏捷性。但在实际的文书工作中，除了需要这两种能力以外，言语和数字能力也很重要。因此许多文书能力测验包括与智力测验类似的题目以及测量知觉速度和准确性的题目。

文书能力测验又分为一般文书能力测验和测量速记能力、计算机程序编制与操作能力的测验。

(一) 一般文书能力测验

这类测验在内容上既有简单形式也有复杂形式。简单形式为简单的数字和姓名检查，复杂形式包括知觉运动的任务，也包括一般智力测验的任务。

1. 明尼苏达文书测验 (Minnesota Clerical Test)

由安得鲁 (D. M. Andrew) 和帕特森编制。测验主要用于选拔职员、检验员和其他要求知觉和操纵符号能力的职业人员。测验分两部分：数字比较和姓名比较，要求被试检查200对数字和200对姓名的匹配正误。举例如下：

> 如果同一组的两个数或名称完全相同，则在中间的线上打钩。
>
> 66273894 —— 66273984
>
> 527384578 —— 527384578
>
> New York World —— New York World
>
> Cargill Grain Co —— Cargill Grain Co.

测验以正确题数减去错误题数记分，其重测信度为0.70～0.89，测验分数与教师和上级评定有中等相关。

2. 一般文书测验 (General Clerical Test)

是由美国心理公司发行的一种综合的文书能力测验，测验包括九个部分，按三种不同的能力分三组记分。这三种能力是：

①文书速度和准确性：由校对和字母排列两个分测验组成，目的在于测量一般的文书才能；

②数字能力：由简单计算、指出错误、算术推理三个分测验组成，旨在测量被试的算术潜能；

③言语流畅性：由拼字、阅读理解、字词和文法三个分测验组成，目的在于测量语文的流利能力。

测验时间约为五十分钟，测验结果除总分外，还有三个组的分数。

(二) 计算机程序编制和操作能力测验

由于计算机在办公自动化中的作用越来越重要，文书人员也要求具有一定的程序编制和计算机操作能力。在国外已经开始实施考查被试是否具有学习使用计算机的能力倾向的测验。例如，帕洛摩(J. M. Palormo) 编制的计算机程序员能力倾向成套测验 (Computer Programmer Aptitude Battery)，包括5个分测验：言语意义、推理、字母系列、数字能力和制图能力，主要用于评估和选择学习计算机课程的申请者。编制过程中，研究者对初学者和有经验的程序员的测验结果进行分析，选择合适的测题编成测验，常模以百分位表示。

另外一个测验是计算机操作能力倾向测验 (Computer Operator Aptitude Battery)，由赫罗威 (A. J. Holloway) 编制。包括三个分测验，用来评估在学习计算机操作时重要的能力倾向。这三个分测验是：序列再认、格式检查 (检查字母和数字遵从的特定格式) 和逻辑思维。

四、艺术能力测验

艺术情趣在不同个体、不同文化和不同年龄之间存在着很大差异，因此艺术能力的判断标准是很难确定的。虽然在寻找可靠标准和使用测验预测方面存在着许多问题，但从20世纪20年代起仍有许多美术能力和音乐能力的测验产生。

(一) 美术能力测验

编制美术能力测验，首先必须分析美术创作应具备的条件和能力，然后再设计测量这些能力的测验，并经过有效性的考验。但判断美术能力的强弱，并无完美而客观的标准，所以美术能力测验的编制很困难。

梅尔 (N. C. Meier) 经过长期的研究，分析出构成美术能力的要素有以下六种。

①手艺技巧 (Manual Skill)：眼、手的动作协调良好。

②坚定的意志 (Volitional Perseveration)：注意力集中，精力充沛，坚决完成有目的的工作，一直到他的作品达到完美的目标为止。

③美术的智力 (Aesthetic Intelligence)：具有一般智力与美术的基本智力。

④敏锐的知觉 (Perceptual Facility)：敏锐精细的观察力。普通人看见一棵树，他只看到一个物体的形象；美术家看到同一棵树，他是看到一首诗或一幅画，或一个美的物体。

⑤创作性的想象 (Creative Imagination)：具有由经验发展到创作出一件“美的特征的作品”的能力。

⑥美的判断 (Aesthetic Judgement)：辨认客观情境中的统一、和谐等审美的能力。

在进行各种艺术创作的过程中，这六种因素的重要程度不一定相同，但都是对艺术行为作进一步研究的基础。

美的判断含有理解与价值判断，美术活动往往包括鉴赏、批评、表现等方面的活动。一个具有较高艺术评鉴能力的个体并不意味着他一定会创造出较好的作品。因此，有必要区分出艺术鉴赏力和艺术创造力的测量。

1. 艺术鉴赏和知觉测验

其中较具代表性的是梅尔艺术鉴赏测验 (Meier Art Judgement Test) 和格雷夫斯图案判断测验 (Graves Design Judgement Test)。

(1) 梅尔艺术鉴赏测验

测量学生的审美能力，而不是测量学生的艺术技巧的表现能力。分为艺术判断和审美知觉两个分测验。

艺术判断测验包括100对不着色的图画，内容有风景、静物、木刻、东方画、壁画等，每对图画中的一幅是名画的复制品，另一幅是模拟名画，但在技巧或结构方面稍加修改，比原作差。让被试在两者之中挑出他认为较好的一幅（见图9-5）。这些图画的好坏标准是根据25位艺术专家的意见决定的。其中有些较难判断，其得分比其他的多。被试选择正确的图画所获得的分数即为其成绩。测验的常模分为初中、高中、成人三组，采用百分位数，常模团体是上美术课的学生。分半信度系数在0.70～0.84之间。艺术判断测验的分数与艺术课程的成就和艺术创造力评定的相关在0.40～0.69之间。

审美知觉测验包括50道题目，每题为一件艺术作品的四种形式，每一种形式相对于另外三种在比例、整体性、形状、设计及其他特征上有不同，要求被试按其优劣排出等级。目前，还未见关于这一测验用途的报告。

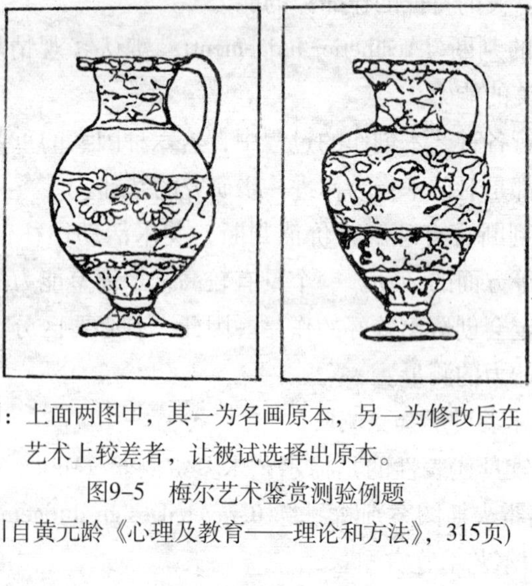

说明：上面两图中，其一为名画原本，另一为修改后在艺术上较差者，让被试选择出原本。

图9-5 梅尔艺术鉴赏测验例题

（引自黄元龄《心理及教育——理论和方法》，315页）

(2) 格雷夫斯图案判断测验

由被试对美学基本原则的认识和反应来判断其美术能力，包括美术欣赏力和美术创作能力。格氏认为美学的基本原则包括调和、主题、变化、平衡、连贯、对称、比例、韵律，共8项。测验由90套二维和三维空间的抽象图案组成，每题包括2～3个同一图案的变式，让被试选出他认为最好的那个。图有线条的、平面的或立体的，每题只有一个图形符合格氏上述的8项美学基本原则，其他图形则违反一个或数个原则。图形的编选尽量避免个人主观的看法或感情因素，只注重相当纯粹的审美上的选择。根据被试的选择可得知其对美学知觉和判断的能力。分半信度的估计值为0.80～0.90，但没有足够的效度研究。

2. 艺术能力操作测验

常见的有洪恩艺术能力倾向问卷（The Horn Art Aptitude Inventory）。该测验采用工作样本测验，需要高度的创造力，适用于大、中学生和成人，对艺术学校的新生有相当的鉴别力。测验内容包括三部分：①素描画要求被试画出常见物体的素描，以判断被试作品的线条品质与画面布置的技能；②随意画测量被试用指定的图形画成简单的抽象图案的能力；③想象画是给被试12张卡片，每张卡片上印有几条线条，被试根据这些线条画成一幅草图，由这些草图来评判被试的想象力和作画技巧。

记分采用等级评量法，分为优、普通、劣三个等级的评分图样，参考这些图样对被试的作品给出判断。

有关效度研究发现该测验分数与艺术院校的专家评定之间相关为0.53，与高中艺术课教师评定的相关为0.66，结果表明问卷较为有效（见图9-6）。

(二) 音乐能力测验

和美术测验一样，音乐能力测验和音乐造诣的标准之间相关并不高，所测量的音乐能力的一般因素也不明显。虽然测验分数与智

图9–6　洪恩艺术能力倾向问卷例题
(引自黄元龄《心理及教育——理论和方法》，317页)

力测验分数间有正相关，但较高的智力水平并不一定是音乐能力的基础。有些幼儿或有些弱智者也可能表现出相当的音乐能力。

1. 西肖尔音乐才能测验 (Seashore Measures of Musical Talents)

在本世纪20年代和30年代，艾奥瓦大学的西肖尔（Carl Seashore) 及其同事对音乐能力进行了开创性的研究，从而产生了最早也是最为突出的音乐能力测验 (1939)。与后来发展出的音乐测验比较，西肖尔测验的刺激材料主要是一系列音乐调式或音符刺激，而后来的测验多采用有意义音乐选段。该测验的刺激由唱片或磁带呈现，每一项目共有两个音或两个音阶，测量被试音乐能力的六个要素是：

①辨别音调的高低，指出第二音是否高于第一音；

②辨别音强的高低，指出第二音是否强于第一音；

③辨别节拍，比较每一对音的节拍是否不同；

④辨别时间的长短，指出每对音中的第二音是否长于第一音；

⑤辨别音色或音质，指出每对音中两个音质是同是异；

⑥音调的记忆，连续将三五个音演奏两次，当第二次演奏时，改变了其中的一个音，被试须记下改变的是第几个音。

每一项目的音阶差别开始时显著，随后越来越细微，没有音乐才能的人，仅能区分显著的差别，不能区分细微的差别。这个测验偏重于听知觉方面。唱片共有两套，分别用于测量专攻音乐和非专攻音乐的人。测验成绩不以总分计算，而以6种能力的剖析图作为取舍的根据。该测验适用于小学生到成人，每个测验约需10分钟。分半信度为0.55～0.85。研究还发现，测验与音乐训练的效标有0.30～0.40的正相关。其效度材料还不够。西肖尔测验中的音高辨别测验也用做某些军事及民用职业的听觉筛选测验。

西肖尔音乐测验所代表的分析方法后来被批评为原子主义的研究。后期的音乐测验多采用更复杂的内容。

2. 英国的温格音乐能力标准化测验 (The Wing Standardized Tests of Musical Intelligence)

该测验适用于8岁以上儿童，可用于选拔适于深造的音乐人才。采用钢琴曲的有意义内容为测验材料，测验内容包括8个方面：

①和弦分析，分析和弦中音调的数目；

②音高变化，辨别在一个重复和弦中音符变化的方向；

③记忆，判断哪个音符改变了；

④节奏重音，判断哪个节奏较好；

⑤和声，判断一个特定旋律哪个和声更好；

⑥强度，哪部分适合被强调；

⑦短句，哪种短句形式更合适；

⑧总体评价。

测验由录音磁带呈现。除“音乐年龄”外，常模还以A、B、C……等级表示。信度系数幼儿为0.70，较大年龄儿童为0.90。效度研究很少，对11岁儿童的音乐能力的教师评估与温格测验分数有0.60左右的正相关。

3. 音乐能力倾向测验（Musical Aptitude Profile,简称MAP）

由戈登（E. Cordon）编制，用录音机播放，包括250个原版的小提琴和大提琴短曲选段。不要求被试有音乐知识或任何音乐方面的个人史，测量三种基本音乐因素：音乐表达、听知觉和音乐情感动觉。有三个分测验：①T测验——音调形象（旋律、和声）；②R测验——节奏形象（速度、节拍）；③S测验——音乐感受（短句、平衡、风格等）。前两个分测验都有正确答案，要求被试比较两个测验相同或相异；后一个分测验采用多重记分，要求被试回答两个录音带的音乐哪个更具韵味。戈登对MAP的预测效度进行了三年的追踪研究（1967），因此可以算是音乐能力测验编制者中最认真的一位。他对8个班的241名四至五年级学生施测MAP，然后给他们每周上一次乐器演奏课。结果发现，MAP的最初成绩与儿童音乐演奏水平的判断评分的相关，在音乐教育一年后为0.59，三年后为0.74。

五、专业能力倾向测验

前面介绍的多重能力倾向测验和特殊能力测验多用于职业指导及一般性的职业选拔。测验还常用于各专业的人员选拔和专业资格鉴定，我们称这些测验为专业能力倾向测验。

（一）专业选拔测验

专业能力倾向测验可用于选拔那些适合的人员接受专业训练，如普通医学、牙医、护理、法律、商业工程、神学、建筑等专科学校的学生，就需要接受这种测验。这种测验的编制，一般是针对各种专业，分析其所必须的各种能力特质并编成测验，内容包括一般学业能力倾向测验（大多以测普通能力和学业成就为主），入学前使用的成就测验，有时也用兴趣测验或其他人格特质测验，自传资料、推荐信、过去的学业记录与面谈等也可作为补充资料。这些内容接近所要测的专业领域，这样做可以提高表面效度，同时，某些证据表明，这些测验的预测效度比一般的智力或学业能力倾向测验高。

美国常见的有法律学院入学测验（Law School Admision Test,简称LSAT），可作为专业选拔测验的代表，在此加以简单介绍。

LSAT的资料包括测验指南和测题，测验指南有详细的内容及如何选择答案等的介绍。测题包括许多类型的题目，每一类型都有时间限制，最后得到一个总分。LSAT的测验题多年来在许多方面都有改变，但语文内容却一直保留着。LSAT包含各种不同形式及层次的阅读理解测验，内容包括人文科学、自然科学、企业管理及通俗写作或演说。LSAT还包含一个30分钟的写作，以前只需写一篇短文，现已改为写两篇内容不同的短文。

LSAT的一般信息手册（General Information Booklet,法学入学测验中心编）提供最近几年受测的全国样本的百分位数常模。LSAT的信度较高，预测效度还在研究之中。有些研究证明，LSAT与入法律学院第一年成绩的相关比大学入学成绩与法律学院成绩的相关高。但另一些证据表明，大学入学平均成绩对越高年级反而预测力更高，原因可能是，法律学院的成绩受持久性、动机等因素的影响。当然，这些相关都来自法律学院的在校学生，这些相关因事前淘汰被降低了。

我国专业选拔测验还有待于进一步发展，比较有影响的是由空军招飞办公室组织专家编制的飞行员心理选拔测验，目前正在完善中。

(二) 资格考试

资格指地位、声望、阅历和从事某种活动应具备的条件、身份等。

专业技术资格指可以独立从事专业技术工作的条件与身份。实际上是一种实力，包括学历、工作实绩与经验、信誉、社会关系(公众承认度) 等可在工作上产生效益的实力，获得资格的人实际上是获得了就职、升迁、流动、独立开业等权力。

标准化测验可用于资格和执照鉴定，这些测验偏重于测量专业知识的成就测验，但也包含一般能力测验。在美国，这种测验著名的有教育测验中心编制的国家教师考试 (National Teacher Examination，简称NTE)，主要用于测量即将成为教师的人的专业准备性，以便发给证书，以此作为允许进入更高等的师范学校接受教育的资格。

在美国和某些发达国家，专门职业者 (即专业人员) 的资格考试同公务员考试一样，具有重要地位。总的来说，这些专业资格考试具有以下几个特点：

第一，考试由权威机构管理，如台湾省的专门职业及技术人员资格考试由考试院组织实施，考试院有正、副院长，下设考试委员会，考试委员会委员由政府机构直接任命；

第二，考试符合社会需要，包括专业知识的成就测验和实际业务能力测验；

第三，对报考者有一定的资格要求 (如学历、工作经验、业绩等)；

第四，对免考而获得职业资格者限制较严；

第五，应考人报名、参加考试程序、准考次数皆有法可循；

第六，资格考试科目多已定型。

下面介绍两种美国专业资格考试。

1. 心理学家资格考试和执照授予

心理学家资格本质上是指有权拥有“心理学家”这个头衔，而执照则是指有权开业进行心理治疗。在美国，各州对心理学家资格考试与执照授予的基本要求大致相同，必须具备心理学博士学位加上指导经验（通常一年至两年），参加的考试是全国统一的专业心理学家执业考试（Examination for Professional Practice in Psychology，简称EPPP），由美国州立心理学协会的考试委员会（Examination Committee of the American Association of State Psychology Board）主办，专业考试部（Professional Examination Service）技术协助。这项测验包含了心理学的实际知识及方法学内容，同时也要求熟悉心理学家的道德原则以及相关的专业、政府与司法规定等。

一般这种考试最合适的效度是内容效度，原因在于很难在已获得执照开业的心理学家身上获得相同的效度资料。这也是其他资格考试中共同的问题，因此一般资格考试所提供的效度资料都是内容效度。一般来说，资格考试所获得的资格或执照，都是一般性的执照，代表的是达到专业业务所需的最低要求。较高层次的认可由美国专业心理学会（American Board of Professional Psychology，简称ABPP）执行。刚开始时ABPP授予三个领域的文凭：临床、咨询和工业组织心理学，后来又增加了学校心理学、临床神经心理学、法律心理学及临床催眠。

2. 美国护士资格考试

美国护士资格考试由全国州护理委员会联合会负责组织。该联合会建立于1978年，其中每个委员皆由所在州立法机关授权。联合会职责既包括护士管理，也包括护士考试及录用。美国的护士考试分“注册护士”与“经验护士”两种，前者的应考资格为具有学位或州护理委员会批准的护理教育课程毕业文凭，而后者有一定年限的护理经验即可报考。两种护士只可担任指定的部分护理工作。经验护士的工资只是注册护士的一半。这种考试所得到的效度也是内容效度。

我国资格考试正在发展之中，在人事部组织下，现在已有会计师、审计师、律师等专业进行资格考试和授予，我国也有专门的法律规定这种考试。

第五节　职业兴趣测验和职业指导综合计划

早期的职业指导理论主要是帕森斯的特质因素论，职业测验多偏重于对能力的测量。随着测验实践和测验研究的发展，心理学家逐渐注意到职业兴趣对职业的成功影响很大。有的研究证明，职业兴趣、价值观和职业经历对职业成功的预期比职业能力的预期效果还好。同时随着职业指导理论的发展，“职业自我探索”“职业生涯”“职业决策”“职业心理类型”等概念被广泛接受，职业兴趣、价值观、经历等内容日益多地与职业能力测验结合，形成了各种综合的职业指导计划。

本章重点介绍几个著名的职业兴趣测验，同时也介绍一下综合的职业指导计划。

一、职业兴趣测验的发展

兴趣研究最早的尝试始于第一次世界大战期间，但真正系统的兴趣研究是从迈纳 (James Miner) 开始的。1915年，迈纳在卡内基技术所工作期间编制了一个兴趣测量的问卷，并于1919年主持了著名的兴趣测量研究生讨论课。其中一位参加者是斯特朗，在20年代及其以后的岁月中，他对兴趣测量进行了大量的认真的研究。

第一个职业兴趣量表是1927年斯特朗编制的斯特朗职业兴趣表 (Strong Vocational Interest Blank，简称SVIB)。采取的方法是：让两组被试接受测验，将两组被试反应不同的题目放在一起，构成特定的职业量表。1934年，库德编制了库德职业兴趣调查 (Kuder Occupational Interest Survey,简称KOIS)。其方法是：把所有职业分成10个兴趣领域，然后确定与之相应的10个同质性量表，被试的结果按这10个量表记分，通过得分高低决定重要的兴趣领域。采用的是三择一的迫选法。这两种方法都称为传统方法。

从50年代开始的霍兰德职业爱好问卷（Holland Vocational Preference Inventory），不太重视纯粹的心理测量学指标。他把职业兴趣分成6个方面，与之相应的职业也有6个平行的领域。根据被试对160个职业标题反应的得分高低，在职业分类表中查找职业，可以获得大的职业领域，也可以得到具体的职业。

从1965年以来，职业兴趣量表出现了一些明显的发展趋势，主要表现在：第一，各量表之间互相吸收，首先是库德（1966）在KOIS中引入SVIB，其次是坎贝尔（D. Campbell,1968）在KOIS的同质性量表中引入SVIB；第二，越来越倾向于采用大样本的实证资料库来解释测验分数，如利用《职业名称词典》（Dictionary of Occupational Titles，简称DOT）或职业性向模型（Occupational Aptitude Pattern，简称OAP）里提供的资料，建立测验分数与实证的联系；第三，越来越多的问卷同时提供较广泛的同质性兴趣量表以及特定的职业量表；第四，越来越多的量表采用霍兰德的6种职业理论；第五，扩大了所包括的职业水平。起初，兴趣问卷的主要重点在专门的职业，以及一些要求略低于大学或专科教育水平的职业，而现在的测验扩大到更大的范围（包括那些不需大学学历也可以从事的职业）。

二、职业兴趣测验的效度

兴趣测验不是学校成绩或其他工作成功效标的有效预测源，一般来说，兴趣问卷的分数和学校成绩的相关在0.20到0.30之间，而通常智力测验与同样效标的相关是0.50左右。兴趣测验的分数能较好地预测职业选择、职业稳定性和职业满意度。人们虽然可以避开他不喜欢的职业，却不一定能进入他感兴趣的行业，因此可以说兴趣测验更能预测被试不会去做什么，而不是他将做什么。

职业兴趣测验本质上是一种人格测验，因此，和其他人格测验一样，职业兴趣问卷的效度常常面临两种挑战。第一就是掩饰。布雷奇曼（C. S. Bridgman）和哈伦贝克（G. P. Hollenbeck）发现，若要求被试按照某种方式作答，大学生回答兴趣问卷的反应方式与特定职业被试的反应方式非常相似。当被试作出掩饰反应对他有利时，兴趣测验的效度降低。当测验用于选拔和录用时，往往掩饰作用会增强，但当用于学术或职业咨询时，这种掩饰往往小到可以忽略不计。

当然情况并非总是如此，美国海军一直用斯特朗职业兴趣问卷来选拔海军奖学金和接受高级训练的候选人，人们预料掩饰的作用应该很明显，但亚伯拉罕斯（N. M. Abrahams）、纽曼（I. Neumann）和吉尔塞（W. H. Gilthens）的研究结果表明并非如此。那些候选人在斯特朗职业兴趣表上的平均成绩与他们一年前在高中时的成绩以及接受奖学金在大学学习一年后的平均成绩相似。作为奖学金申请人的兴趣分数与一般测验条件下的分数之间相关在0.90以上。可见，即使认为申请人伪装了他们对问卷的反应，这种伪装并未达到明显的地步。

第二是反应定势。最为突出的两种反应定势是默认和社会赞许性。默认是指在两可的情况下，被试倾向于同意而不是否定题目；社会赞许性是被试持社会赞许的立场来回答并非如此的问题，可以用强迫选择来加以平衡。

同时，社会经济地位也会影响兴趣问卷的反应及其效度。低阶层的人们没有机会去发展他们的兴趣或接受训练以进入他们感兴趣的行业，兴趣对他们来说不是第一位的，因此对兴趣的测量也成了无意义的。早期的兴趣测验大都用于咨询和帮助那些希望进入某学科专业领域的年轻人。另一方面，即使是社会经济地位高的年轻人，也不一定选择他们喜欢的某一工作，他们会更多地受到社会期望和传统观念的影响而选择其父母所期望他们从事的职业。而中产阶级的孩子，可能希望自己进入感兴趣的职业以增加工作成功的机会，因此职业兴趣测验对中产阶级的被试预测效度相对高一些。

三、职业兴趣测验的理论

广义地说，兴趣是一种人格特征。休伯 (D. Super) 曾一再主张职业的选择是自我观念的延伸及完成。现在越来越多的研究报告指出，不同职业团体具有其特有的性格特征。例如，人们已经发现，具有较高的文学和审美兴趣的被试，其精神症指标偏高；具有科学兴趣的被试，性格明显内倾；而与推销兴趣有关的则是攻击性。有人还证明，被试在斯特朗—坎贝尔兴趣问卷 (SGII) 上的分数与人格问卷的分数 (如爱德华个性偏好量表) 之间有显著的相关。很多心理学家认为职业选择反映出个体基本的情绪需求，职业的调整一般是生活步调调整的主要成分。因此对职业兴趣的测量——或更精确地说，找出与个体的态度及兴趣最贴近的职业团体——就成了了解不同人格的一个焦点。

霍兰德就是持这种观点的人之一。他把职业爱好作为一种生活方式的选择——一种反映出个体自我观念和主要性格特征的选择。另外心理学家罗 (A. Roe) 也是持这种观点的人。

(一) 霍兰德的职业心理类型说

1959年，霍兰德提出了以人格类型学说为基础的职业指导理论。他于1973年指出，个体的人格特征和背景因素决定了他的职业选择方向，职业选择是个体人格的一种表现方式。霍兰德理论的核心思想是，个体趋向于选择最能满足个人需要、实现职业满意的职业环境。理想的职业选择是使人格类型与职业类型相互协调和匹配。

霍兰德认为，在美国社会中主要存在六种人格类型和六种与之相对应的环境模式：现实型 (R)、研究型 (I)、艺术型 (A)、社会型 (S)、企业型 (E) 和常规型 (C)。各种类型具有各自的主要特征。

①现实型的人：遵守规则、实际、安定，喜欢需要基本技能的具体活动。

现实型的职业：具有具体的规则和程序，需要特定的技术或技能，如机械、农林、机电、维修等。

②研究型的人：内省、理性、创造，喜欢独立分析与解决抽象问题。

研究型的职业：需要系统观察、科学分析和一定程度的创造性，如数学、物理、化学、生物、天文、生理学等。

③艺术型的人：想象、直觉、冲动、无序，喜欢用艺术形式来表现自己的思想与情感。

艺术型的职业：通过非系统化的自由活动进行艺术表现，如绘画、音乐、写作、表演等。

④社会型的人：助人、合作、责任感、同情心，喜欢并善于社会交往，乐善好施。

社会型的职业：对人进行说服、劝导、帮助、教育和治疗活动，如心理咨询、教育、法律、宗教和社会服务等。

⑤企业型的人：支配、自信、精力旺盛，喜欢指挥、劝导别人接受自己的意见。

企业型的职业：需要动员、组织和领导他人实现既定目标，如工商与行政管理、市场营销、保险业等。

⑥常规型的人：有条理、稳定、顺从、有序，喜欢程序化的条理性工作。

常规型的职业：具有固定规则的习惯性、重复性工作，如秘书、档案、会计、出纳、总务、数据录入等。

霍兰德认为：环境造就了人格，反过来人格又影响着个体对职业环境的选择与适应；人们总是寻找能够施展其能力与技能、表现其态度与价值观的职业；职业满意感、稳定性和职业成就取决于个体人格类型和职业环境的匹配与融合；职业行为是人格与环境相互作用的结果。

霍兰德用六边形模型来表示六种人格、职业类型的相互关系，边和对角线的长度反映了六种人格类型之间心理上的一致性程度，同时也代表着六种职业类型之间的相似与相容程度。人、职适应与匹配也可从该模型中得以体现。大多数人都属于六种职业类型中的一种或两种以上类型的不同组合，某种人格类型（或类型组合）的个体在与之相对应的职业类型（或类型组合）中最能满足其职业需求，表现职业兴趣，发挥职业能力。霍兰德的职业、人格类型六边形如图9-7所示。

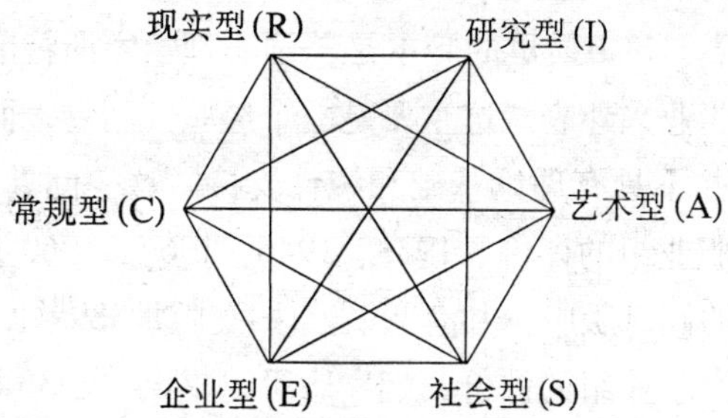

图9-7　霍兰德职业、人格类型理论的六边形模型

（二）罗的职业心理类型理论

罗提出，职业选择的首要因素是个体是“以人取向”还是“不以人取向”。她认为，实际存在两种维度或连续体，而不是一种维度。职业角色的一种维度是从“有目的的交流取向”到“利用资源的取向”；第二个维度是从“人际关系”到“自然现象取向”。她于1956年创立的职业需要理论，从个体早期的人格发展、成长经历和亲子关系来判断和推测当前的职业选择。她将所有的职业划分为两大类，即定向于人的职业，包括社会服务型、商贸型、管理与组织型、一般文化型和艺术与娱乐型；定向于物的职业，包括技术型、户外型和科学研究型。这种分类与霍兰德的分类有殊途同归之势。

美国的《职业名称大辞典》第四版中的兴趣测验都是以这种分类系统为基础的。

四、职业兴趣测验举例

这里介绍的职业测验都是美国著名的测验，有些国内已有人修订。

(一) 斯特朗—坎贝尔兴趣问卷 (Strong-Campbell Interest Inventory，简称 SCII)

SCII已经有近60年的发展历史。在1979年对大学的一项调查和1982年对中学的一项调查中，发现SCII是在就业指导中应用最广泛的职业兴趣问卷。SCII最早的版本是美国心理学家斯特朗的1927年出版的斯特朗职业兴趣表。这主要是一个经验性问卷，而不是一个严格的量表，并不具有理论基础和统计支持。这一问卷共有420道题和关于10个职业组的评价。1938、1946、1966、1969年曾多次修订。在1969年的修订版中，共有399题 (妇女版是389题)，男子版可以提供关于54个职业组的评价，妇女版可以提供关于36个职业组的评价。

1963年斯特朗教授去世后，坎贝尔主持了1966、1969年的修订。1974年坎贝尔主持的修订本，改名为斯特朗—坎贝尔兴趣问卷，以后又相继进行了多次修订，主要有以下几种改变：

第一，引用一套理论构架作为分数组合和解释的依据；

第二，提供了新的男性及女性样本，并重新建立常模；

第三，增加了很多只需大学以下学历即可从事的职业、技术工作量表。

最新的版本是1985年的，共有325个项目。问卷的内容包括7个部分，在前5种类型的题目中，被试要对每道题作出“喜欢”“一般”或“不喜欢”的回答；在后两部分，要求被试由配对的项目中挑选自己偏好的一个和在一套描述自我的陈述中选择“是”“否”

或“?”。这7个部分是：职业名称（13道题），学校课程（36道题），活动方式（51道题），娱乐方式（39道题），所交往的人的比较（24道题），两种活动的比较（30道题），自我性格评价（14道题）。

SCII的量表只能由几个出版商指定的记分中心用电脑来记分。共有三种不同层次的分数，范围最广的是一般职业主题分数，共有6个；其次是基本兴趣量表，有23个；最后是207个层次最狭窄的职业量表。这种分类方式是以霍兰德的理论为基础导出的。

在长达69年的发展中，SCII积累了大量的效度资料，收集了大量的各种职业之间的比较资料，所采用的样本数介于60～420不等，绝大多数使用了200个以上的样本。1985年版的取样达14万以上，有效问卷是5万份。各种职业的效标团体均在该行业服务至少3年以上，自认为满意目前的工作，在目前工作上是成功的，年龄在25～60岁。SCII还有两个一般参照样本，包括300名在职表现平平的男性和300名在职表现平平的女性，以区分典型样本。

记分方式是：分别计算162个分数，这些分数形成一个职业兴趣剖析图。

成绩报告和分数解释包括四个部分。第一部分是施测指数和特别量表。施测指数是7个部分和全问卷中“喜欢”“一般”和“不喜欢”三种回答的百分比；特别量表是“学术满意量表”和“内外向量表”，前者反映了在学术环境中的满意程度，后者反映了被试是否愿意与其他人一道工作。第二部分是一般职业主题，按照霍兰德的职业分类理论给出被试的职业选择模式。第三部分是基本兴趣量表，给出被试在23个职业量表上的得分。这23个基本职业类别的概括范围较162个职业组更广一些。第四部分包含162种职业上得分的职业量表和相应的剖析图。

SCII有大量的信度、效度资料。例如，职业量表间隔2周、30天及3年后的再测信度中位数分别是0.92、0.89及0.87；基本兴趣的信度分别是0.91、0.88及0.82；一般职业主题的信度是0.91、0.86及

0.81。有关的效度包括两方面：一是预测效度，二是同时效度，这两方面SCII都较好。

(二) **库德职业兴趣调查表**

库德所编制的一些兴趣量表也经历了与SCII差不多长的历史。最早的这类量表是库德偏好记录—职业篇（Kuder Preference Record—Vocational)。库德采用的是三择一的迫选题，所得的分数不是描述在某特定职业上得分的多少，而是10个广泛的兴趣领域分数。这10个兴趣领域是：户外活动、机械、计算、科学、游说、艺术、写作、音乐、社会服务和文书。每个量表上的题目大致按其内容效度来拟定和分组，但最后的选定是以题目的内部一致性程度及与其他量表必须有低的相关值而定的。修订后而成的库德一般兴趣调查表 (Kuder General Interest Survey) 是库德偏好记录—职业篇的扩充版，这个版本专供小学六年级到高中三年级文化程度的人使用。

后来的版本——库德职业兴趣调查表的记分与SCII一样，是参照特定的职业团体计算出来的。但还没有使用一个一般参照团体，相反，被试在每一个职业量表上的得分是以他的兴趣形态与该职业团体人士的兴趣形态之间的相关值来表示的。目前，已建立了126种专业职业团体的分数 (有些只有男性的资料，有些只有女性的资料，其余的则两性资料均有)。在一个3 000人的统计分析报告中，库德证明了他的量表的记分方式比使用参照团体记分方式有更好的区分能力。

库德职业兴趣调查表的最新版本同时提供了各种职业分数以及10个广泛的、同质的基本兴趣分数，称为职业兴趣评估 (Vocational Interest Estimates,简称VIE)。VIE以百分位数表示，这些分数与霍兰德的6个职业兴趣领域相对应。

(三) **杰克逊职业兴趣调查表** (Jackson Vocational Interest Survey，**简称JVIS**)

JVIS采取的技术路线反映了重视理论基础的测验编制取向，也反映了电脑的高速发展所带来的方法学上的改进。JVIS编制的第一步是定义出该量表所欲测量的维度，这些维度有两种形式，一种是以“工作角色”来定义，一种是以“工作风格”来定义。“工作角色”指的是一个人在其职业上的工作内容。有些“角色”与某一特定职业或某类特定职业有密切的关联，例如，工程、法律、幼教等；有些角色（像人际关系处理、专业指导等）则包含在多种职业领域中。“工作风格”所指的并不是与工作直接有关的活动，而是一种工作环境，在这个情境中我们可以预期某些行为的产生。工作风格包括：易产生计划的、独立的以及独断领导的。

特定维度是根据职业心理学、职业兴趣项目的合理分类与因素分析这两方面已发表的研究来选择的。这些选择出来的维度的定义和与定义有关的工作描述是参考《职业名称大辞典》作出的。所有的题目都根据这些工作角色及工作风格的详细说明来编制。

接下来是题目的分析。最初的题库有三千多个题目，对这些题目子群进行因素分析。由于题目的作答方式是“喜欢”或“不喜欢”，因此因素分析的结果得出反映被试的反应偏向的一般因素，也就是说每个人所回答的“喜欢”或“不喜欢”的总题数有很大差异，利用统计方法将这些反应偏向消除。然后根据题目的内部一致性，选出与自己所属量表的总因素分数有高相关且与其他量表的因素分数无显著相关的题目，然后由电脑程序把代表不同工作角色或工作风格的题目配对（这些配对题目在各自单独呈现时，对其所代表的角色或风格有相似的测量效力），组合成强迫作答的格式。

JVIS最后的题本共有34个量表，包括26种工作角色和8种工作风格，整个调查表对男女两性均适用，其常模资料包括了相等的男女样本。各量表也提供男女团体的百分位数常模，作为补充参考资料。整个常模大样本取自美国及加拿大各地高中及大学学生。

在JVIS34种量表任一量表上得高分，表示被试对该职业领域的人所从事的各类活动感兴趣，并倾向于表现出在该工作环境中的一般人会做出的举动或行为。

JVIS34种量表均可迅速人工记分，而且原始分数可直接转为剖析图。在图上，原始分数变成平均数为30、标准差为10的标准分数。另外还有一份电脑分析报告。JVIS也可以有一般职业类型的分数，这些分数是参考霍兰德的6个职业类型模型，由34个基本兴趣量表进行因素分析而得出的，结果得到如下10种职业类型：表达性的、逻辑的、探查性的、实务的、独断的、社会化的、助人的、传统的、企业的以及沟通性的。在电脑打印的得分报告中，被试在这10种因素上的得分是参考男性及女性标准化团体的百分位数常模而得的。在JVIS的分析中，有些是对剖面图作整体评价。JVIS还建立了和SVIB的联系，使我们在解释其分数时能充分利用斯特朗兴趣问卷所拥有的雄厚的职业团体资料库。

(四) 生涯评估量表 (Career Assessment Inventory, **简称** CAI)

生涯评估量表在1987年首次正式使用，其模式与SVIB、SCII极为相近。但CAI的特别之处在于，它是专为寻找不需要大学学历或进一步专业技术训练的职业之人所设计，特别针对技巧性的贸易、牙科卫生师、自助餐服务员、电脑录入员等。这个问卷共305个题目，内容包括三类，即活动、学校科目及职业名称。每个题目有从“非常喜欢”到“非常不喜欢”5种选择，以小学六年级的阅读水准写成，可用于阅读能力不佳的成人。

CAI提供三个主要类型的量表，包括6个一般主题量表、22个同质的基本兴趣量表和91个职业量表。CAI的指导手册非常完整和清晰，各种心理测量学指标也很好。除了6个一般主题量表外，其他各类的量表均为CAI所专有。

(五) 自我指导探测系统 (Self-Directed Search, **简称** SDS)

自我指导探测系统为霍兰德所设计。霍兰德根据自己所提出的职业类型六边形模型，设计了采用自我施测、自我记分、自我解释的SDS。SDS包括一个测验问卷和一本“就业指南”小册子，通过回答问卷可以得到被试的个性类型模式。对照“就业指南”，就可以得到一组最适合自己的个性类型模式的职业。

测验问卷共包括228道题，有四个部分。

第一部分是活动，共列出了66种活动，要求被试选择“喜欢”或“不喜欢”。

第二部分是能力，共包含66个关于人的能力的陈述，要求被试根据自己的能力情况回答“符合”或“不符合”。

第三部分是职业名称，共包含84种职业名称，要求被试回答“喜欢”或“不喜欢”。

第四部分是自我评价，要求被试就12种能力或技能进行自我评价。

经过汇总计算，可以得到被试在6个方面的得分，其中3个方面构成了被试的个性类型模式，这一模式以3个字母来表示，如RIE、AIS等等。

小册子“就业指南”中列出了414种不同的职业，并列出了从事这些职业的人的典型个性类型模式以及一般的受教育水平。对照自己的个性类型模式及受教育水平，就可以得到一组比较适合自己特点的职业。

SDS以其简洁、方便赢得了大量使用者。虽然其总分的信度令人满意，构想效度也有一定基础，但还缺乏有力的效度资料。

(六) 其他兴趣问卷

除了以上介绍的著名的职业兴趣测验外，还有一些问卷比较有影响，如使用因素分析方法编制的吉尔福德—齐默尔曼兴趣问卷(Guilford-Zimmerman Temperament Survey,简称GZTS,1949)。该问卷所测量的兴趣因素有十个：机械（操作、建构)、自然（户外)、审美(欣赏)、服务（社会福利、帮助他人)、文书（秘书、事务)、贸易(商业、外贸)、领导（管理、劝说)、文学（言语)、科学（调查、实验)、创造 (需要不同寻常的能力)。

还有一些针对特殊对象的问卷，如儿童兴趣问卷、教育落后者兴趣问卷和非专门职业兴趣问卷。儿童兴趣问卷主要是让儿童了解和熟悉学校内外的各种活动和职业，让学生评估自己知道多少职业知识以及愿意选择什么职业。个别职业兴趣测验建立在罗的职业选择理论之上，主要帮助学生注意与他们现在的兴趣、经历、能力和抱负有关的未来职业。

教育落后者兴趣问卷多为非言语测验，采用反映各种职业和业余爱好的图片，要求被试在几张图片中选择出他喜欢的一张，或者在成对出现的图片中注明“喜欢”(L) 和“不喜欢”(D)，如杰斯特图画问卷 (见图9-8)。

如果你有能力，你最愿意做哪项工作?

图9-8　杰斯特图画问卷题例

(引自彭凯平《心理测验—原理与实践》，346页)

非专门职业的兴趣测验是在二次大战后才发展起来的。发展较晚主要是因为一些不需专门训练的工作之间的差别不是非常明显，编制这些行业的有效的兴趣测验比较困难；另外，确定职业兴趣和专业爱好是要求有较高级训练的工作所必需的，心理学家就不大注意编制非专门职业的兴趣测验。二战后，产生了许多测量一般技术性工作兴趣的问卷。例如戈登职业检核表 (Gordon Occupational Check List，简称GOCL)，就包括了各种不需要大学或高级训练的工作，实施对象是高中生，反应分成6种广泛的兴趣类别：艺术、商业、户外、服务、技术—机械和技术—工业。

五、综合的职业指导计划

成就、智力和特殊能力测验能较好地预测学业和职业的成功，而兴趣能较好预测职业选择、职业稳定性和职业满意程度，因此美国的职业咨询机构把两者结合使用，形成了综合性的职业指导计划。

前面介绍了多元性向测验，其中DAT发展了生涯规划程序(DAT Career Planning Program) 和生涯规划报告 (DAT Career Planning Report)。可以将学生的DAT分数、学生对不同科目及其他校园活动的喜好程度、他们的教育及职业目标、他们一般的学业表现、他们对不同领域的工作和代表性的行业的兴趣等结合起来考虑，用电脑打印出一份包括DAT分数及其适当解释，并有将DAT分数及学生的兴趣和计划两者合并考虑所做的评论。

美国就业服务中心所发展的USES就业咨询计划，其核心部分是生涯探讨指南 (Guide for Occupational Exploration)。为了同时适用于辅导者和求职者，这本指南根据数千种职业里的良好成就者所需具有的兴趣领域、能力种类及特质，将这些职业并成数十个组群，每个工作组群下面又详细列出各个特定的工作名称。使用者可以利用该指南作初步的生涯探讨，先找到自己喜欢的职业，再查找这些工作所要求的训练和技能。该指南还把GATB的得分及从最近发展出来的USES兴趣量表和兴趣检查表 (Interest Check List) 所获得的信息，与工作及工作资格结合在一起。

另外，军队职业性向测验组 (ASVAB) 已发展出一本与之并用的学生作业手册 (ASVAB作业手册，1986)，可协助学生思考他们的教育与生涯计划、自己的价值、兴趣、能力。这本手册寄发给学生，对于高中生的就业辅导人员有极大的帮助。

另外，有些计划完全为生涯探讨而编制，它并不和以往其他测量工具同时使用。这种工具较为有影响的是职业目标计划（Planning Career Goals，简称PCG）和生涯计划程序（Career Planning Program，简称CPP）。

职业目标计划是为8～12年级的学生设计的，该计划是一项以全国高中生为样本的长期追踪研究——天才计划（Project TALENT）的产物。该计划开始于1960年，利用了各种性向测验、成就测验、兴趣与人格量表，对近四十万名中学生进行施测。职业目标计划将天才计划中最能区分各种不同职业组群成员的测量工具加以整理而转用，该计划包括：①一份与生活、生涯规划及目标有关的态度问卷；②一份包括各种职业名称、职业活动以及与职业功能有关的活动的兴趣量表；③知识测量——抽样调查个人对于12种职业组群的知识；④多元性向测验——获得10个因素分数，如阅读理解、机械推理、计量推理、计算、创造力等。PCG将追踪研究的测量结果按这12个职业群分别以分数剖面图形式表示，我们可以将现在受测学生的分数与后来进入各职业组群的学生的分数作比较。PCG还可采用电脑报告。

美国大学测验中心发展的生涯计划程序也是一种用于中学生职业指导的综合计划。CPP的题目由10个部分组成，这10个部分是：

①背景和计划：让被试找出与自己的文化、受教育背景及未来打算有关的选项，共15题；

②与工作有关的经历：描述自我的工作经历，共92题；

③能力的自我评定：评定自己在各方面的能力等级，共8题；

④ACT兴趣调查：找出自己的兴趣所在，共90题；

⑤阅读能力：测量被试的阅读技能，共5个段落40个题，时限为20分钟；

⑥语言的运用：测量被试辨别言语错误的能力，共64题，时限为11分钟；

⑦文书速度和精确性：测量被试处理资料的能力，共35题，时

限是5分钟；

⑧空间关系：测量被试辨别立体图形的能力，共35题，时限是9分钟；

⑨计算能力：测量被试处理数字的能力，共32题，时限是18分钟；

⑩机械推理能力：测量被试的机械知识及其能力，共30题，时限是12分钟。

该测验分成初中和高中两个题本，除能力测验里的阅读能力、言语的运用和计算能力三个测验有所不同（高中比初中有更大的难度）外，其余测验均是相同的。另外，文书速度和精确性是速度测验，其他能力测验均以难度测验为主。

CPP从1974年用于中学生职业指导以来，已积累了大量的信度和效度资料，总的来说，4个评定测验的预测效度较好，6个能力测验的效度稍差，但都达到了有关的心理测量学标准。

在职业咨询中，还有一类是尽可能地从各种生涯探讨计划的多种资料来源中整合出有用的信息，这些信息可能包括来自各类测验的分数（每个分数都各有其常模和解释）、自传（包括教育与工作经验）及个人自述的兴趣偏好与价值系统。例如哈-欧生涯决策系统(Harrington-O´Shea Career Decision-Making System)的互动式指导信息系统修订版（System for Interactive Guidance Information，简称SIGI-PLUS)。SIGI-PLUS使用一整套互动式的电脑程序，被试可以和电脑进行双向沟通——提出问题及回答问题，提供资料与索取资料。程序中储存了一个关于各种工作性质及工作要求的大型资料库，可以与个人特有的其他资料结合。这套系统还有相当大的弹性，可以满足使用者不同层次的需要。SIGI-PLUS最初是为大学生所设计，现已经修改可供不同生活阶段的成人及考虑改行进入或重新进入就业市场的人使用。

第六节 管理者测评

管理者的选拔和评价是测验的一个特殊领域，也是人事心理学、管理心理学探讨的问题。这个问题涉及到两个方面：①描述管理者工作行为效率；②制订以行为为基础的预测标准，准确预测管理效率。现用的测量技术如认知能力测验、个性和兴趣测验、领导能力测验、投射方法、个人简历及同行鉴定等，都可用于管理者测评。

此外，人们还发展了情境测验，如文件筐、无领导小组讨论、企业对策等。情境测验具有表面效度和内容效度，也很灵活，能成功地预测不同组织环境中的各级管理者的能力，因而得到人们的广泛承认。值得一提的是，评价中心技术以一种纸笔测验和情境测验相结合的方式，越来越受到人事心理学、管理心理学的重视，被用于对管理者的选拔和评价。

在管理者选拔中，预测效度仍是一个棘手的问题。研究结果表明：各级管理者取得成功所需要的能力是不同的。因此，在不同职位上，导致成功的因素也不同。另外随着管理者层次的不同，样本规模也不同，越是高层次的管理者，样本也就越小。

本节先考察管理者成功的绩效标准，再讨论各种选拔管理者的方法，包括评价中心技术，再介绍几个具体的管理者测评量表。

一、管理者成功的绩效标准

要确定管理者的绩效首先必须对管理者的工作职责范围有明确了解，同时还应说明最合理地利用各种资源必不可少的关键行为。有关管理者的效标，经常采用的是总体测量或等级评定，例如对全体管理者的效率、薪金或组织等级等作评定。这种效标有一些优点，如：对每一名主管人进行评定的下级管理人员一般不超过

10名，测验的信度及评分者之间的信度较高；同时，它包含较广的行为样本，能在管理者本人能控制的范围内对其作出判断，还可以直接将管理者与其同事进行比较。然而，它的不足也很明显，这种总体管理效标告诉我们什么因素使管理者取得了“成功”，而不是我们应该怎样取得成功。

管理效率也可以客观测量。例如1955年通用电器公司制定了一个雇员关系指标（ERI），这个指标由预测管理效率的8个客观预测因子组成：缺勤率、离职率、看病人数、建议数目、纪律处分、不满情绪发生率、停工、雇员参与公司意外伤害保险计划。最初的研究结果表明，ERI指标对评价工作群体效率有重要作用。但这种指标也存在问题，坎贝尔等人指出，这些标准有一小部分因管理者的个人行为而变化，同时在这些测量中，所出现的变化有许多是由管理者无法直接控制的因素引起的。

由于客观效标的这些缺点，有人试图用主观效标来评价管理者的成功，即主观评定法。这种方法需要进行以行为为基础的绩效测量，要求系统观察所有理想的管理工作行为并作出记录。然而，由于评定者缺乏某方面知识或不合作，由于他们不同的期望和知觉、不同的职业或职业环境，结果会产生一些不适当的工作行为样本。

总之，对于管理者绩效的评定和许多职业能力测验一样，至今仍然没有完美的方法，但这并不意味着管理者测评没用，很多情况下把系统观察的行为样本法引进总体评价是很有效的。

二、管理者测评方法

本世纪20年代初，心理学家把测验引入管理者的选拔和评价，强调对管理者个人特征如生理状况、个性和能力等与领导绩效的关系进行研究，出现了所谓的领导特质研究。同时，也有人注意到领导者对被领导者所采取的控制方式与工作绩效之间有关系，出现了所谓的领导风格研究。

从40年代后期起，心理学家和行为科学家开始转向研究管理者行为样本，即所谓的管理行为模式研究。心理学家还注意到管理效果与管理情境相互作用，必须根据具体情境来确定管理方式，即所谓的权变理论。

(一) **管理绩效的预测工具**

20年代开始的对管理问题的心理学研究主要集中在对管理者本人的研究，侧重于对管理者的性格、素质、能力等方面的测量和评价，试图找出成功管理者与不成功管理者在心理特质方面的区别，从而制定成功管理者特质标准。几十年的研究发现，最能影响管理绩效的管理者特质是管理动机和管理能力。

1. 管理动机的测量

动机测验的方法在前面已经介绍，在管理特质研究中，用得较多的动机测验是投射性测验，尤其是莫瑞编制的主题统觉测验。麦克莱伦 (D. MeClelland) 曾对成功管理者的动机进行过广泛研究，他试图讨论成就需求、权力需求及亲密需求对管理绩效的重要性。30年代，麦克莱伦接受了莫瑞的思想，提出成就需求就是在具有某种优胜标准的竞争中对成功的关注。他致力于研究人们在成就动机上的差异。他发现，较强的成就需求是企业家的基本特质，独自创业且自己经营大企业的人，大多具有强烈的成就需求和独立需求。独立需求是指希望免于受权威人士控制以及喜欢按自己的方式行事。其他人的研究也得出了同样结论，还有的研究指出成功的小企业家只表现出中度的权力需求和很低的亲和需求，也就是说成功的企业家最主要的是成就动机。

而大机构担任中、高级主管的动机模式却与企业家不同，他们的成功主要靠能否影响和激励部属，所以大多数成功的大机构主管，其主要动机是权力需求。他们对权力的追求可以分为追求个人化的权力与追求社会化的权力两种。追求个人化权力的人常对自己缺乏控制，他们喜欢任性地行使权力。关心社会化权力的人在感情上比较成熟，他们在行使权力时，比较能为别人的利益着想，力求避免采取操纵的方式。当然成就动机也是不容忽视的，较成功的管理者通常都有较强烈的权力需求与较高的成就欲望。

2. 认知能力测验

传统的选拔管理者的方法是用标准化的测验来测量管理者的各种认知能力，如一般智力、言语能力、非言语能力、数字和空间关系能力、反应速度和准确性、归纳推理、机械知识和理解能力，从而选择其优者。研究证明智力测验能够较好地预测基层管理者的绩效，但它不适合预测较高层次的管理者的绩效。智力测验必须测量那些与管理工作要求有密切联系的能力。一项研究发现，有八种能力能将高层管理者和中层管理者明显区别开，即言语理解力、数字能力、知觉速度和准确性、空间想象力、数字推理能力、言语推理能力、文字流畅和符号推理能力。

3. 领导能力测量

早期对管理者特质的研究表明，许多能力与管理的有效性存在密切的关系，例如智力、观念性能力、创造意识、判断说服力、流利的口才、机敏、社会敏感性以及有关的工作知识等。

凯特 (D. Kat,1955) 最早提出管理者的三大管理能力，这三大管理能力是：

①技术能力，指进行特定活动的方法、程序、过程和技术等知识，以及运用有关的工具和设备的能力；

②人际关系能力，包括关于人类行为和人际交往的知识，了解别人深层感受、态度和动机的能力 (设身处地，社会敏感性)，明确而有效地沟通的能力 (口才伶俐，说服力)，以及建立有效合作关系的能力 (机敏、社交、对可接受的社会行为的了解) 等等；

③观念性能力，主要包括一般性的分析与逻辑思考能力，善于形成观念及将复杂模糊的关系概念化的能力，在构思和解决问题时创新的能力，分析事件、捕捉趋势、预测变化和确认机遇及潜在问

题的能力。

这三种能力的相对重要性及其组合模式，随管理情境不同而有所改变。一般来说，各阶层的管理者都需要人际关系能力，但对中、低层管理者来说，观念性能力最为重要。对管理者而言，不同能力的相对重要性也因组织的发展阶段不同而有所改变。在不稳定的时期，如组织改组或引入新技术，技术能力显得格外重要，稍后，技术问题已经解决，则人际关系问题变得重要。在作业性决策相当分权的组织里，技术能力对高级主管而言最不重要。若组织的决策高度集中，或高级主管除履行一般行政职责外还担任专业技能角色，如产品设计等，则需要较多的技术能力。

4. 其他资料

客观的个性和兴趣调查表也常用于对管理者的了解上，但很多人认为这种个性和兴趣测量的结果与管理绩效关系不大。经常采用的预测管理绩效的资料还包括个人履历和同事评价。

(二) 评价中心技术

坎贝尔等人 (1968) 指出，如果我们把注意力集中在有意义的行为样本上，而不是集中在行为倾向符号或预测因子上，那么预测结果将会更有成效。评价中心技术的产生正是这种要求的体现。

1. 评价中心技术的产生和发展

评价中心技术又称情境模拟技术，最早起源于第二次世界大战时的德国军事部门。随后，美国战略情报局也将此方法用于军事人才的选拔。由于战略情报局的特工人员要在高度压力下的敌后进行活动，所以他们设计了一套具有这种情境压力的测验来选拔特工人员。1956年，美国电话电报公司首次将此技术介绍给美国企业界，以作为企业中、高层管理人员的选拔手段。到1972年，世界著名的大公司中有12家采用了这一技术，如通用电器公司、西尔斯公司、福特汽车公司、国际商用机器公司、俄亥俄州标准石油公司、柯达公司等。美国政府的一些部门也应用评价中心技术选拔人才。评价中心技术有两种用途：①选拔与晋升管理人员；②以发展为目的，为应试者辨别其优缺点。根据对64家应用评价中心技术的公司的调查，其中48%的公司是以选拔为目的，46%的公司用于训练和职业安排的目的。

评价中心技术是集合了许多选拔管理者的方法和技术的一种评价技术，比较复杂，也难于掌握。第三次评价中心技术国际年会规定，在应用评价中心技术选拔人才时，必须遵循几项最低要求：①必须应用多项评价方法；②必须有不止一位评价者参加；③必须根据所有参加的评价者的意见下结论；④必须对应试者的行为做出综合评价，而不仅是观察到的行为；⑤必须实施模拟练习。

美国电话电报公司从1956年起，用了长达8年的时间对这种技术的效度进行追踪研究，结果表明，该技术选拔中层管理人员效度极好。例如，在一次测试中，用评价中心技术进行预测，确定出55人是中层管理人员的最佳人选，追踪结果表明，评价中心技术的预测效度达0.78。经过8年的追踪研究，该公司正式决定采用评价中心技术作为其中层管理人员的选拔手段。现在每年参加该公司评价中心测试，希望晋升为中层领导的应试者达一万多人，其中只有不到半数的人可望获得晋升机会。

评价中心技术正受到越来越多的研究者、企事业单位甚至国家行政机构的重视。目前，英国、法国、加拿大、澳大利亚、日本等国家，都在管理评价工作中积极应用此技术。

2. 评价中心技术的活动内容

评价中心技术被美国战略情报局采用时，其内容是适应其任务要求的。战略情报局的任务是向敌后派遣特工人员，因此其评价内容即所设计的选拔程序就有情境压力测验。通过评价中心技术设计的类似的情境，可以预测候选人对在敌后工作的紧张状态有何反应。目前，广泛应用于商业及行政官员选拔、行为预测与行为评价的评价中心技术，其内容与方式与原来相比有了很大的不同。

目前应用评价中心技术选拔管理人才使用最多的方式是文件筐测验与无领导小组讨论两种。其实，一个完整的评价中心技术的评价程序，还应包括心理测验、管理游戏、角色扮演、预算计划小组等。

(1) 文件筐测验

亦称公文测验。测验时，主试给被试一些公文，这些公文是经理或高级管理人员日常工作中必须处理的，其中有电话记录、命令、备忘录、请示报告等各种函件，是根据每个经理经常会遇到的各种典型问题而设计的，要求候选人在一定时间内处理完毕。处理后还要通过文字或口头方式，回答这样处理的原则与理由。美国电话电报公司使用的文件筐测验，要求候选人必须在3小时内以主管人身份处理25项事务——备忘录、定单和商业信件。评价人观察候选人的活动，看他们是否有系统性，是否能建立先后次序，是否能授权下级，等等。

(2) 无领导小组讨论

将候选人 (一般限12人) 组成一个小组，不明确谁当召集人，要他们讨论一项业务问题或人事安排。讨论过程中，可以对每个候选人的领导能力与说服能力作出评价。美国电话电报公司也曾采用过这种方式选拔管理人才。有这样一个例子：将五六个候选人组成一个小组，要求他们作为公司的经理，在规定的时间内提高公司的利润。这些候选人都掌握有关公司和市场的资料，但在他们中没有人被指定为领导人，他们如何达到目标，公司不作任何规定。一般情况下，在这些候选人中会有一人自觉地成为小组领导。那么，就根据领导责任对这个人的能力进行评定。小组中的其他成员则按在完成领导指派的工作上的合作精神进行评价。

为了给被试以额外的压力，该小组每20分钟会收到改变价格或成本的通知，有时恰恰是在全部问题解决了的时候收到通知。评价人始终注视候选者的表现，时间过得相当快，这种局面使参加选拔者极为紧张。有些人就是在这种压力下能很好地尽到职责，而有些人则没有做到，两者的对比是显而易见的。

在该项活动中，要评价的能力包括进取心、说服力、口述技巧、精力、灵活性及自信心等。

(3) 预算计划小组

将候选人组成小组，为公司作预算计划，在制订预算计划的活动中评价候选人的合作能力、理财能力、口述技巧、领导能力及动力。

(4) 角色扮演

即让候选人成对地扮演各种角色并讨论各种相关的问题。例如，要一个人扮演一般成员，另一人扮演领导者，二人共同讨论年度考核结果问题。随后，让他们相互交换角色。所有这些工作都是当着评议人的面完成的。通过这项活动评价他们的人际关系敏锐力、从言谈举止中获取信息的能力、洞察力以及同情心等。

(5) 管理游戏

亦称商业游戏，是将所有的候选人按三人一组分开，要他们共同讨论有关生产、市场、销售以及财务等方面的问题。通过这种活动，可以评价候选人的组织能力、理财能力、思维敏锐力、紧张情境下的效率、适应能力及领导能力等。

(6) 心理测验

即用标准化量表对候选人的性格、气质、能力等进行测量。主要测量言语能力、数字能力、推理能力、兴趣、态度及深层动机等。

其实，为了适应不同的要求，评价中心技术中的评价方式可以多种多样，评价专家也可以根据标准的程序设计适用于自己目的的评价方式与内容。例如，为了评价候选人的控制情绪能力、机智敏锐力及消除顾客抱怨的能力，佩内 (J. C. Penny) 就曾设计了愤怒的顾客电话测验。

3. 评价中心技术的程式

每实施一次评价中心技术进行人才评价，一般约需两天半。下面便简单地列出两天半时间的安排。

第一天：

①确定12个候选人；

②将候选人分为4组（每组3人），实施管理游戏测验；

③心理测验；

④无领导小组讨论。

第二天：

①文件筐测验；

②角色扮演活动；

③财政预算小组。

第三天：

①个案分析（有关候选人的背景材料）；

②收集所有候选人的评价结果；

③评议人对所有候选人进行综合评价。

一周之后：

主管与每个候选人讨论评价结果。

（三）管理者最佳行为模式测量

管理者最佳行为模式测量开始于本世纪40年代。评价管理者行为的前提是必须了解其工作行为的范围。余克（G. A. Yukl）与尼摩洛夫（W. Nemerroff）经过长期研究，将一般领导者的工作行为划分为19种类别。

①强调绩效：试图改善效率与生产力，尽量使部属发挥才能。

②关怀：对部属友善、支持、关怀、客观和公正。

③鼓舞：指领导注意激起部属工作的热诚，并引导部属建立成功地完成任务及达到目标的信心。

④建立奖酬措施：指领导以加薪、升迁、调配更好的工作、设

计更好的工作安排、增加休假等措施酬赏绩效优良的部属。

⑤参与决策：指领导与部属磋商，或让部属影响他的决策。

⑥自主与授权：指领导将责、权授与部属，并让他们自己决定如何去完成工作。

⑦角色认知：指领导告诉部属他们的责任所在，指出他们必须注意的政策和规定，并让他们知道领导者对他们的期望。

⑧制订目标：指领导强调针对部属工作的重要部分，分别制订目标，衡量进度，并提供实际的反馈。

⑨训练与教练：即为部属确定所需的训练，并提供训练时间和教练。

⑩传递情报：让部属了解工作上的发展，包括其他工作单位或组织发生的事件、上级的决策、上级或外界人士的会议进展等。

⑪解决问题：在面临工作上的难题时，领导主动提出解决办法，并在紧急情况下果断地加以处理。

⑫计划：指领导预先计划如何安排工作，如何达成目标，并为可能发生的问题提前做准备。

⑬协调：指领导协调部属的工作，强调协调的重要性并鼓励部属主动参与协调活动。

⑭促进工作：指领导替部属取得所属的材料、设备或其他资源，清除工作环境中的问题，排除其他有可能干扰工作的障碍。

⑮代表：指领导与组织内的其他单位或重要人士保持联络，争取他们的重视和支持，并运用个人对上司和外界人士的影响，为组织争取利益。

⑯促进联系：指领导力求部属之间彼此友爱、合作、互助，并能互相分享情报和构想。

⑰冲突管理：指领导禁止部属打架、争吵，鼓励他们以建设性的方式解决冲突，并帮助化解部属之间的冲突和分歧。

⑱批评与处罚：指领导批评或处罚某一绩效不良、时常违规或

抗命的部属。

许多心理学家采用问卷法研究管理行为，即建立行为调查表，通过科学的统计方法，分析有效行为与领导绩效的关系，取得了比较好的效果。

1. 管理者行为描述问卷

以亨普希尔（J. K. Hemphill）为首的俄亥俄州立大学人事研究委员会，在1945年开始了对管理者行为的研究。他们希望能找出有效领导行为的各种维度。他们最初提出了有效管理行为的9个基本维度，即主动、成员身份、代表、整合、组织、管辖、信息沟通、认可和生产。后来，哈尔平（A. W. Halpin）等人将其中的信息沟通维度改为两个：向上沟通与向下沟通。他们根据这10个维度编制成了管理者行为描述问卷（LBDQ），通过施测并对结果进行因素分析，得出了两个基本的领导行为维度，即“体贴”和“主动结构”，也就是“关心人”与“抓组织”。

所谓“关心人”即关心部属的福利，尊重下级的意见，相互信任，与下属建立友谊，这是重视人际关系的领导行为。而“抓组织”的管理者行为则注重于工作的组织和计划，注重于规定下属的工作职责，让部属知道领导对他们的期望，这是重视绩效的管理者行为。

LBDQ问卷共包括15项有关“关心人”的行为项目，15项与“抓组织”有关的行为项目（见表9-2），该问卷采用五级评定：总是、经常、偶尔、很少、从不。评价管理者时，请其下属针对问卷中的每一项对他们的上级加以评定。通过对评定结果的分析，可以知道在下属心目中，管理者是工作取向的还是人际关系取向的人。

表9–2　管理者行为描述问卷

关心人	抓组织
1. 给部下以私人帮助	1. 对部下清楚地表明自己的态度
2. 做一些使部下感到愉快的小事情	2. 在本单位中试验自己的新设想
3. 容易让人了解自己	3. 以严格的手段管理
4. 时常听取部下的意见	4. 对工作表现不好的进行批评
5. 信守诺言	5. 以不容人质疑的口气讲话
6. 关心部下的福利	6. 分派部下做特别的工作
7. 拒绝解释自己行为的原因	7. 做事没有计划
8. 不与部下磋商而自行行动	8. 坚持一定的作业标准
9. 接受新构想缓慢	9. 强调一定要在期限内完成工作
10. 以平等的态度对待每个部下	10. 要求遵循有规律的程序
11. 愿意有新改变	11. 要求所有的部下都应了解自己在组织中的地位
12. 平易近人	12. 要求部下遵守标准化的规则和法令
13. 与下属谈话时能使他们觉得轻松自然	13. 让部下都知道对他们的要求是什么
14. 接受部下的建议并付诸行动	14. 注意部下是否已尽自己所能
15. 在推行重要的事项之前，先取得部下的赞同	15. 注意部下的工作是否协调

(引自谢小庆等《洞察人生——心理测量学》，340页)

进一步的研究表明，“关心人”和“抓组织”两者并非绝对相互排斥。这两个维度可以有四种组合方式 (见图9–9)。

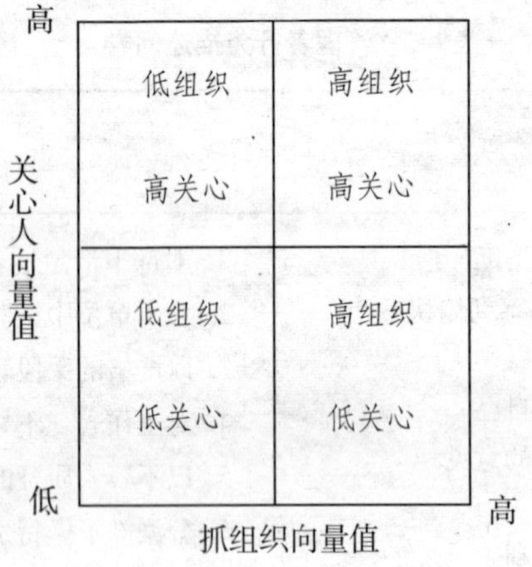

图9-9　管理者行为模式

（引自谢小庆等《洞察人生——心理测量学》，340页）

具备高组织、高关心行为模式的领导人，既重视人际关系，又重视工作绩效；高组织、低关心模式的领导，则只重视抓工作与绩效，不关心人际关系；高关心、低组织的领导只重视人际关系的协调，忽视严格控制式的管理；低组织、低关心的领导，既不重视人际关系，也不重视任务的完成。许多研究表明，关心职工为主的管理者，其下属满意程度高，绩效也大多较好；而关心工作为主的管理者，其下属满意程度低，在绩效方面有的表现好，有的表现差，这种管理者行为对工作绩效的影响视具体情境而定。

2. 管理方格理论

德克萨斯大学的布莱克（R. R. Blake）和穆登（J. S. Mouton）认为管理者应该同时执行关心人和抓组织两项基本职能，但具体到每一管理者则往往有所侧重，有些人侧重于抓生产，有些人则侧重于考虑人的因素，这就是所谓的管理方格理论。

布莱克等人根据自己的思想，设计了一个方格图，用横坐标表示管理者工作中关心生产的程度，共分9个等级；纵坐标表示领导工作中关心人的程度，也分为9个等级。纵横交错，总共有81个组合模式，从而形成了81种领导风格。

布莱克把关心生产解释为关心生产任务的完成、管理工作的规范等；关心人是对下属的士气、人际关系、责任心及满意程度的关注。每个方格代表关心生产与关心人这两种管理行为以不同重视程度结合而成的领导风格。他认为在所有的这些风格中，协作式领导是最理想、最有效的领导方式，应当成为企业领导人的努力方向。

(四) 领导方式测量

管理者行为的两个维度即关心人和抓组织不是绝对对立的，这两种方式的管理行为是否有绩效还视具体情境而定。菲德勒 (F. Fiedler) 认为，一个管理者采取某一领导方式的效果如何，更重要的应取决于他所处的情境顺利与不顺利的程度。他认为影响管理效果的情境因素主要有三个方面。

第一，上下级关系，即管理者同组织成员的相互关系，也就是领导者受其团体成员喜爱、信任和乐意服从的程度。用好 (+) ——坏 (–) 为指标，可以用社会关系测量法或团体气氛量表加以测量。研究表明，这是情境因素中最重要的因素。一般说来，一个组织的成员对其管理者信任、喜爱或愿意追随的程度越高，则管理者的权力与影响力就越大。

第二， 工作结构，这一因素可用明确 (+) ——不明确 (–) 为指标。测量方法为等级评定法，内容包括：①工作目标的明确度，即团体的每一个人是否了解工作所需的条件是什么；②通往目标的途径的多样性，即是否有实现目标的多种途径；③解决方案的正确性，即是否有独特的、正确的解决问题方案；④结果的可验证性，即决策结果的效度。

在工作结构因素中，还包括训练与经验的作用。

第三，职位权力，即管理者所处的职位赋予他权力大小，或者说他拥有的实权有多大，包括领导有无雇用、辞聘、奖惩被领导者的权力，所担任的职位是长期的还是短期的，任期有多长，上级与组织是否支持他的威望等。测量方法是采用标准问卷，实行等级评定法。

菲德勒根据这三种因素的不同组合，把领导者所处的情境共分为8种类型（见表9–3）。

表9–3 不同领导情境因素的组合效果

情境	1	2	3	4	5	6	7	8
上下级关系	好	好	好	好	差	差	差	差
工作结构	高	高	低	低	高	高	低	低
职位权力	强	弱	强	弱	强	弱	强	弱

菲德勒认为，在这三种情境因素中，上下级关系最为重要，它重于工作结构与职位权力。因此，在这三种情境因素组合时，首先应看领导者与被领导者的关系是好还是差，再看其他两个因素。上述8种情境中，情境1是最有利的领导情境，情境2和3是比较有利的领导情境，情境4和5是中等水平的管理情境，情境6和7是不太有利的管理情境，情境8是最不利的管理情境。

菲德勒将有效的管理方式分为以人际关系为中心的管理方式和以工作（生产）为中心的管理方式两种，编制了最不喜欢的共事者问卷，又称LPC量表。

所谓最不喜欢的共事者，菲德勒是这样定义的：在你的一生中你曾与各种人共事过，与大多数人都很容易相处，但与某些人可能共事有困难。于是你先回想所有那些与你曾共过事的人，然后在你的心中确定一个你感到在你一生中与他共事最困难的人，这个人可以是也可以不是你最不喜欢的人，但这个人必须是你最不愿意与他共事的人——可能是一个上司，一个部属或是一个同僚。这个人就是你的LPC。

在LPC量表中共有21对形容词，分8个评定等级。测验时，应试者针对每对形容词先在心中默默地描述一下自己选定的LPC的形象，然后选择一个最能代表自己选定的LPC形象的等级，表中8个等级表示从“最××”向“最不××”排列。例如：

友善的　8　7　6　5　4　3　2　1　不友善________

你可以把8理解为非常友好，其次分别为不友好、相当友好、稍友好、稍不友好、相当不友好、很不友好、非常不友好，把选择的等级数填在后面的线上。

菲德勒认为，这种量表表面上是评价别人，实际上是说明评价者本人的一些情况。人们往往对别人的感觉并不十分准确，从对别人的评价中就会自然地表现出自己对某些问题的真实思想，表现出自己的某些特征，根据这些就可看出自己的管理风格。因此，评价者在LPC量表的得分实际上就标明了他自己的作风所属的类型。

菲德勒研究认为：LPC得分为73或更高，则该领导是个高LPC的人，即注重人际关系取向；如果得分为64或更低，则是低LPC的人，即注重工作取向；得分在65和72分之间，是个中等LPC的“社会独立”的人。

菲德勒还研究了管理方式与情境三因素组成的8个类别之间的关系，其结果如图9–10。

(五) 企业管理行为评价问卷——三隅二不二的 PM 问卷

三隅二不二是日本大阪大学教授，著名的心理学家，他曾对领导行为学派的各家理论进行过长期研究，并于60年代初开始了PM类型论的实验研究。到1978年，三隅等人已用PM量表测定了10多种职业的员工15万人次。中国科学院心理研究所徐联仓等人在比较国外各种领导行为评价工具的基础上选定了三隅的PM量表，并于

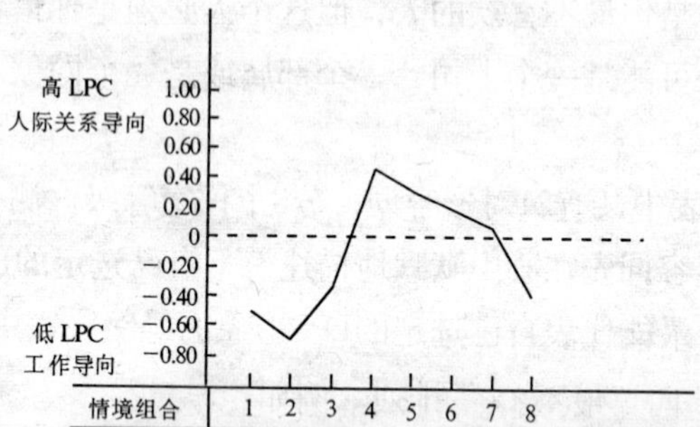

情境组合	1	2	3	4	5	6	7	8
上下级关系	好	好	好	好	差	差	差	差
工作结构	明确		不明确		明确		不明确	
职位权力	强	弱	强	弱	强	弱	强	弱

图9–10　管理方式与情境类别的关系

(引自谢小庆等《洞察人生——心理测量学》，347页)

1980年开始修订中国版本，在中国近60家企业中进行实验研究。修订后的版本作为中国企业诊断咨询的一种工具，受到企业界、管理科学研究界以及政府行政部门的好评。我们后面介绍的有关PM量表的内容就是他们的修订本。

三隅认为：任何一个团体都具有两种机能，一种是团体目标达成机能，指工作绩效，用P (Performance) 表示；另一种是维护、强化团体或组织的机能，指团体维系，用M (Maintenance) 表示。所谓完成团体目标的职能，包括计划工作和为完成工作任务所施加的压力两方面因素。为了完成团体目标，不仅要求领导者有周密可行的计划与组织，而且要求对下级严格规定完成任务的期限，制订规章制度和各级职责范围，对执行情况进行检查，等等。而所谓维系和强化团体的职能，其作用就在于通过对下级的关怀、体贴，消除人际关系中的不必要的紧张感，缓和工作中所产生的对立和抗争，对下级进行激励、支持，给下级以发言和表达意见的机会，刺激自主性，增强成员之间的友好和相互依存性，满足部下的需求，以维护组织的正常运营，保证组织目标的实现。

根据不同的领导者在P与M两种职能中的重视或表现程度，三隅划分出四种领导类型，即PM型、Pm型（又称P型）、Mp型（又称M型）及mp型。他编制出的PM量表，经实验室研究、现场研究和调查分析，证明PM型领导模式效果最佳。

PM量表是建立在其他多种量表的基础上的。它采用了一些公认的效度、信度高的问卷条目，组成了自己的原始调查表。经过实测与修订，形成了一份包括164个项目的G.D意见调查表。通过进一步的因素分析，抽出了6个因子，其中3个因子负荷量最大，三隅便把这3个因子命名为：①压力因素（如严格按规章制度要求下级，给部下以工作指令，让部下作出最大努力等）；②团体维系因素（如理解下级在工作中的处境，支持部下工作，与部下谈话气氛融洽等）；③计划因素（如让部下知道计划内容，仔细制订工作计划等）。三隅还将因素1与3合并，称为P职能因素，因素2则称为M职能因素，这样便形成了PM量表。

PM量表分为两大方面、10类因素、61个问题，其中两大方面即领导行为评价和工作情境评价。

1. 领导行为评价

此种评价由各级领导的直接下属完成。在领导行为评价中共包括两类因素。

①领导的工作绩效（简称P因素）。含10个问题，目的在于测量领导为完成生产任务而执行的领导职能。主要考查领导的专业知识水平、工作的计划性、依据工作计划和规章制度对下级实施领导的效能。

②领导的团体维系职能（简称M因素）。含10个问题，主要测量领导为完成工作任务而表现出来的对于集体的关心和维护。考查领导的工作方法，与下级的工作关系，促进工作团体团结的能力，领导对下属关心的能力，领导的组织、协调效能。

2. 工作情境评价

此种评价由参加调查的被试共同完成。在工作情境评价中，共包括8个因素，每个因素由5道题组成，总计40道题。

①工作激励。考查被调查者对本职工作的兴趣和责任感等，即由工作本身所获得的激励程度。

②对待遇的满意程度。考查被调查者对诸如工资、奖金等物质待遇及发放办法的满意程度。

③企业保健。考查职工本人及家属对本企业工作条件及环境等的满意程度。

④心理保健。考查被调查者在工作环境中的人际关系、职责范围以及由此而引起的紧张或不安程度。

⑤集体工作精神。考查工作集体的集体意识的强弱程度。

⑥会议成效。考查被调查者对以会议形式解决生产难题的效果及其意义的重视程度。

⑦信息沟通。了解组织内部上下级之间、同级之间信息交流和意见沟通等情况。

⑧绩效规范：了解工作集体设立工作目标和完成任务的集体规范。

除上述10个因素、60道题外，PM量表还专门设置了第61题，用以征询参加调查的人员对这种调查方法的态度。

上述8个情境因素中的前4个因素，即工作激励、对待遇的满意程度、企业保健、心理保健，是反映个体水平的满意程度的尺度，因而又可称为激励—保健因素；后4个因素，即集体工作精神、会议成效、信息沟通和绩效规范，则是反映单位内管理情境状况的指标，所以又可称为组织过程因素。

第十章 临床测验

临床一词传统上是代表任何一种深入研究个案的方法学。临床测验有广义、狭义之分。广义地说，所有有助于临床诊断之用的测验都可以称为临床测验。前面介绍的大部分智力测验、人格测验及某些教育测验，都可以在临床上使用。例如，韦氏智力量表在临床上可进行以下三种分析：

①散布图，即个案在所有分测验上的分数变异情况。临床学者认为，有病变的个案，其变异情况将大于正常人；

②衰退指标，即个案在不受病变或年老影响的测验和受病变或年老影响而表现下降的测验分数上的差异；

③得分形态，各种临床症状如脑伤、精神分裂症、焦虑症、犯罪等，都有其特殊的得分形态，韦氏及其他临床学者说明了分测验分数的高低表现与各种病变的联系。

狭义地说，临床测验是指专为医学临床诊断而设计的测验，常用的有神经心理学测验、儿童心智缺陷测验、心理健康问卷等。

第一节　神经心理学测验

一、神经心理学测验的用途

神经心理学是近几十年心理学的一个新的分支学科，它的研究对象是心理现象和大脑结构的相互关系，主要是对大量的脑损伤病例进行行为观察和分析。

在西方，临床心理学家对脑损伤所造成的行为改变进行研究，发展出了各种心理学测验方法，并形成了有效的专门神经心理学测验。这类测验的主要用途表现在以下几个方面。

①为大脑损伤病例提供定位诊断的症状学依据。

神经心理学测验是针对各种心理活动所包含的不同功能环节的工作状态及其总的特点进行设计的，可为临床诊断提供精确的症状学根据，可成为脑—行为相互关系研究及确定脑损伤部位的定位诊断方法。

②提供药物和外科等其他治疗的判定标准。

③评定治疗效果。

④为制订高级神经机能的神经康复治疗步骤和措施提供心理学依据。

二、影响神经心理学测验结果的因素

神经心理学测验的对象是大脑损伤病人的心理活动，很多因素会影响心理活动。

很多神经心理测验作业有赖于多种心理机能的整合才能完成，如数字—符号替换测验 (Digit-Symbol Substitution Test)，是一种最常用的判别有无脑损伤的非特异性测验，这个作业有赖于完整的知觉、眼球运动、精确的手部运动等心理机能的整合。因此，该测验的低分结果，既可以由上述任一机能障碍引起，也可以由几种障碍联合造成。

另外，由于脑机能的可塑性，某些心理测验作业，常可采用不同策略，通过多种渠道来完成。因此对被试的作业成绩，如果只作单纯的量的评定，忽视从他完成作业所采取的策略和方法上作质的分析，就很难从本质上揭露神经机能障碍的实质。因此，我们在选用测验时，要目的明确，要了解测验中所包含的各种心理机能，并给以正确评价。

测验结果的可靠性和有效性，在很大程度上取决于被试是否真正理解测验要求，是否确实进入被试角色并保持积极的状态。有些因素会影响被试的表现。

大脑损伤的被试，除有高级心理机能的障碍外，往往还有瘫痪等生体症状。这类被试往往情绪低沉、不稳定，注意力涣散，容易疲乏，尤其在发病急性期，由于体力和心理上的原因，一般不能承受复杂的测验作业。测验过程中应尽量选用被试能够胜任的测验，并且当测验结果不稳定时，应根据具体情况，暂停测验。

被试对测验的理解与合作态度也是测验有效的前提。有些被试对心理能力障碍的性质不理解，羞于暴露自己的弱点，对测验持不合作态度，从而影响测验结果。因此，在施测前应向被试反复讲明测试的意义和目的，消除其顾虑。同时主试也应考虑被试的能力，选择合适的测验，减少其受挫感。

除此之外，其他一些影响测验表现的变量，如指导语、暗示、评分等，都可能使测验结果不真实，也必须尽量注意。

三、神经心理学测验举例

(一) 脑功能失调的检测

很多测验是特别为评定、鉴别神经心理损伤而设计的，这些测验常用来显示机能损伤的情形，并探测因各种可能原因引起的智力退化和损伤。测量智力损伤的心理测验的理论根据，是不同损伤影响不同的功能，而最容易受病变过程影响的功能，主要是空间关系的知觉和新近学习的记忆两种。另外认知障碍、病态言语等也反应出脑伤的状态。

1. 记忆量表

(1) 韦克斯勒记忆量表

简称 WMS，这是一个供临床使用的较为简单的记忆测验量表。

该量表由七个分测验组成，即常识、定向力、精神控制能力、逻辑记忆、数字广度、视觉记忆、成对词联想学习。综合七个项目的得分，得出一个记忆商（MQ)。它的解释类同WAIS的IQ。该量表给临床提供了一个很有用的客观检查方法，有助于鉴别器质性和功能性记忆障碍。

WMS的常模样例较少（包括年龄在20～50岁的成人200例)。测验的内部一致性较低，不同分测验的难度很不一样。测题类型如下：

①常识，个人的和当前的常识，如你是哪年生的？你们国家的总统是谁？

②定向，时间和地点的定向能力，如现在是几月？这是什么地方？

③精神控制能力，如从20倒数到1，朗读26个字母，从1开始连续加3直到40；

④逻辑记忆，如立即回忆朗读过的两段故事；

⑤数字广度，如顺背数字和倒背数字；

⑥视觉记忆，如每张图片呈现10秒钟后，用纸笔立即再现简单的刺激图案；

⑦成对联想学习，其中包括意义关联强的词对，如婴儿—啼哭，以及无意义关联、难以记忆的词对，如服从—英寸，要求被试先学习，随后作即时回忆，根据正确回忆数记分。

湖南龚耀先等已对WMS进行了修订。修订的WMS增加了三个分测验，即

①记图；记忆实物图片后立即回忆；

②再认；识记实物形状后立即再认；

③触摸；采用霍耳斯特德—赖坦神经心理成套测验（Halstead-Reitan Neuropsychological Battery）中的形板材料，手摸形板后立即回忆其形状和位置。

连同原WMS七项测验，合计十项分测验。

(2) 临床记忆量表

这是中国科学院心理研究所许淑莲等人在80年代编制的记忆量表。

该量表的设计思想和编制原则是：

①由于临床上记忆障碍大多为近事记忆障碍或学习新事物困难，该量表的项目均属持续数分钟以内的一次性记忆或学习能力检查；

②量表包括回忆和再认两种记忆活动；

③为便于大脑两半球功能一侧化现象的检查或研究，量表包括言语记忆和非言语记忆两方面内容；

④为观察和鉴别病理思维对记忆的影响，量表包括与思维有关的记忆项目；

⑤量表包括生活中或临床上有实际意义的项目；

⑥注意选用受文化因素影响较小的项目；

⑦在实施方式上结合实验心理学与一般心理测验的方法，以便从记忆的结果和过程两方面进行分析；

⑧为便于临床应用，项目在难度上应适当偏易，但又要能起鉴别作用；

⑨为便于应用，分测验不要过多，时间不要过长；

⑩为利于临床治疗前后对照，同时编制性质相同、难度相当的两套测验。

该量表由五个分测验组成，即指向记忆、联想学习、图像自由回忆、无意义图形再认和人像特点联系回忆。前两项为听觉记忆，指导语和刺激词均录制在磁带上，由录音机放送；中间两项为视觉记忆，由主试按规定时间呈现图片刺激；最后一项为听觉与视觉结合的记忆，主试在呈现图片刺激的同时，说出图片的特点。

该量表由有文化和无文化两部分正常群体分别建立两套正常

值，同时编出两套难度相当、性质相同的测验，重测的相关系数为0.85。记忆量表分和学科成绩有明显关系，记忆成绩随年老而下降，表明该量表信度、效度指标合格。

该量表还有老年组正常值，可供老年医学或记忆的年老化研究之用；量表兼有心理测验和实验心理方法的特点，便于科研之用。但量表项目还有待进一步改进。

(3) 本顿视觉保持测验 (Benton Visual Retention Test, 简称BVRT)

这是一个广泛流行的心理测验，是为评定视知觉、视觉记忆和视觉结构能力而设计的，已成为重要的临床检查和研究的工具。共有三种替换式测验 (C、D、E 型)，每型包括绘有图形的十张卡片，其中除两张是绘有一个图形外，多数是绘有三个图形，两个较大的，一个较小的。这种同时呈现三个图形的方式对单侧空间不注意的问题比较敏感，适用于七岁以上的儿童和成人。

施测方式是将每张图片呈现 10 秒或 5 秒钟，让被试根据记忆默画出该图形。根据正确绘出的卡片数和错误数来记分。这些分数的评分者信度为 0.95，同时也可将错误归类为缺画、添画、扭曲、续画、旋转、错置及大小误等而获得质方面的资料。三套测验的复本信度为 0.80。

该测验还有不同的施测程序。其中较令人感兴趣的是临摹施测程序，即让被试一面注视卡片，一面直接画出。这个过程除去了记忆所造成的空间知觉误差。在分数解释上，正确及错误数将与每个年龄层次及智力水平的常模作比较，其中智力水平可由任一言语智力测验分数来确定。若个体的本顿测验分数远低于预期的分数水平，则可能有病变。测验手册上还说明了非病变因素对测验表现可能造成的影响。当然，在用于临床诊断时，还需要参考其他测验结果、个案史及背景资料等。

本顿测验有多种团体资料，如精神分裂症患者、情绪失调的儿

童、智能不足者等。有些资料表明这种测验对检测小孩的脑伤很有用，但对成人的区辨力则不尽理想。(例题见图 10-1)

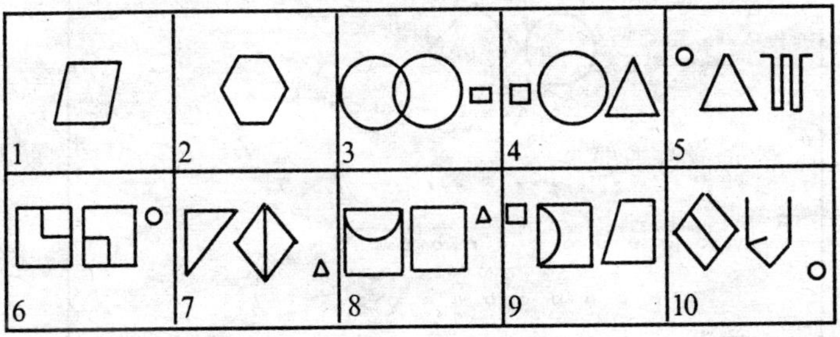

图 10-1　本顿视觉保持测验 C 型样例
(引自宋维真等著《心理测验》，169 页)

2. 视结构能力和视知觉测验

这类测验最常用的是本德视觉运动格式塔测验 (Bender Visual Motor Gestalt Test)，简称本德格式塔测验。最初由本德 (L. Bender) 发表于美国卫生协会研究专著上，其后经考皮茨 (E. Koppitz, 1960)、赫特 (M. L. Hutt, 1969) 等人修订，成为一个临床上广泛使用的测验。它的操作较简便，近二十年来一直应用于精神医学和小儿神经科。

本德编制此测验的目的，是试图用视觉运动格式塔机能 (又称完形) 探索儿童和成人心理机能落后、脑组织缺陷与机能丧失和个性偏离，尤其是倒退现象。本德解释格式塔功能为有机体整合机能，靠这种整合功能，有机体对刺激群作出整体反应，而反应本身又是一个群，一个模式或一个格式塔。对刺激的整体定势和有机体的整体整合状态决定反应的模式。整个有机体偏离常态的倾向，在对刺激模式起反应时，将在反应的感觉运动模式中反映出来。

测试方法是将本德改编的 9 个图形 (图 10-2) 分别画在 9 张长

15 厘米的卡片上，提供一支带橡皮头的铅笔，允许被试修改自己的作业。

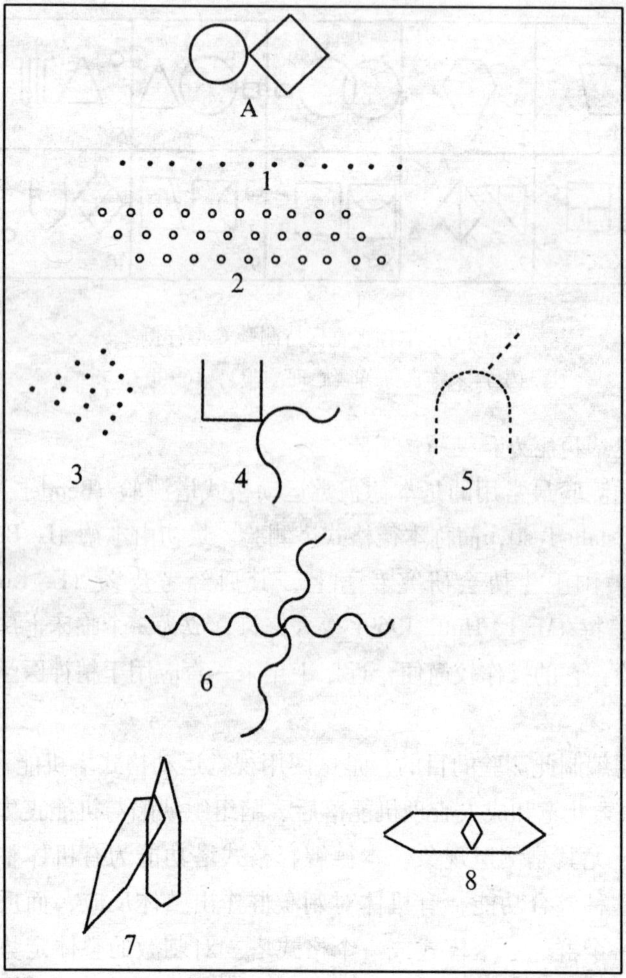

图 10-2 本德—格式塔图形

(引自 A. Anastasi, Psychological Testing，1988，p.487)

施测时有三种处理。

施测 1：临摹（复制)。这是基本的或标准的方法，即逐个呈现

9 个样本图案，要求被试照着图样临摹在自己的图画纸上。

施测 2：加压法。限制画图时间，使被试在自由临摹时不易显现的轻度视觉认知困难，在催促的压力下将障碍暴露出来。一些非器质性障碍的患者在加压后，其作业反倒有进步。

施测 3：记忆法。每张样本图片呈现 5 秒钟后移开，要求被试凭记忆默画出来。当默画完毕后，再将原图片呈现一次，让被试临摹，之后再移去样本，再一次让被试凭记忆默画出来，统计默画出来的数目。正常成人一般可默画出 5 个以上的图形。

该测验适用的年龄范围是 4 岁到成人，一般 12 岁的被试可做到该组图形的完整的再现。因此，再现的任何错误（如畸变、扭转、结成一体、重画）如不能用生理感觉受限、明显的智力低下或因文盲而缺乏图形方位感等作解释，那么成绩的下降便可认为是大脑器质性病变引起的视觉结构的障碍，特别是与右侧大脑半球后部的功能有关。

该量表记分方法有两类，成年人一般用亨特的 26 个评分因素记分，儿童一般用考皮茨的 30 个评分因素记分。这两种记分法均记录错误分数，即错误越多，得分越高，表明视觉运动机能、视觉结构能力和完整性有障碍。

另外，本德视觉保持测验、WAIS 积木测验以及韦氏图片拼凑测验，都可以用来测视知觉功能障碍。

3. 认知障碍测验

认知障碍测验是对被试的抽象概括、学习分类等抽象思维和解决问题的能力进行测定，从而了解其脑伤情况的一种测验方法。常见的这类测验有戈尔斯坦—舍勒的抽象和具体思维测验、数字符号测验。另外在一些综合性的神经心理测验中所包含的连线测验、范畴测验也可以单独用来诊断认知障碍。

(1) 戈尔斯坦—舍勒的抽象思维和具体思维测验

包括戈尔斯坦—舍勒方木设计测验、威格尔—戈尔斯坦—舍勒颜色形状分类测验和戈尔斯坦—舍勒实物分类测验。这是在第一次世界大战期间用来对脑伤病人实验时制定的一套测验。当大脑半球特别是额叶受损时，常引起抽象思维的障碍，表现为对事物的共同性质不能抽象归纳，不能把握某一类事物的共同本质，或不能从对象的某一属性的认识转移到另一种属性的认识。

方木设计测验：和 WAIS 中的积木设计测验相似，它要求被试按所呈现的刺激图案摆好方木。

颜色形状分类测验：包含 4 种颜色、3 种形状的 12 张纸片，以随机次序呈现，要求被试按某一属性来将它们归类。完成后再要求他用另一属性再次把它们归类。主要观察其概念形成和概念转移。

小棒测验：用 30 根 4 种长度的小棒，首先要求被试临摹主试用小棒所摆出的每一个样本图案，然后测验他对样本图案的记忆再现能力，根据其正确性进行评定。

颜色分类测验：有几种颜色的毛线束，各种颜色又有几种不同的亮度，要求被试对毛线束进行分类。可以按颜色分类，也可以按不同的亮度来将他们分类，如两种分类都不会做，则可以要求他们匹配每类颜色。不同作业反应，表明被试抽象概括能力的不同等级。

(2) 符号—数字测验 (Symbol—Digit Modalites Test)

这是一个简单的操作测验，与 WAIS 的数字符号分测验相似。要求被试将无意义的几何形状转化为书写或口述的数字，如☆→5，△→2，●→1 等等。以操作速度和正确数进行评定。该测验对于评估成人和儿童的脑损伤极为灵敏。

4. 病态言语行为测验

言语行为是一个复杂的语言信息的脑加工过程，从最初的语言符号的感知辨识、理解接收直到言语表述，都和一些主要的心理活动如思维、学习、记忆分不开。言语行为是一种综合力很强的大脑现象，通过对言语行为的变化进行观察分析，就可能窥探大脑内部的秘密。因此，不同部位的大脑损伤，影响不同机制所造成的种种病态言语行为，是神经心理学研究的一个独特而重要的内容，它已形成神经心理学中的一个专门分支，即以言语行为和大脑结构相互关系为研究对象的神经语言学。病态言语行为的临床测验是进行神经语言学研究最基本的手段，国外在这方面作了很多工作，已经制订了很多言语临床测评方法，下面介绍几种较为常用的方法。

(1) 霍尔斯特德—韦甫曼失语症筛选测验

这是一个判断有无失语障碍的快速筛选测验方法。项目的设计除包括对言语过程本身功能环节的评价外，同时包括不识症、口吃和言语错乱的检查。可用于各种智力水平、各种不同文化程度和经济状况的被试。但因方法未标准化，故对结果解释需有足够的经验。

(2) 明尼苏达失语症测验 (Minnesota Aphasia Examination)

这是一组测定口头言语和书面言语失调和数关系及运算过程障碍的失语症测验 (由 47 个分测验组成)。它的解释是以根据障碍的性质和严重程度所作的分类为基础。该测验应用虽较为普遍，但因与临床神经病学家所熟悉和了解的按照神经解剖所作的失语症分类方法不一致，使其使用受到一定限制。

(3) 斯普林—本顿失语症测验

这是一个较为实用的综合失语症测验，针对以下言语机能：视觉呼名、触觉呼名、数字复述、词流畅性、句子复述、名称的识别、物体用途描述。还包括修订的表征测验 (Token Test)、阅读测验、写和说的测验，并已制定了成人常模以供比较。

(4) 表征测验

这是一个失语症的筛选性测验。测验要求被试按主试先后呈现的一组维度渐增的指令摆弄一些不同形状、大小、颜色的塑料几何图形，例如“摸大的红圈”“把蓝色圈放在白色三角的下面”。结果分析表明，它能有效地鉴别失语与非失语症，其可靠率达 80%。

(5) 波士顿诊断性失语症测验 (Boston Diagonostic Aphasia Examination)

简称 BDAE，它由对听、说、读、写等言语交际行为的几个不同方面的能力进行全面测验的一组分测验所组成，有标准化的评分标准，是目前美国广为采用的失语症诊断测验。

(6) 临床汉语言语测评方法

前面介绍的几种国外言语测验的方法，对我们有一定借鉴作用。但我国的语言有其独特的特点：①就语法体系而言，汉语有严格的词序约束，但无严格的词形变化，属于孤立语型；②就文字而言，汉字基本上属于表意文字，每一个汉字是一个意符，它像一幅图画。汉字通常是只有一个音节的单音字。一个汉字有时就是一个代表独立意义的语词，它不与拼音文字中字母等价。汉字结构大部分属于嵌进结构，如居中结构、偏旁部首等。国外测验方法是针对西方拼音文字的认知特点而设计的，转化成汉语时就失去了意义，如拼读测验。

同时，言语作为一种交际活动，是社会性的，会受到文化、习俗、习惯等因素的影响，因此，很有必要编制适合我国语言和习惯的言语测验。

近几年来，中国科学院心理研究所神经语言学研究组通过对大脑损伤病人的研究，编制了一套符合汉语认知特点、可供研究和临床使用的临床汉语言语测评方法。其条目以言语行为的心理、解剖生理学结构以及语言学内涵的分析为理论根据，充分考虑了汉语的语言特点。

测验由两部分组成：即基本性分测验和延伸性分测验。基本性分测验可满足一般临床诊断的需要，即判定有无言语障碍，障碍的基本性质、严重程度。延伸性分测验则满足了进一步探讨汉语言语大脑机制的研究，它包括针对不同汉语语言层级的认知过程而专门设计的一些测验项目。

另外，与言语能力有关的一些心理能力，如言语动力状态——主动性、灵活性、记忆能力、思维能力、运算能力、智力等的测验也有助于探讨言语的大脑机制。

(二) 综合性神经心理学测验

脑伤所造成的功能失调种类繁杂，行为障碍多种多样，因此无法仅检查单一机能而确定脑伤，同时，单一测验也不适合做区分诊断。临床上，常常用不同的测验组合来鉴定不同的机能及障碍。这个方法的优点在于能提供最适合每一个案的测验组合，但也有不足，如：测验间重复了不必要的测量；在选择适合每一个案的进一步测验时，完全依赖临床学者的专业知识及判断；各个独立发展的测验无法与常模样本相比较；测验间相关的实证资料太简略。这些不足使我们很难根据得分形态作解释。

正是由于这些原因，心理学家才组合了为数不少的标准化测验来测量所有重要的神经心理技能。这种测验有多种功能：可探测脑伤，辨认及界定脑伤的区域，区分脑伤有关的症状群，有助于制定康复训练的计划。最有名的两个测验是霍-赖二氏神经心理成套测验 (Halstead-Reitan Neuropsychological Battery) 和鲁-内神经心理成套测验 (Luria-Nebraska Neuropsychological Battery)。

1. 霍耳斯特德—赖坦神经心理成套测验

该测验简称 HR，是 1947 年由美国心理学家霍耳斯特德 (W. C. Halstead) 以脑行为研究为基础制定的一套综合性能力测验，后经赖坦 (R. M. Reitan) (1955) 修订。它包括用于不同年龄组的成人式 (15 岁以上)、儿童式 (9～14 岁) 和幼儿式 (5～8 岁)。它由以下分测验组成：言语和非言语的智力测验、概念形成测验、表达和接受性言语测验、听知觉测验、时间知觉测验、记忆测验、知觉运动速度测验、触觉操作测验、空间关系测验、手指测验、成对的同时刺激等项测验。由于它包括了从简单的感觉运动到复杂的抽象思维的测验，较为全面地测定了各方面的心理能力，因此对大脑损伤的定位诊断敏感、可靠。同时，它也是一个标准化测验，记分客观，有定量标准，有正常值作对照。目前已成为一个被比较广泛接受和使用的神经心理测验量表。国外许多大学和医学院分别制定了自己地区的成人及儿童测验常模，供临床研究用。在国内，龚耀先等于 1983～1985 年组织 HR 修订协作组，根据我国的文化和社会实际情况作了修订，并建立了常模。下面简单介绍修订的 HR 的 10 项主要测验内容。

(1) 一侧性优势测验

由测定利手、利足、利眼、利肩等项测验组成。

(2) 失语检查

是由测量言语接受和表达能力的几项测验组成的言语能力的鉴别性测验。

(3) 握力测验

用握力计客观测量，比较利手与非利手的握力。

(4) 范畴测验 (Category Test)

是测定概念形成能力的一组测验。要求被试对一些包含不同属性 (如大小、形状、数量、位置、颜色、亮度等) 的对象，进行分类，以测定病人抽象思维和解决问题的能力。

(5) 手指敲击测验 (Finger Oscillation Test)

检查双手精细动作，用一种机械装置客观记录单位时间内左右食指敲击动作的速率。

(6) 言语声音知觉测验 (Speech-Sounds Perception Test)

简称语声测验，是测查持久注意和听、视联系能力的测验。要求被试听到从磁带中放送的刺激单字后，从 9 个字 (词) 卡中选出与刺激字音相匹配的字词。

(7) 连线测验 (Trail Making Test)

是检测大脑两半球机能的一种测验。有两种类型，A 型是一张纸上随意印了25个小圆圈，随机标出数字1～25，要求被试按数字顺序找出25个圆圈并用直线将它们依次连接起来。B型是纸上有25个圆圈，其中13个分别任意标上数字1～13，另外12个圆圈则任意标上A、B……L诸字母，要求被试按下述顺序连接数字和字母，即1～A、2～B……13～L。评定时以完成时间和操作的正确性为准。一般认为A型主要是测右大脑半球的机能，即反映较为原始的知觉运动速率。而B型则是反映左大脑半球的机能，除包含知觉运动速率外，还包含有概念和注意转移等能力。该测验对弥漫性和一侧性脑伤极为敏感，对筛选额叶机能障碍患者也很有用。

(8) 触觉操作测验 (Tactual Performance Test)

采用修改后的加德唐德 (Segwin Gaddand) 形板 (一块有圆、方、三角等十种形状的槽板，一套与之对应可嵌入各槽的不同形状的单个木块)。蒙住被试的眼睛，要求分别用利手、非利手将各木块放入槽板中，然后要求回忆各木块形状和在槽板上的位置。以操作时间、记形和记位的错误数为标准记分。这是一个测量触觉、运动觉、上肢运动协调能力、手部技巧动作、空间结构能力和触觉定位能力的测验。

(9) 音乐节律测验 (Rhythm Test)

由30对音韵节律相同和不同的声音组成。逐对呈现，要求被试分辨节拍的异同，以错误数来评分，常用来检测颞叶病变。

(10) 感知觉障碍测验

分触、听、视感知觉，还包括手指辨认、指尖认字、手指触形辨认等。

除这10个项目外，HR还包括智力测验、记忆测验和学习成就测验，修改后的HR所采用的智力测验为韦氏成人智力量表和韦氏记忆量表。

该测验很费时，共需5～10小时才能完成。

2. 鲁利亚—内布拉斯加神经心理学成套测验

简称 LNNB，这是前苏联心理学家鲁利亚（A. R. Luria）根据他提出的三个神经心理学理论原则（即功能系统观点、多潜能观点、功能系统缺乏特异性），经过大量脑伤病人定位、定性诊断的临床实践摸索出来的一套神经心理检测技术。最初由于缺乏标准化程序和记分方法，测验内容变化不定，不易为别人学习、应用。1975年，美国的内布拉斯加大学医学院的戈尔登（Charles J. Golden）教授及其同事对鲁利亚的方法进行修订和标准化，并命名为鲁利亚—内布拉斯加神经心理测验。现已完成成人本及 8 ～ 13 岁的少儿本的制定。该测验由以下 11 个分量表共 269 个项目组成。每个量表都是针对某个特定的神经功能，按照鲁利亚的三个原则设计的。

(1) 运动量表

由 51 个项目组成。包括左右手运动速度，双手运动速度及协调能力，动作的模仿，言语指导下的动作完成（即执行口语指令），口、舌的简单和系列动作，简单画图作业。

(2) 节律量表

共 11 个项目，分为两个基本部分，即感知性和表达性。感知性部分要求对难度递增的半调辨认和对节律形式判定。表达性部分要求重复节律，表达有变化的音调组合和唱歌。

(3) 视觉量表

共 14 个项目。主要测评视知觉和视空间能力，前者包括说出物品和实物图片的名称、模糊图片的辨认、说出物体轮廓相互重叠的图片中的物件名称等项目。视觉空间能力包括读出和标明无数字钟面上的时间、辨别方向、三维空间木块堆积、图案的空间智力性运算、二维空间的旋转配对。

(4) 触觉量表

共 11 个项目。包括触觉的定位，对触觉轻、重、尖、钝和运动方向的确定，两点觉的区别，数字、字词及物体等形状的触觉辨认，一只手放成一定形状并让另一只手模仿之。这些项目是检查复杂的皮肤触觉功能、肌肉和关节感觉及实体觉。

(5) 言语感知、接受量表

共 32 个项目，分 3 个部分。第一部分为基本音素的辨别能力，第二部分为简单字、口语、口语指令理解，第三部分是各种语法结构 (如介词、复杂语句、被动语句、倒置性句法结构、逻辑联系等) 的理解。

(6) 表达性言语量表

共 41 个项目。包括跟读字、词组、句子，物品名称的表达，回答常识性问题，根据画片、故事、话题作自由表达，句子的填充，造句，词序混乱的句子的重新排列。

(7) 书写量表

共 12 个项目。要求被试在口授的情况下写出复杂程度不同的字、词组、短语及句子。

(8) 阅读量表

共 12 个项目。要求被试将字分解成字母，从字母或声音组合成字，朗读字母、字、短语或短文。

(9) 算术量表

共 22 个项目。要求朗读和书写单个数字和多位数，进行简单计算，填充简单代数等式中遗漏的数字符号和数字，完成连续递减运算 (如 100 连续减 7)。

(10) 记忆量表

包括非言语和言语在无干扰或干扰下的短时记忆。非言语记忆包括有或无干扰情况下的图片记忆、节律记忆、手势记忆、词—图片记忆。言语记忆包括词的重复学习，同源或异源干扰下的无关词和句子的记忆。

(11) 智力量表

共 33 个项目。测量智力的各个方面，许多项目类似于韦氏成人智力量表的领悟力、相似性、算术、词汇、图片排列分测验中的项目。此外增加了一些新的项目，如区别物质性质的不同，物体分类，类比和反义词等。

从11个分测验的项目中，又挑选出其中某些测验组成3个附加性量表：①定性量表（Pathognomonic Scale）或称疾病特有病征量表，用来判别有无器质性大脑病变的量表，从269个项目中筛选出那些能鉴别大脑损伤与情绪障碍的34个项目组合而成，破坏性和急性大脑损伤时得分升高；②左半球定侧量表；③右半球定侧量表。这两个定侧量表是用来鉴别损伤发生的大脑侧，由测定左手运动或右手运动和感觉的21个项目组成，它们大多取自运动和触觉量表。

LNNB评定方法是根据各项测验项目操作的正确性、流畅性、时间、速度、质量而定。采用0、1、2三级记分。0分表示正常；2分为边缘状态。将各量表得分累加为该量表的原始分，得分越多，表明损伤可能越严重。如果将原始分根据T量表换算成T分，则可进行各量表间的比较，以进一步作临床分析。

（三）其他检测方法

除以上介绍的各种能力检测方法外，还有一些个性测验如MMPI，有利于诊断多种精神病，也有人认为这个测验可用来区分功能和器质性疾病。MMPI也由中国科学院心理研究所医学心理研究室修订，详见人格测验一章。

四、神经心理测验的选用

（一）测验的结构和选择

在实际应用过程中，神经心理测验有两种不同的结构方式：一种是根据不同病人在宏观表现上的心理能力差异，采取各种不同的测验；另一种是所有的病人都采用统一标准化的测验量表。这两种方式各有利弊。

1. 因人而异的测验结构方式

按这种方式进行的测验选择，往往是以医生对病人的初诊印象和其他诊断手段得来的信息为基础，对不同的病人采取了相当不同的测验方法。临床医生可按照他对病人能力缺陷性质的看法去选择或变换某些测验。因此，由这些测验所得的结论更多反映的是医生对测验结果和病人行为的质的分析。其优点表现在：承认不同病人的能力障碍有不同的特点，所以采取的方法也不同；去掉了一些对诊断无关的测验项目，可以节省时间；便于在有限时间内有重点地测查被试某方面的障碍，对康复训练很有用。

但这也有一些缺点，这在前面介绍成套神经心理测验时已经讨论过。

2. 成套测验量表结构方式

成套测验量表由测量各种主要技能的分测验组成。不管病人的表现如何，一律使用同一量表。测验程序按不变的统一的规定进行。其优点是：能够全面测量大脑损伤病人的基本能力；全面测验，防止遗漏一些重要的病象；操作统一，评分客观。

其缺点是：耗时太多，病人要承受较大的负荷；测验常常由专门的施测员进行，这样就妨碍了医生对病人测验中的行为作出质的分析。标准化量表有时也不一定适合一切脑伤病人，如有些同时伴有周围性损伤的疾病——肢体运动障碍、失聪、视力障碍等，这时测查的结果有些就是无用的；标准化测验的解释同样要具备相当的技巧、知识和经验。

（二）测验的选用

选用测验的原则，是能最大限度地暴露大脑损伤后病人的脑机能缺陷，能提供有助于探讨大脑认知研究和疾病诊断的可靠信息。可以根据一般病史、神经病史、神经病学检查和神经心理学知识来选择恰当的测验方法。

1. 一般性检查

主要目的是获得对大脑机能状态总的了解（如智力、记忆力、理解力、注意力等）。使用的测验有：测量智力的各种智力量表，如成人和儿童智力测验；各种记忆量表，如韦氏记忆量表和临床记忆量表。

2. 判别有无大脑损伤的筛选性测验

如数字—符号测验、符号—数字模式测验等。

3. 提供定侧定位信息的测验

(1) 定侧测验

根据已有的研究资料，左侧大脑半球的机能是参与言语活动和抽象思维，而右半球则主要参与时间与空间的定向和知觉、非言语材料（如形象、图画、颜色和音乐旋律）的感知、记忆和思维等。因此我们可以根据测验的性质和两半球的主要心理功能选出合适的测验项目。

左半球机能的测验项目：包括各种类型的言语测验和语文作业；测量抽象思维的方法，如失语症和言语测验；韦氏智力量表中的言语测验；各项言语记忆测验；抽象思维的测验，如算术运算和一些有关思维的测验。

测定右半球机能的测验：可选用那些与空间知觉、空间定位、具体思维有关的测验，如本顿视觉保持测验、触摸操作测验、迷津测验、人面认知测验。

(2) 额叶功能测验

测定抽象能力和概念的转移能力的测验有：颜色开关分类测验和范畴测验。

测定行为的计划性和调整能力的测验：如数字运算的测验。

言语行动的测验：如言语的表达能力测验、言语的流畅性测验。

(3) 颞叶功能测验

视觉记忆的测验：本顿视觉保持记忆测验、人面再认测验。

记忆的测验：非言语和言语的记忆测验。

听知觉的测验：HR 中的音乐节律测验、语音知觉测验。

(4) 顶叶功能测验

结构性运用机能的测验：本顿视觉保持测验、韦氏智力量表中的积木测验、HR 中的触摸操作测验，小木棒测验，逻辑—语法的准空间测验。

(5) 枕叶功能测验

言语测验中的颜色命名测验。

第二节　儿童心智与行为障碍的检测

在智力测验一章中，我们曾介绍了测定儿童智力发展的一些量表，这些量表也同样可以用在临床上，如 WPPSI、DPDQ、DDST 等。下面我们将要介绍一些专为临床使用而设计的量表，包括学习障碍的检测、儿童多动症的诊断、适应行为测验等。

一、学习障碍的检测

(一) 学习障碍的定义

学习障碍可以说是特殊教育中最新的一个领域，也是临床测验的一个新领域。但这并不是说过去没有学习障碍儿童的存在，只不过今天我们所称的学习障碍儿童，过去可能是在多动、脑伤、史特劳斯症候、阅读缺陷症、神经损伤等名下接受教育。以上所述的这些情况的儿童，如果能得到适当的教育机会，也许不会引起人们的注意。但事实并非如此，有许多儿童并不能获得教育机构的接纳。为此，许多家长和教育专家们，开始致力于为学习障碍儿童争取应有的特殊教育机会。教育和心理学家们开始对学习障碍儿童进行定义。柯克 (S. A. Kirk) 认为，学习障碍可用来指听、说、阅读以及相关沟通技能发展异常的儿童，而这些儿童没有盲或聋等感官缺陷或智能不足。美国联邦教育署下面的由柯克领导的障碍儿童教育咨询委员会，曾在1968年对特殊学习障碍下了定义，经过少量改动后，被1975年的全体残障儿童教育法所采用。其定义如下：

“特殊学习障碍儿童”一词，是指儿童在理解和使用口头语言或书面言语方面，有一种或一种以上基本心理历程的异常，以致在听讲、思考、说话、阅读、书写、拼字或数学演算方面，可能显现能力不足的现象。这些异常状态包括诸如知觉障碍、脑伤、轻微脑功能失常、阅读缺陷及发展性失语症的情形，并不包括儿童因视觉、听觉、运动障碍、智能迟滞、情绪失调或环境匮乏等因素而造成的学习困难。

从这种定义我们看出，对学习障碍的研究是集中在医疗、教育、心理三个方向上。学习障碍有很多表现，但专家们强调对其原因的探讨，因为学习障碍表现的个别差异很大，这些差异也反映在他们对测验工具的选择和康复计划的制订上。

从70年代起，兴起了对学习障碍的诊断及治疗的热潮。由于各界对于美国联邦政府的学习障碍定义的批评，六个与学习障碍有关的学术团体的代表，组成学习障碍联合委员会，共同致力于新的学习障碍定义的研究，在1981年发表了对学习障碍的新定义，全文如下：

学习障碍是指在获取与运用听讲、说话、阅读、书写、推理或数学能力上显现重大困难的一群不同性质学习异常者的通称。这些异常现象一般认为是由于中枢神经系统的功能失常这种个人内在的因素所引起的。虽然学习障碍可能与其他的障碍（如感官损伤、智能不足、社会与情绪性困扰）或环境的影响（如文化差异、教学的不足或不当、心理性因素）同时存在，但它并不是由它们直接造成的。

以上所说的这一学习障碍新定义，似乎更易为人所了解，也逐渐为各界人士所接纳。大家形成了以下一些基本共识。

一般来说，学习障碍的儿童有正常或高于正常的智力，但在一项或多项的基本学习技能（通常如阅读）上则有明显的困难。但值得注意的是，学习障碍可能出现在任何智力层次的儿童身上。学习障碍儿童也呈现不同的行为症候群。主要的症候群如：一项或多项感觉形式的知觉失调，不同形式的输入信息的整合障碍以及感觉运动失调。这些知觉障碍常直接与阅读障碍及其他学习问题有关。除了某些情绪上与动机上的问题外，还普遍有记忆、注意力控制等方面的问题。

语言发展也出现异常，如失语症。另外还伴有动作失调（包括大动作和精细动作）、时间及空间感失调、组合动作或计划遵循的困难、无方向感、活动过度、攻击性及其他情绪和人际问题。

在评定儿童行为时，应该记住出现一些特殊困难是正常的，但若在成人后仍存在，就可能是功能失调了。

（二）学习障碍的分类

学习障碍的性质十分复杂，不只是其界定不易，分类也很难。例如梅原（E. L. Meyen, 1978）指出学习障碍分类的三种途径：一是将学习障碍分成语文与非语文的学习异常，二是分为信息输入与输出的异常，三是根据特殊学习通道的异常情形而加以分类。

另外，布莱克（K. A. Blake, 1981）也将学习障碍分为心理历程问题与语言问题两大类。这种分法与上述梅原的语文与非语文学习障碍的分类，有相同之处。所谓的心理历程问题，指的是个人在智力功能与抑制功能上遇到了困难。抑制功能指对个人的行为作有效的控制，以便对外界的刺激能作适当的反应。抑制功能异常的儿童，其常见的症候包括分心、多动、挫折容忍力较低以及行为的固执等现象。而智力功能异常的儿童，则多出现知觉、记忆、概念化、思考等方面的困难。同时布莱克所称的语言问题，并不局限于视觉与听觉性语言符号的听、说、读、写，也包括数量和几何图形等数学符号。语言问题儿童是在理解与运用这些符号时遇到了困难，以致他在听、说、读、写、算中的一项或多项出现了障碍。

柯克与葛拉格（J. J. Gallagher, 1983）对学习障碍也有类似布莱克的分类。他们将学习障碍分成发展性学习障碍与学业性学习障碍两大类。这两个主要类别之下，又分别细分成若干类型，如图10–3所示。其中的发展性学习障碍相当于布莱克所谓的心理历程问题，而学业性学习障碍则与语言问题相仿。按柯克与葛拉格的见解，我们可将发展性学习障碍视为在学习上预备技能的欠缺。

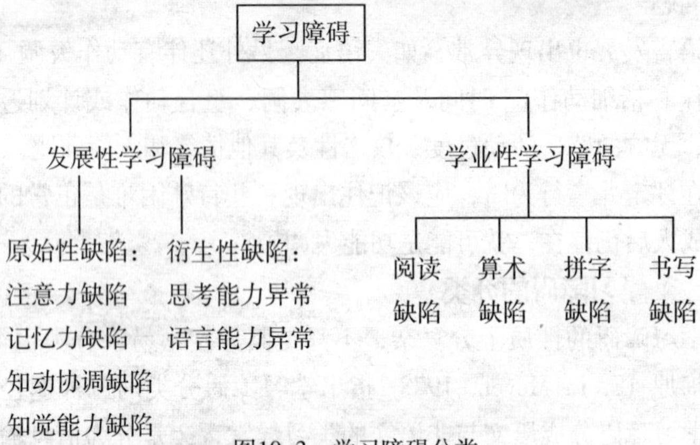

图10–3　学习障碍分类

例如，在儿童学习写字之前必先具备诸如眼、手协调，记忆及对事物加以序列安排的能力，否则写字的学习将遇到困难；在阅读的学习方面，儿童更需要有视觉与听觉分辨、记忆、发现事物间的关系、专心注意等先备技能。柯克与葛拉格认为发展性学习障碍常可发现与学业成就的低落有密切的关系，不过这种关系也并非必然存在。例如，有些阅读缺陷虽与知觉动作缺陷有关，但有些具有同样知觉动作问题的儿童学到了阅读的技能。因此发展性与学业性学习障碍两者间的关系并不十分明确。

(三) 学习障碍的出现率

学习障碍者出现率的估计与我们对学习障碍的定义具有密切的

关系。由于界定标准的分歧，在出现率的研究上，其结果也有所出入。如果我们认定学习障碍是可以矫治的，则低年级的儿童出现学习障碍的比率可能会较高，而经过适当的补救教学后，高年级儿童中学习障碍的百分比应该降低。

有许多学习障碍出现率的研究，极易将学习迟缓（如智力不足）与学习障碍儿童混为一谈。如麦克伯斯和鲍斯（H. R. Myklebust & B. Boshes, 1969）估计约有15%的学童其学业成就可算是低劣，不过如以更严格的诊断方法加以调查，则真正的学习障碍儿童约占7%～8%。美国的全国障碍儿童教育咨询委员会估计，在学儿童中具有学习障碍的约在1%～3%之间。不过近年来，在美国以学习障碍之名接受特殊教育的学童，似乎有逐年增加的趋势。例如，就以占学童总数的百分比而言，在1978～1979年约有2.3%，1979～1980年为2.6%，1980～1981年为3.0%，至1982～1983年则跃升到4.4%。原因可能是：

①由于特殊教育机会的扩充，使更多有学习困难的儿童，得以接受必要的补救教学；

②一般学校为了避免将少数民族学生误认为智能不足者，判断为学习障碍或许是比较能让人接受的一种分类。

我国在学习障碍出现率的研究方面，较早的有郭为藩对国小三、四、五年级学生阅读缺陷的调查，发现可能有阅读缺陷的儿童为2.82%。其他一些学者也进行过有关研究，结果相差不大。但不论怎样，我们还是有必要先对学习障碍的实质有明确的了解，才能更深入地研究学习障碍问题。

（四）学习障碍的成因

对学习障碍成因的了解，有助于对学习障碍的诊断与预防。目前解释学习障碍的病源的理论虽多，但还没有一个是非常合适、周全、事实充分的理论。学习障碍的真正原因难以探知，而对有关促成因素的了解，有助于对学习障碍的矫治。

1. 学习障碍的成因

如前所述，学习障碍的形成，主要来自下列四种因素。

(1) 脑功能失常

脑部是控制人体活动的中枢，许多学者认为学习障碍是由于脑部轻微的损伤，以致无法发挥正常的功能所造成的。脑功能失常可由脑电波 (简称 EEG) 检查得知，也可从儿童所表现的动作笨拙、左右偏用的错杂 (如某人为右利手却偏用左脚与左眼) 行为得知。但仅靠这种检查的信息来判定学习障碍还是不够的。

(2) 生物化学失调

有些学者认为，学习障碍儿童的问题可能是由于体内生物化学的失调，其中最常见的是维生素的不足和对某些食物或食物添加剂过敏。因此学习障碍的矫治，多以让当事人摄取足够的维生素或注意食物的选择。曾有学者主张，活动过多的儿童中约有 50%，可以通过避免食用人工色素与诸如苹果、柑橘、西红柿及草莓等含有水杨酸的食物，而减轻其症状。直到目前为止，食物过敏论所获得的支持比维生素不足论多。有些学习障碍儿童的问题也许与体内生物化学的失调有关，但如果把解释部分学习障碍个案原因的事例推及全体学习障碍者，却是有失偏颇的。

(3) 遗传因素

有些研究人员认为学习障碍可能是由遗传因素造成的。由于遗传因素与环境因素对个人的影响常难以严格界定，因此遗传因素是否可能导致学习障碍，其影响程度又如何，都有待于进一步研究。

(4) 环境因素

环境因素与学习障碍的关系涉及的范围很广，凡是缺乏适当的教育、家庭经济状况较差、营养不良、家长教育子女的态度等问题都包括在内。然而，问题在于，要证明环境因素是学习障碍的原因并不容易，如想进一步指出环境中的哪一变项是学习障碍的成因，则更是难上加难。

2. 学习障碍的促因

由于学习障碍的成因常常隐晦不明，难以探知，因而也就激起许多学者去探究其促成因素的兴趣。如果学习障碍是出自脑神经的原因，可能矫治是无望的，但其相关行为的改变却是可能的。学习障碍的促因，指的是对儿童的学习足以构成干扰，而与学习缺陷常并行出现的个人内在因素或环境状况。柯克与葛拉格指出，学习障碍的促因可能来自个人生理、心理与环境因素三方面，现分别叙述如下。

(1) 生理状况

对于学习障碍具有强化作用，包括视觉与听觉缺陷、两侧感与空间定向的混淆、身体形象的认识不清、活动过多等问题，皆可能妨碍儿童的学习能力。

(2) 心理状况

这便是柯克与葛拉格所称的发展性学习障碍，其状况包括注意力缺陷，视、听觉与分辨的不良，语言发展迟缓或缺陷，思考能力不足，短期视、听觉记忆的缺陷以及动机与情绪问题等。

(3) 环境因素

所谓环境因素指的是在儿童的家庭、学校、社区中，会对其正常的心理与学业发展有不利影响的因素。这些因素可能包括某些创伤性的经验、家庭的压力、教学的不当或学校经验的缺乏等。尽管这些因素会影响儿童对学校学业的学习，但却不能认为这样的儿童是学习障碍者，除非这些环境因素已造成儿童在注意力、记忆力等心理过程上的缺陷。

(五) 学习障碍的鉴定

近几十年来，由于学习障碍问题受到教育、心理、医学界等的广泛重视，学习障碍的鉴定也出现了很多的途径，其中比较引人注意的有以下三种方法。

1. 病源法 (Etiological Approach)

这一方法主要是由医学界人士所采用。其目的在于探究学习障碍的病源因素，以作为提供有关预防措施的参考。运用这一方法所获得的结果，能提供学习障碍的病因报告，但仅仅有这种诊断结果，对教师的教学活动帮助不大。

2. *诊疗法* (Diagnostic-Remedial Approach)

诊疗法有三个基本假定：①每个人皆有各种独立的心理过程；②心理过程可用适当的心理测验而测得；③学习障碍儿童在这些心理过程中有一种或多种的失常状况。诊疗法就是探查儿童心理过程上的优缺点，以作为补救教学的参考。因此，诊疗法也称为过程法 (Process Method)。

3. *标准参照法* (Criterion-Referenced Measure)

这种方法所着眼的并不是儿童的心理过程，而是在于了解儿童对某些知识、技能掌握与否。在实际评定过程中，须将某项知识或技能细分其内容，以了解儿童学习困难的确切所在，因此标准参照法也可称为工作分析法 (Task-Analysis Approach)。使用这一方法对儿童所获得的知识、技能进行评定，并不是与某一常模群体作比较，而是以其是否通过每一项目的既定标准来诊断。

上述三种学习障碍鉴定方法中，诊疗法和标准参照法最常被教育界人士使用。

(六) 学习障碍鉴定的方法举例

有关学习障碍的辨别有赖于多方面的测验及辅助的观察程序，这是因为在诊断上至少有三个问题：与学习障碍有关的行为失调异常繁杂；每个人的特征症状组合有很大的个别差异；有关每一个案的学习障碍的程度和本质等方面的特殊信息不易收集。

学习障碍儿童的鉴定需要专业人员的努力。很多测验有助于对学习障碍儿童的诊断，如智力测验、特殊语言障碍辨别筛选测验、成就测验、失语症测验、知觉及短时记忆障碍的测验、听力区辨测验及动作功能测验。除此之外，一些专门测量学习障碍的测验也已发展出来。严格地说这些测验不应称为心理测验，因为它们大部分没有常模，而有常模资料的也都是来自有限的小样本；并且这些常模的主要功用是作为定义“正常人”反应的一个参考点，而不是对其表现的评估。这些测验常常作为临床心理学家和学习障碍专家的观察辅助工具，其中最早且应用最为广泛的测验是伊利诺伊心理语言测验 (Illinois Test of Psycholinguistic Abilites, 简称 ITPA)，最新发展的普氏儿童沟通能力指标 (Porch Index of Communicative Ability in Children, 简称 PICAC) 也很受欢迎。

1. 伊利诺伊心理语言测验

这是一个适用于 2～10 岁儿童的个别测验，由柯克及其同事 (1968) 根据沟通程序的三维模型而设计的。这个模型包含两种通道、三种程序以及两种层次。

(1) 沟通的组织层次

符号化的层次：运用符号从事意义的沟通；自动化的层次：指沟通时习惯性自动运作的功能而很少需要对符号加以解释。

(2) 沟通的通道

听—说通道：包括听和说；视—动通道：包括看和做。

(3) 沟通的程序

包括听与视的接收、听—说或视—动的联合、说与动的表达。

该测验由 12 个分测验组成，分别测定 12 种心理语言能力，这 12 个分测验是:听觉接收能力测验、视觉接收能力测验、听—说联合能力测验、视—动联合能力测验、语言表达能力测验、动作表达能力测验、作文能力测验、视觉组合能力测验、听觉序列记忆能力测验、视觉序列能力测验、听觉构成能力测验、字音融合能力测验。

2. 普氏儿童沟通能力指标

这是一个根据三段式沟通模式的理论编制的测验。这三个阶段为：①由视觉、听觉或触觉形式输入信息；②整合——包括各种不同的信息处理步骤；③以言语、图形或手势形式输出。

该测验每个分测验均使用十个相同的物体，如钥匙、汤匙、牙刷等。以模型、轮廓图呈现，同时让被试说出名称、书写名称或叙述功用。要求被试完成不同的作业，如复制测验中要画出物体的几何图形。

记分根据一个16类的评定量表进行，考虑了5种反应特色：正确性、反应性（作出正确反应的容易度）、工作完成度、完成反应的速度及效率（完成反应的效益）。

PICAC包含一个基础测验组，适用于幼儿园或以下程度的小孩，另有一个进阶测验适用于一到六年级的儿童。

PICAC的手册提供了年龄及年级的总测验表现，以及各分测验的百分位常模，其结果以剖析图形式出现，可用于全面比较和各分测验之间的比较。资料显示其再测信度在0.90左右，但效度还需进一步证实。

3. 其他测验

除上面介绍的两个临床用得较多的测验外，另外还有一些测验强调不同功能的组合，如法氏视觉发展测验（Frosting Developmental Test of Visual Perception）及艾氏南加州感觉整合测验（Ayres´ Sourthern California Sensory Integration Tests）。前者包含视—动协调、视知觉及空间关系等5个分测验；后者则有17个分测验，包括感觉运动及知觉作业，涉及许多大动作及精细动作的协调。

目前，还出现了一种动态鉴别的趋向，所谓动态鉴别，是指在施测过程中适当脱离标准或固定施测程序去探查有关个体的额外信息的其他临床程序。最早出现的一个例子是超限测验，即主试可以提供额外的提示线索，假如被试必须依赖较多的线索才能有令人满意的表现，则他的学习障碍也越大。为了使分数能做常模性解释，除非整个测验已在标准情境下施测完毕，否则不能应用超限测验。

另外还有一些学习潜力评定，用一些较广泛的学习或问题解决的技巧题目，在主试给予指示或特别建议的形式下施测，可以同时起到评定和治疗的作用。

二、儿童多动症的诊断

多动症是当今最令人感兴趣和最引起争议的儿童障碍问题。多动症是在1845年由德国医师霍夫曼 (Henrich Hoffman) 第一次提出的，直到20世纪50年代后期才开始广为研究。50年代人们感兴趣的是儿童的学习和行为问题，60年代对多动症进行了药物治疗，也引起了广泛的争议。

多动症的患病率约占学校人群的5%～10%，有的高达20%。患病率的不同是因为诊断标准和诊断者的方法各异，但研究者一致认为，患多动症的男性多于女性，男女患多动症的比例分别为3∶1和10∶1，并发现多动症与社会经济状况低下相联系。我国患病率与国外相近，但近十多年来有诊断过滥的现象。

(一) 多动症的概念

多动症全称为注意缺乏多动障碍 (Attention Deficit Hyperactivity Disorder, 简称ADHD)，是儿童注意力缺乏、唤起过度、活动过多、冲动性和延迟满足困难等一系列心理、行为问题的总称。

多动症的最新临床诊断标准是1989年由美国精神病学会制定的，现摘录如下。

当与大多数同龄儿童相比，下列行为更为频繁，符合下面14条中的8项，并持续6个月的，诊断具有注意缺乏多动障碍。

①手或脚不停地动，或在座位上扭动 (少年为坐立不安的主观感受)。

②即使必须坐好，也很难静坐在座位上。

③易受外界因素影响而分散注意力。

④在集体活动或游戏时，不能耐心地等待轮转。

⑤别人问话尚未结束，便立即抢着回答。

⑥不按他人指示做事情（并非故意违抗或不理解）。

⑦在做功课或玩耍时不能持久地集中注意力。

⑧一件事尚未做完，又做其他事情。

⑨不能安安静静地玩耍。

⑩说话太多。

⑪常常打断他人的活动或干扰他人学习、工作。

⑫别人对他说话，他往往没有听进去。

⑬学习时的必需物品，如书本、作业本、铅笔等常常丢失在学校或家中。

⑭往往不顾可能发生的后果参加危险活动，例如，不加观察便跑到马路当中。

1989 年，我国中华神经精神学会通过的《精神疾病分类方案与诊断标准》（第二版）中，对注意缺乏多动障碍确定了以下诊断标准。

起病于学龄前期，病程至少持续 6 个月，具备下列行为中的 4 项的诊断为注意缺乏多动障碍儿童。

①需要其静坐的场合下难以静坐，常常动个不停。

②容易兴奋和冲动。

③常干扰其他儿童的活动。

④做事常有始无终。

⑤注意难以保持集中，常易转移。

⑥要求必须立即得到满足，否则就产生情绪反应。

⑦经常多话，好插话或喧闹。

⑧难以遵守集体活动的秩序和纪律。

⑨学习成绩差，但不是由智力障碍引起。

⑩动作笨拙，精巧动作较差。

排除标准为：不是由于精神发育迟滞、儿童期精神病、焦虑状态、品行障碍或神经系统疾病所引起。

（二）多动症的诊断

儿童多动症的诊断可分为三个方面，即神经生理检测、行为检查和心理测验。

1. 神经生理检测

神经生理检测是直接检测神经系统的整体生理机能。常用的测量方法如表 10–1。

最常见的测量方法是脑电图，它多用于对多动症的检测。

2. 行为检查

由于长久以来认为多动症与轻微脑功能失调（MBD）相关，所以多数检测方法是针对 MBD，特别是神经系统检查和脑电图，但这些方法都有一定局限性。针对所有的病例，检测特殊行为和儿童之间的相互反应才有重要价值。

巴克利（R. A. Barkley, 1981）推荐的多动症检测方法就是一例，这种方法主要包括三个内容：与儿童、父母和教师会谈；行为量表；直接观察检测。

表 10–1　估价神经系统障碍的生理测量

测量方法	内　容	行 为 意 义
脑电图（EEG）	记录脑皮质的活动频率和振幅参数	频率与振幅反映了不同的意识状态，低频、高幅表示警觉性、注意力低下；高频、低幅表示注意力、唤醒水平高。
40 赫兹脑电图	一种特殊频率的脑电图（每秒 40 赫兹）	反映唤醒与注意水平的增长情况，与长期储存巩固前的短时记忆有关。
唤起反应的感觉均值（AER）	测量皮质对感觉刺激的反应	反映皮质各部整体反应程度，其潜伏期的幅度测量与注意和其他信息化过程部分有关。
皮肤导电性	皮肤电活动	皮肤导电水平高表明自主神经系统活性高，并伴随心理方面的意义，如认知和情感活动水平上升。
心率	心脏肌肉收缩的频率	在注意期间观察到心率下降。

（引自郑晓边《儿童行为障碍与矫正》，61 页）

与儿童的会谈，包括非正式的行为观察，主要是强调儿童与父母以及同伴之间的相互反应。巴克利相信，建立这种亲密联系和详细记录生理、认知、行为的特性是有益的。与父母及教师的会谈也是强调社会化相互反应。

在临床上，按照 1989 年美国精神病学会的诊断标准，14 个项目中，出现 8 个以上并持续 6 个月的，诊断为 ADHD。另外，还常用康纳斯行为检查表和阿肯巴赫儿童行为检测表简称 CBCL) 来进行评定。

(1) 康纳斯行为检查表

该量表由教师用表、父母用表两个表组成，也有父母与教师的合用表 (简表)。

父母用表由 48 个项目组成，要父母对每个问题都准确如实填写，在相应等级处打“✓”，0 分——无，1 分——有一点，2 分——相当多，3 分——极多。

此量表经过因素分析，能测量 6 方面的问题：

①品行问题，与问题 2、8、14、19、20、21、22、23、27、33、34、39 有关；

②学习问题，与问题 10、25、31、37 有关；

③身心问题，与问题 32、41、43、44、48 有关；

④冲动—多动，与问题 4、5、11、13 有关；

⑤焦虑，与问题 12、16、24、47 有关；

⑥多动指数，与问题 4、7、11、13、14、25、31、33、37、38 有关。

根据每个方面问题得分的总和，再除以问题的数目，即可得到各方面的分量表分。如多动指数与 10 个问题有关，就将这 10 个问题的得分相加，再除以 10，即为多动指数。研究表明，多动指数平均分高于 1.5，则提示有多动症。

当然，各分量表的记分要与正常儿童的标准评分相比较，如高于平均值加两个标准差以上才有诊断意义。

“教师用表由 28 个问题组成，由教师对儿童的行为作出评价。简表包括 10 个问题，该表可由父母或教师填写，主要用于观察多动症儿童的治疗效果，简便易行，评定方法同前。

(2) 阿肯巴赫儿童行为检测表

该量表包括父母用表、教师用表和自评量表三种。其中自评量表要求 10 岁以上的儿童自己填写。我国在 80 年代初引入，在上海及其他城市进行了较广泛的应用，并总结出我国常模的初步数据。

该量表包括：

一般项目：姓名、性别、年龄等；

社交能力：包括 7 大类，如参加体育运动情况、课余爱好、交友等；

行为问题：包括 113 条，其中 56 条包括 8 小项，113 条为“其他”，填表时按最近半年的表现记分。

该量表记分复杂，详见有关使用手册。

3. 心理测验

ADHD 儿童的检测还要用到智力测验、注意测验等心理测验手段以辅助诊断。下面介绍一些常用于 ADHD 诊断的心理测验。

①比奈量表或韦氏儿童量表：测查儿童的智力水平。ADHD 儿童的智力水平属正常范围。

②注意划消测验：测查儿童的注意水平。另外还有一些测量儿童注意的方法，如儿童校对测验、图形匹配测验、译码测验、迷津测验等。

儿童校对测验：给儿童一些写有除 1 和 9 以外的单个数字的几页纸，主试念数字，被试看纸上的数字，当主试念出与纸上写的不同的数字时，被试应划消这一数字。记分标准为漏划、错划的数量。

图形匹配测验：给儿童一些图形，其中一些是标准图形，让被试选一个与题目上的标准图形完全一样的图形。

③其他测验：在诊断注意缺乏的儿童时还常用到一些社会适应量表，这些内容我们将在下一节介绍。

总之，多动症儿童的诊断是一个相当复杂的过程，涉及到很多方面，用到多种方法。至今为止，多动症儿童的诊断、治疗以及病因的探讨上都还存在很多疑问，因此，多动症儿童的诊断还是一个有争议的问题。但无论如何，心理量表的使用都将有助于对儿童多动症的诊断、病因探讨和康复研究。

三、儿童适应行为量表

(一) 适应行为的概念

适应性行为过去也叫社会能力、社会成熟、适应能力，是区分智力落后和非智力落后的两个主要参数之一 (另一个为智商)。不同的学者对适应性行为有不同的定义，全美智力落后协会 (AAMD) 对适应性行为的定义是：个体实现人们所期待的与其年龄和文化群相适应的个人独立与社会职责的程度和功效。这个定义在美国为多数人所认同。

一般认为适应性行为具有动态性，受个体发展和环境要求两个因素的影响。在不同发展时期，适应性行为表现不一样。在学前期一般以感觉运动协调、自理技能和语言的成熟为标准；学龄期以基本的学习技能来评价；到成人期则以社会的适应为指标，通过经济的维持和社会准则的符合等行为表现来评估。当然，不同的文化环境对人的适应性行为的要求也有不同。总之，适应性行为是相对的、变化的，而不是绝对的、静止的。

(二) 适应性行为的测量

适应性行为可以通过适应性行为量表来测量。与其他智力测验一样，它要求有各年龄段和各种文化背景的常模，也要求满意的信度和效度。但它与智力测验又有不同。

区别之一是：适应性行为试图获得个体惯常行为模式的标准，而智力测验主要用来获得潜在能力的最高水平。

区别之二是：适应性行为测验要求涉及大量不同的日常生活领域，而智力测验主要集中于言语和推理能力。

区别之三是：通过对与被测者经常接触的人进行访问、调查，经常可以获得有关适应性行为的有用资料，而智力测验只能通过标准化的方法来获得资料。

下面介绍几个西方比较有名的适应性行为量表。

1. AAMD 适应性行为量表

1965 年，全美智力落后协会提出了一个研究适应性行为的计划，编制了两个适应性行为量表，一个为 3～12 岁儿童设计，另一个为 13 岁以上的人设计。这两个量表后来经过修订，合并成了一个，称为 AAMD 适应性行为量表 1974 年修订本。1981 年经过修订，成为现在流行的 AAMD 适应性行为量表学校版，简称 ABC-SE。

ABC-SE 分为两部分，第一部分以个体的发展顺序为线索，评估个体在独立、个人……社会责任感等九个行为领域的技能；第二部分涉及到个体的不良适应性行为。现举例如下。

第一部分主项和子项：

第一项：独立能力

子项：吃

便溺器具的使用

清洁

仪表

衣服的照料

穿、脱衣服

旅行

其他独立能力

第二项：身体发育

子项：感觉发展

运动发展

第三项：经济行为

子项：钱的运用和预算

购物技能

第四项：语言发展

子项：表达

理解

社会语言发展

……

施测方法有两种，一种是由了解被试的人来填写，另一种是由主试提问，然后填写答案。有三种不同的记分方法，详细情况请见该量表。

该量表信、效度都较好。

2. 文兰社会成熟量表 (The Vineland Social Maturity Scale)

1935 年由美国的杜尔 (Edgar A. Doll) 博士在新泽西州文兰训练学校制订，主要目的在于鉴别人的社会能力水平或“社会成熟”，用以帮助诊断智力缺陷、儿童多动症等。该量表经过了多次修订，较近的一次更名为文兰适应性行为量表。该量表现有三个版本：面谈版——调查表、面谈版——扩张表、课堂版。三个版本中，调查表与早期的量表最为相似。头两个版本由了解和熟悉被调查儿童的人 (父母、看管人等) 接受测试，课堂版主要由教师填写。量表适用年龄为 0～30 岁，但以儿童为主。

文兰社会成熟量表包括 8 个领域，即

一般自理能力、饮食自理能力、穿着自理能力、移动能力、作业能力、实际能力、自我指导能力、社会化能力。

该量表有两种类型，一种是以年龄分组进行排列，共有 117 个子项目；一种是以类别进行排列，一共有124个子项目。两种类型记分方法不一样。

文兰社会成熟量表有两个比较明显的缺陷：

第一，三种不同版本量表的填写者都不是受测儿童本人，旁人对儿童的了解终究会有出入，因此，填写量表时容易流于主观的猜测；

第二，记录的等级过多、过细，容易使填写者难以选择。

该量表的心理测量学指标较好。

在适应性行为量表中，常使用社会商数（Social Quotient，简称SQ）作为判断与衡量的指标，计算公式如下：

$$SQ=\frac{SA}{CA}\times 100$$

其中，SA为社会年龄，CA为生理年龄。

我国目前还缺乏对适应性行为的系统研究，适应性行为量表的编制和修订工作也还刚刚起步，有待于广大心理和教育工作者的共同努力。

第三节 心理健康问卷

一、心理健康评估的含义

心理健康评估是开始于本世纪初的一项工作，评估的对象涉及病人和健康的人。心理健康强调生物医学、心理、社会模式，其评估的内容涉及这三方面的相互影响。心理健康评估的方法多种多样，如健康史自我报告、个人档案、观察、晤谈、生物医学检查、心理测验等。

心理健康问卷是心理健康评估主要的标准化手段之一，是用来量化观察中所得印象的一种测量工具。在心理健康理论研究和临床实践中，常常需要对群体或个体的心理和社会现象进行观察，并将观察结果以数量化方式进行评价和解释，这一过程称为评定。从狭义上理解，评定量表不是一种测验。一般评定量表都是他评量表，又称主观量表，但实际上，各种自陈测验、行为问卷和调查表也归类于评定量表，称为自陈量表或客观量表。主观量表和客观量表比较接近，二者无绝对界限。只是有些评定量表的标准化程度不如测验，其信度、效度也没有测验那么严格。

二、心理健康问卷的种类

心理健康问卷除他评量表外，常见的还有自陈量表、问卷、调查表和检核表等。

1. 按量表项目编排方式分类

①数字评定量表：提供一个定义好的数字序列，由评定者给受评者的行为确定一个数值等级，如症状自评量表（SCL-90）。

②描述评定量表：对所要评定的行为提供一组有顺序性的文字描述，由评定者选出一个适合受评者的描述，也可将描述量表与数字量表综合起来，给每一个人描述一个等级，如儿童适应行为评定量表（见前一章）。

③标准评定量表：呈现一组评定标准让评定者判断受评者，例如对住院病人出院时疗效的判断，就是根据痊愈、好转、无效、恶化的标准而选其中一种情况。

④检选量表：提供一个由许多形容词、名词或陈述句构成的一览表，评定者将表中所列与被评者的行为逐一对照，将适合受评者的行为特征的项目挑选出来，最后对结果加以分析。常用于人格量表的效度检验。

⑤强迫选择评定量表：评定者在各项目中强迫选择一种与受评者状况最接近的情况。如学习适应量表的每个题目有四种选择，即非常相同、有点相同、有点不相同、非常不相同，要求学生在这四种答案中，挑选一个最符合自己情况的描述。

2. 按评定者性质分类

①自评量表：由受评者自己填写，受评者对照量表和各项目陈述选择符合自己情况的答案并作出程度判断。量表实施方便，可作团体测评，但要求受评者有一定的阅读理解能力。

②他评量表：量表填表人为评定者，一般由专业人员担任，如心理评估工作者、医师或者护士等。评定者既可根据自己的观察，也可询问知情者意见，或者综合这两方面情况对受评者加以评定。评定者要具有与所使用量表内容有关的专业知识，并且需要接受严格的训练。

3. 按量表内容分类

按量表内容可分为很多类，这里我们暂以《心理卫生评定量表手册》中的分类为准，共分成 11 类，即

心理卫生综合评定量表、生活质量和幸福度评定量表、家庭关系评定量表、人际关系与人际态度评定量表、抑郁评定量表、焦虑评定量表、孤独评定量表、自尊与自信评定量表、心理控制源评定、烟草与酒精依赖的评定、应答偏差的测评。

除上述分类方式外，还有许多其他形式，如按记分方式分类。这些划分不是绝对的，某一量表可能划入多种类别中。

三、心理健康问卷的选择

一般而言，量表的使用者首先应根据自己的研究目的来选择量表，但由于量表种类繁多，所以还要参考其他一些指标来作抉择。

瑞兹（H. V. Rieze）和西格尔（M. Segal）于 1988 年提出了一整套评价量表的原则。

（一）功效性

量表能否全面、清晰地反映所要评定的内容、特征？真实性又如何？这与量表本身的内容结构有关。质量好的量表应该项目描述

清晰，等级划分合理，定义明确，以反映出行为的细微变化。出现的频度或严重程度分级最好采用 3 到 7 级划分。量表应尽可能简短，但又不损失必要的细节。

（二）**敏感性**

指选择的量表应该对所评定的内容敏感，即能测出受评者某特质、行为或程度上的有意义的变化。这与临床上常用的诊断敏感性不同，尽管性质相似，但意义要广泛些。量表的敏感性既与量表的项目数量和结果表达形式有关，又受量表的标准化程度和信度高低影响。此外，评定者的经验和使用量表的动机也会影响量表的敏感性。

（三）**简便性**

指所选的量表简明、省时和方便实施。

（四）**可分析性**

使用量表的目的就是要对评定对象的性质、行为或现象作质与量的估计，这就需要分析比较。一般来说，量表应有其比较标准，或是常模，或是描述性标准。

表 10-2 是采用这一套评价原则对国外常用的抑郁量表评估的例子。

表 10–2　抑郁评定量表总评比较

量表名称	功效	敏感性	简便性	评价总分	评价等级
他评量表					
Hamilton 抑郁量表(HAMD)	8	11	15	34	3
抑郁症状量表(DSS)	11	5	12	28	8
抑郁状态问卷(DSI)	10	8	11	29	7
修订抑郁评定量表(MDRS)	13	9	14	36	2
Monlgomery 抑郁量表(MADS)	14	8	15	37	1
Bech-Rafaelsen 忧郁量表(MRS)	13	8	10	31	4～5
Simpson 抑郁评定量表(SDRS)	10	3	10	23	15
Kellner 抑郁评定量表(KDRS)	11	5	10	26	11～12
抗抑郁剂试验简捷量表(BRADT)	9	6	9	24	14
生活质量量表(QOLS)	12	5	10	27	9～10
抑郁表现多维量表(DMD)	9	12	9	30	6
心身问题问卷(IPSC)	8	7	11	26	11～12
抑郁临床检查表(CID)	11	9	11	31	4～5
症状和潜在自杀指数问卷(IPS)	12	7	8	27	9～10
适应问卷(CI)	12	7	6	25	13
自评量表					
Zung 抑郁自评量表(SDS)	10.5	6	5	21.5	15
抑郁体验问卷(DI)	12.5	9	5	26.5	6～7
抑郁自评量表-30(D-30)	10.0	5	8	23.0	13
Von 心境量表(BS)	10.0	8	8	26.0	8～9
激惹、抑郁和焦虑量表(IDAS)	12.0	6	7	25.0	10
心身问题问卷(IPSC)	17.0	9	4	30.0	2～3
Raskin 心境量表(RMS)	16.0	8	4	28.0	5
情感关注清单(FCCL)	17.5	7	5	29.5	4
感情关注问卷(QFC)	17.0	5	4	26.0	8～9
抑郁体验问卷(DEQ)	13.5	7	3	23.5	12
Rutgers 当前负荷问卷(RICB)	21.0	6	3	30.0	2～3
Carroll 抑郁自评量表(CSRSD)	14.0	5	5	24.0	11
目前情感评定量表(PAR)	14.5	7	5	26.5	6～7
症状和潜在自杀指数问卷(IPS)	10.5	8	4	30.5	1

(转引自汪向东等《心理卫生评定量表手册》，15～16 页)

说明：①功效性评分为量表的项目定义描述、项目覆盖面、项目间平衡性、项目分级水平数及分级标准、诊断支持及评定方式情况的评分之综合；②敏感性评分为量表项目数、项目水平数、项目组合、标准化定义、信度和所需经验情况的评分之综合；③简便性评分为评定所需时间、所需训练、评定指导语、分级标准、量表复杂性和可接受性情况的评分之综合；④评价总分为前3项评分之和；⑤评价等级按评价总分大小顺序排列。

四、心理健康问卷举例

(一)康奈尔医学指数(Cornell Medical Index，简称CMI)

康奈尔医学指数是美国康奈尔大学华尔夫(H. G. Wollff)和布罗德门(R. Brodman)等编制的自填式健康问卷，是在康奈尔筛查指数(Cornell Selected Index，1949)和康奈尔服役指数(Cornell Service Index，1944)的基础上发展而来的。CMI能在短时间内得到大量有关医学及心理学的资料，同时它在精神障碍的筛查和健康水平的测定方面也有较好的效度。

CMI全部问卷分成18个部分，每部分按英文字母排序，共有195个问题，涉及四个方面的内容：躯体症状、家族史和既往史、一般健康和习惯、精神症状。

男女问卷除生殖系统的有关问题不同外，其他内容完全相同。M至R部分有51个项目，是关于与精神活动有关的情绪情感和行为方面的问题。

计分方法是每一项目答“是”者得1分，答“否”者得0分，全部项目分数相加得CMI总分。将M至R部分每一项目的得分相加，得出M—R分值。美国筛查的界值为总分30分，M—R为10分。

CMI已翻译成中文，并进行了初步的修订。CMI适用于14岁及以上的成人，可用于正常人，也可用于普通医院及精神病院中轻度精神病患者。

(二) **症状自评量表** (Symptom Check List 90, **简称** SCL—90)

由德罗盖提斯 (L. R. Derogatis) 编制 (1975)，共包括 90 个项目，包含比较广泛的精神病症学内容，如思维、情感、行为、人际关系、生活习惯等。

评定一个特定的时间内，通常是一周以来的情况。以五级评等(从 0~4 级)，0=从无，1=轻度，2=中度，3=相当重，4=严重。计算总得分，转化为总症状指数 (总分/90)，计算阳性项目数 (评分为 1~4 的项目数)，转化为阳性症状痛苦水平 (总分/阳性项目数) 和阴性症状均分。

SCL—90 包括九个因子，每一因子反映出病人的某方面症状痛苦情况。这九个因子是躯体化、强迫症状、人际关系敏感、抑郁、焦虑、敌对、恐怖、偏执、精神病性。

其因子得分和轮廓图也有分析价值。国外有关 SCL—90 的研究很多，国内也已应用于临床研究，特别是精神卫生领域。

附录A

心理测验管理条例 (试行)

心理测验指在鉴别智力、因材施教、人才选拔、就业指导、临床诊断等方面具有咨询、鉴定和预测功能的测量工具。凡从事研制、使用和出售心理测验的中国心理学会会员个人或所属机构，有责任维护心理测验工作健康发展。在从事心理测验工作中须遵循本条例。

一、测验的登记注册

1. 凡中国心理学会会员个人或集体所编制、修订、发行与出售的心理测验，都必须到中国心理学会心理测量专业委员会申请登记注册 (非会员也可申请登记)。

2. 心理测量专业委员会只认可那些经科学程序审核、鉴定的标准化测验，并予以登记注册。凡经过登记注册的心理测验，均给予统一分类编号，并定期在中国心理学会主办的《心理学报》公布。

二、测验使用人员的资格认定

3. 心理专业的本科以上毕业生或在心理测量专家的指导下，具有两年以上测验使用经验者，可获得测验使用资格。

4. 凡在心理测量专业委员会备案并获得认可的心理测量培训班，由本专业委员会颁发测验使用人员的资格认定书。

5. 凡经过心理测量培训班的专门训练并获得资格认定书者，具有使用测验的资格。测验使用人员的资格认定书分为两种：单项测验使用资格认定书与多项测验使用资格认定书。

三、测验的控制使用与保管

6. 任何心理测验必须对该测验的使用范围、实施程序以及测验使用者的资格加以明确规定，并在测验手册中作出详尽描述。

7. 具有测验使用资格者，可凭测验使用资格认定书购买和使用相应的心理测验器材，并要负责对测验器材的妥善保管。

8. 测验使用者必须严格按照测验指导手册的规定使用测验。在使用心理测验作为诊断或取舍决定等重要决策的参考依据时，测验使用者必须选择适当的测验，并要采取一定的检查措施；测验使用的记录及书面报告应保存备查。

9. 凡中国心理学会会员个人或机构在修订与出售他人编制的心理测验时，必须首先征得该测验的主管单位或作者的同意，印制、发行与出售心理测验器材的机构应该到心理测量专业委员会登记，并只能将测验器材售予具有测验使用资格者。

10. 为保证测验的科学性与实用价值，标准化测验的内容与器材不得在各类非专业刊物上发表。

11. 本条例自中国心理学会批准之日起生效，其修订与解释权归中国心理学会心理测量专业委员会。

中国心理学会

1992年12月

附录B

心理测验工作者的道德准则

心理测验在鉴别智力、因材施教、人才选拔、就业指导、临床诊断等方面具有作为咨询鉴定和预测工具的效能。凡在诊断、鉴定、咨询及人员选拔等工作中使用心理测验的人员，必须具备心理测量专业委员会所认定的资格。在使用心理测验时，心理测验工作者应高度重视科学性与客观性原则，不利用职位或业务关系妨碍测验功能的正常发挥。使用心理测验的人员，有责任遵循下列道德准则。

一、心理测验工作者应知道自己承担的重大社会责任，对待测验工作须持有科学、严肃、谦虚的态度。

二、心理测验工作者应自觉遵守国家的各项法令与法规，遵守《心理测验管理条例》。

三、心理测验工作者在介绍测验的效能与结果时，必须提供真实和准确的信息，避免感情用事、虚假的断言和曲解。

四、心理测验工作者应尊重被测者的人格，对测量中获得的个人信息要加以保密，除非对个人或社会可能造成危害的情况，才能告知有关方面。

五、心理测验工作者应保证以专业的要求和社会的需要来使用心理测验，不得滥用和单纯追求经济利益。

六、为维护心理测验的有效性，凡规定不宜公开的心理测验内容、器材、评分标准以及常模等，均应保密。

七、心理测验工作者应以正确的方式将所测结果告知被测者或有关人员，并提供有益的帮助与建议。在一般情况下，只告诉测验的解释，不要告诉测验的具体分数。

八、心理测验工作者及各心理测量机构之间在业务交流中，应以诚相待，互相学习，团结协作。

九、在编制、修订或出售、使用心理测验时，应考虑到可能带来的利益冲突，避免有损于心理测量工作的健康发展。

中国心理学会

1992年12月

参考文献

1. 艾伟编：《小学儿童能力测验》，商务印书馆，1941。
2. 陈选善著：《教育测验》，商务印书馆，1934。
3. 陈仲庚等编译：《变态心理学》，人民卫生出版社，1985。
4. 戴忠恒：《一般能力倾向成套测验（GATB）手册》，1992。
5. 戴忠恒著：《心理与教育测量》，华东师范大学出版社，1987。
6. 郭为藩著：《教育的理念》，台湾文景出版社，1979。
7. 龚耀先：《韦氏成人智力量表的修订》，载《心理学报》，1983（3）。
8. 龚耀先：《韦氏成人智力量表和分测验的性能》，载《外国心理学》，1984（2）。
9. 桂诗春编著：《标准化考试——理论原则与方法》，广东高等教育出版社，1986。
10. 何华国著：《特殊儿童心理与教育》，台湾五南出版社，1989。
11. 黄元龄著：《心理及教育测验的理论与方法》，台湾大中国图书公司，1987。
12. 荆其诚等著：《心理学概论》，科学出版社，1986。
13. 林传鼎：《我国古代的心理测验方法试探》，载《心理学报》，1980（1）。
14. 林传鼎、张厚粲：《韦氏儿童智力量表测验指导书》，北京师范大学心理测量中心，1988。
15. 凌文辁等著：《心理测验法》，科学出版社，1988。
16. 彭和平等编著：《人事心理学》，中国人民大学出版社，1991。
17. 彭凯平编著：《心理测验——原理与实践》，华夏出版社，1990。
18. 宋维真等：《明尼苏达多相个性调查表在我国修订经过及使用评价》，载《心理学报》，1982（4）。
19. 宋维真等编著：《心理测验》，科学出版社，1987。
20. 宋维真等：《中国人使用明尼苏达多相个性调查表的结果分析》，载《心理学报》，1985。
21. 宋杰、朱月妹编著：《小儿智能发育检查表》，上海科学出版社，1985。
22. 孙邦正、邹季婉：《心理与教育测验》，台湾商务印书馆，1983。

23. 谈加林：《韦氏成人智力量表等几种心理测验修订中存在的问题》，载《心理学报》，1986 (3)。
24. 汪向东等编著：《心理卫生评定量表手册》，载《中国心理卫生杂志》，1993增刊。
25. 肖非等著：《智力落后教育的理论与实践》，华夏出版社，1993。
26. 谢小庆等编著：《洞察人生——心理测量学》，山东教育出版社，1992。
27. 杨国枢等：《社会及行为科学研究法》，台湾东华书局，1980。
28. 张厚粲、孟庆茂著：《心理与教育统计》，北京师范大学出版社，1984。
29. 郑日昌编著：《心理测量》，湖南教育出版社，1987。
30. 郑晓边编译：《儿童行为障碍与矫正》，广西科学技术出版社，1990。
31. 吴天敏：《第三次订正中国比奈测验指导书》，北京大学出版社，1980。
32. ［美］A· 阿那斯塔亚著，黄安邦译：《心理测验》，台湾五南出版社，1991。
33. E· G·波林著，高觉敷译：《实验心理学史》商务印书馆，1981。
34. ［美］R· J· 斯腾伯格著，魏彬译：《人类智力：模式的启示》，载《心理学动态》，1987 (2)。

35. Aiken, L. R. : ***Psychological Testing and Assessment,*** Allyn and Bacon, Inc. 1985.
36. ***ACT Interim Psychometric Handbook for the 3rd Edition,*** Iowa: ACT, 1985.
37. Anastasi, ***A.*** : ***Psychological Testing,*** New York: Macmillan, 1988.
38. Anderson, S. B. , Ball, S., Murphy, R. T. and Associates: ***Encycopedia Educational Evaluation***, 1977.
39. Bender, L. : ***Instruction for the Use of Visual Motor Gestalt Test***, Am. Orthopsychratic Ascoiation, New York, 1946.
40. Bennet, G. K. , Seashore, H. G. & Wesman, A. G. : ***DAT Technical Supplement***, The Psychological Corporation, 1984.
41. Benton, L. : ***Reviced Visual Retention Test***, New York, 1974.
42. Blake, K. A. : ***Educating Exceptional Pupils Reading***, Massachusetts: Ad-

dison-Wesley, 1981.

43. Bloom, B. S. & Krathwohl, D. R. : ***Taxonomy of Educational Objectives,*** *Handbook I, the Cognitive Domain,* New York, David Mckay, 1956.

44. Brown, F. G. : ***Principles of Educational and Psychological Testing***, Holt, Rinehart and Winston, 1982.

45. Ebel, R. L. : ***Essentials of Educational Measurement (3rd ed.),*** Englewood Cliffs, MJ: Prentice-Hall, 1979.

46. Gerlach, V. S. & Sullivan, H. J. : ***Constructing Statements of Outcomes***, Inglewood, CA: Southwest Laboratory for Educational Research & Development, 1967.

47. Holland, J. L. : ***Manual of Vocational Preference Inventory,*** Educational Research Associates, 1965.

48. James, V. & Mitchell, J. R. : ***The Ninth Mental Measurements Year Book,*** Buros, 1985.

49. Kapes, J. T. & Mastie, M. M. : ***Counselor′s Guide to Vocational Guidance Instruments***, The National Vocational Guidance Association, 1982.

50. Katz. D. and Kahn, R. L. : ***The Social Psychology of Organizations (Second Edition)*** , New York, Wiley, 1978.

51. Kirk, S. A. & Gallagher, J. J. : ***Educating Exceptional Children,*** Boston: Houghton Mifflin, 1983.

52. Koppitz, E. M. : ***Am. J. Clininical Psychology 164,*** 1960.

53. Lezak, M. D. ; ***Neuropsychological Assessment***, New York, 1976.

54. McCormick, E. J. , Jeanneret, P. R. & Mecham, R. C. : ***A Study of Job Characteristics and Job Dimensions as Based on the Position Analysis Questionaire (PAQ) .*** *Journal of Applied Psychology Monograph,* 56, no. 4 (1972) : pp. 347–368.

55. Meyen, E. J. : ***Exceptional Children and Youth: An Introduction,*** Denver, Colorado: Love Publishing Company, 1978.

56. Myklebust, H. R. & Boshes, B. : ***Minimal Brain Damage in Children***,

Finalreport, Contract 108-65-142, Neurological and Sensory Disease Control Program, Washington, D. C. : Department of Health, Education and Welfare, 1969.

57. Kaplan, R. M. & Saccuzzo, D. P. : ***Psychological Testing***, Wadworth, Inc. 1993.

58. Sargent, S. S. : ***Basic Teachings of the Great Psychologist,*** Batnes & Boble, 1965.

59. Walsh, W. B. , Osipow, S. H. : ***Handbook of Vocational Psychology,*** London: Hillsdale, 1983.

60. Yukl, G. A. and Nemerroff W. : ***Identification and Measurement of Specific Categories of Leadership Behavior: A Progress Report.*** In J. G. Hunt and L. L. Farson (ed.), *Crosscurrents in Leadership*. Carbondale: Sourthern Illinois University Press, 1979.

61. Zunker, V. G. : ***Career Counseling***, California: Wadsworth, 1989.